Plan **Guide**

Barcelone

La ville, plan

Barcelona
Turisme

TRIANGLE BOOKS

Contenus

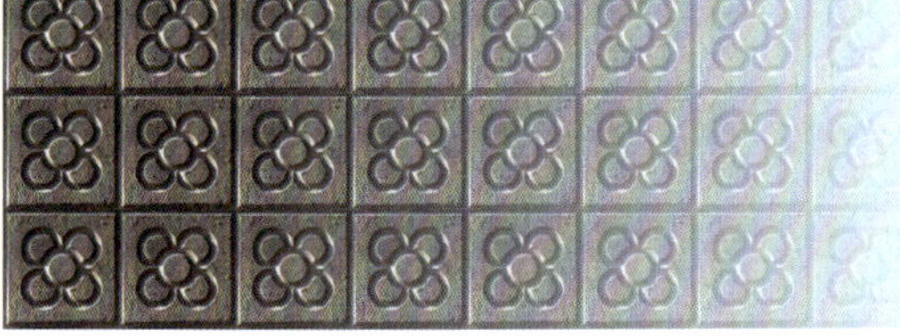

→ Barcelone, plan par plan

Bienvenus à Barcelone

Bonjour !

Comment venir à Barcelone

Barcelone est bien desservie par tous les moyens de transport d'Espagne et du reste de l'Europe, et elle dispose de vols intercontinentaux avec l'Amérique et l'Asie.

Avion

La plupart des vols arrivent à l'**Aéroport de Barcelona-El Prat** (T 93 298 38 38; www.aena.es), à 12 km du centre de la ville. **Connexions en métro** (www.tmb.cat): Terminaux T1 et T2 - Zona Universitaria en 32 min avec la ligne L9Sud (toutes les 7 min, de 05.00 à 24.00 h; prix: 4,50 €). **Connexions en bus** (www.aerobusbcn.com): Terminal T1 - Pl. Catalunya en 35 min avec l'Aerobús A1 (toutes les 5 min, de 05.30 à 01.05 h; prix: 5,90 €); et Terminal T2 - Pl. Catalunya en 30 min avec l'Aerobús A2 (toutes les 10 min de 05.30 à 01.00 h; prix: 5,90 €). **Connexions en train** (T 902 240 202): Terminal T2 (bus navette gratuit —durée 10 min— jusqu'au Terminal T1) - Passeig de Gràcia en 27 min avec la ligne R2 (toutes les 30 min, de 5,21 à 23,38 h; prix: 4,10 €). En taxi (durée 30 min). Certaines compagnies low cost utilisent l'**Aéroport de Girona** (T 972 186 600 ; www.aena.es), qui se trouve à 80 km.

Connexions: bus dont les horaires coïncident avec ceux des vols (T 902 361 550 ; www.sagales.com durée du trajet: 70 min) ; ainsi que l'**Aéroport de Reus** (T 977 779 800 ; www.aena.es), qui se trouve à 80 km. Connexions : Bus Hispano Igualadina (T 93 804 44 51).

Train

Les connexions ferroviaires avec la plupart des villes du reste de l'Espagne et de l'Europe, se font à partir de la gare **Barcelona-Sants** qui est gérée par la compagnie nationale RENFE (T 902 240 202 ; www.renfe.es). Beaucoup de ces connexions sont des trains à grande vitesse.

Autocars

La principale station de cars interurbains est l'**Estació del Nord** (T 902 260 606; www.barcelonanord.com), bien que de nombreux autocars d'itinéraires internationaux partent de la gare de Sants. Les compagnies présentes sont notamment Eurolines (T 902 405 040 ; www.eurolines.es), Alsa Internacional (T 902 422 242 ; www.alsa.es) et Linebús (T 932 650 700).

En bateau

En plus des lignes régulières de connexion avec les Baléares (Majorque, Minorque, Ibiza), l'Italie (Gènes, Livourne, Rome, Sardaigne), la France (Sète), le Maroc (Tanger) et la Tunisie (Radès), Barcelone est devenu le port européen leader de circulation de navires de croisière, avec deux millions et demi de passagers annuels.

Langues

Barcelone est une ville bilingue dans laquelle on

Aéroport de Barcelona - El Prat

Plus de 100 compagnies nationales et internationales opèrent avec près de 900 vols quotidiens vers plus de 150 destinations dans le monde entier. Inauguré en juin 2009, le Terminal T1 de l'aéroport a une capacité d'accueil de 55 millions de voyageurs par an et peut effectuer 90 opérations par heure, ce qui le place en tête des aéroports du réseau Aena. Ses installations hébergent un des espaces commerciaux les plus innovateurs d'Europe, avec toute une gamme de services exclusifs, un vaste choix de boutiques accueillant des marques prestigieuses et une grande variété de lieux de restauration, dont l'un des Chefs a déjà reçu une étoile Michelin.

parle le catalan et l'espagnol (ou castillan).

Catalan
Le catalan est la langue propre de Barcelone, comme du reste de la Catalogne, des îles Baléares, de Valence (où il est appelé valencien) et d'Andorre, avec un total de 8 millions de locuteurs. Son usage est habituel dans les domaines de la vie publique tels que les indicateurs, les enseignes, les menus de restaurants, etc.

Espagnol
L'espagnol, ou castillan, est aussi une langue officielle et tous les catalanophones l'utilisent aussi.

Autres langues
De nombreux Barcelonais et Barcelonaises comprennent l'anglais et le français. Nombre de restaurants disposent de cartes dans d'autres langues.

Banques et monnaie

Comme dans dix-neuf autres pays de l'Union européenne, la monnaie officielle est l'euro (€).

Banques
Leur horaire est de 8 h 30 à 14 h, du lundi au vendredi. À l'aéroport et dans la gare de Barcelona-Sants, il existe des succursales bancaires ouvertes de 8 h à 22 h tous les jours. En outre, leur réseau de billetteries automatiques fait partie des meilleures du monde et on peut y retirer du cash avec les cartes Visa, Master Card et American Express.

Change
On peut changer de l'argent dans les banques, de même que dans les bureaux de change de devises. Les commissions varient.

Cartes de crédit
et chèques de voyage
Les cartes de crédit Visa et Master Card sont acceptées dans tous les commerces à l'exception de certains petits magasins ou restaurants; l'American Express, dans la majorité des hôtels; et la Diner's Card, dans 50 % des restaurants. Les chèques de voyage peuvent être échangés dans n'importe quelle succursale bancaire ou dans les bureaux de change de devises.

Boire et manger

À Barcelone (comme partout en Catalogne et dans le reste de l'Espagne) on mange plus tard que dans le reste de l'Europe. Entre 14 h et 15 h, on déjeune, et on dîne vers 21 h.

Restaurants
Leur horaire habituel est de 13 h à 16 h et de 20 h à 23 h, mais il y a de nombreux restaurants qui ont un horaire continu et certains qui offrent la possibilité de dîner jusqu'à 2 h du matin. Il est habituel qu'ils ferment un jour par semaine.

Cafétérias et bars
Ils ouvrent en général autour de 7 h 30 et ferment vers 24 h. Plus tard, on peut prendre un verre dans les clubs et les discothèques, où l'on peut aussi dîner, parfois.

Le shopping

Au cours de cette dernière décennie, Barcelone est devenue le paradis du shopping en Europe. L'horaire commercial habituel est de 10 h à 14 h et de 16 h à 21 h, du lundi au samedi, bien que dans le centre il y ait peu de boutiques qui ferment à midi. Les grands magasins et les centres commerciaux ouvrent de 10 h à 22 h, du lundi au samedi.

Soldes
Il y a deux saisons de soldes: en été, du 1er juillet à

Croisière dans le port

Déjeuner sur le Passeig Marítim

la fin août, et en hiver, du 7 janvier à la fin février.

Encants Barcelona Fira de Bellcaire

À Barcelone il y a un marché aux puces de tradition ancienne, connu populairement sous le nom d'Els Encants Vells. Son origine remonte au XIVe siècle, sa localisation actuelle à 1928 et il dispose de plus de 10.000 m². Depuis 2013, il dispose d'installations dont l'architecture est l'œuvre de l'architecte Fermín Vázquez, qui lui apporte de la singularité. Sa caractéristique la plus visible est un grand toit suspendu à la façon d'un dais, à presque 25 m de hauteur, qui le protège de la pluie et de la radiation solaire (page 71).

Jours de fête

En plus des dimanches, les commerces et les banques ferment les 1er et 6 janvier, le vendredi saint, le lundi de Pâques, les 1er mai, 24 juin, 15 août, 11 et 24 septembre, 12 octobre, 1er novembre et les 6, 8, 25 et 26 décembre.

Climat

Barcelone jouit d'un climat méditerranéen privilégié avec des hivers doux et des étés chauds et humides. En hiver, la moyenne est de 12 °C et il y a peu de jours de pluie. En été, on parvient souvent à 30 °C, voire on les dépasse, et il y a quelques orages brefs. Le printemps et l'automne (21 °C de moyenne) sont les meilleures époques pour visiter la ville bien qu'il y ait quelques jours de pluie.

Sécurité et santé

Comme dans toute grande ville, il existe des lieux (transport public et autres) ou des situations dans lesquels il faut être tout particulièrement attentif à ses affaires (sacs à main, sacs à dos, appareils photo, etc.).

Comme dans toute l'Union européenne, le téléphone d'urgences est le 112. À Barcelone, on y répond en catalan, en espagnol, en anglais ou en français, et il y a un service de traduction dans d'autres langues. Ce numéro permet de contacter la police, les pompiers ou les services d'ambulance.

Police

Le numéro de téléphone 112 permet de contacter la police de Catalogne (Mossos d'Esquadra), le 091, la police nationale (Policía Nacional) et le 092, la police locale (Guàrdia Urbana). Il existe un Centre d'Attention aux Touristes ouvert 24 h sur 24 à La Rambla, 43 (T 93 256 24 30) pour aider les visiteurs qui auraient été victimes d'un délit ou d'un accident.

Hôpitaux

Barcelone a de nombreux hôpitaux, certains de grand renom international. Voici les plus importants, qui disposent tous d'un service d'urgences : Hospital de Sant Pau (Sant Quintí, 89 / T93 291 90 00), Hospital Clínic (Villarroel, 170 / T 93 227 54 00), Hospital Dos de Maig (Dos de Maig, 301 / T 93 507 27 00), Hospital de la Vall d'Hebron (Pg. de la Vall d'Hebron, 119-129 / T 93 489 30 00) et Hospital del Mar (Pg. Marítim, 25-29 / T 93 248 30 00).

Ambulances

Le numéro 061 répond aux appels pour demander une ambulance.

Pharmacies

À Barcelone, ce sont les seuls établissements où l'on peut acheter des médicaments, qui sont délivrés par des professionnels. Elles proposent

Encants Barcelona

Tourisme LGBTI

aussi des produits homéopathiques. Les pharmacies sont signalées par une croix verte lumineuse. L'horaire habituel est de 9 h à 14 h et de 16 h à 20 h. Dans tous les quartiers, il y a des pharmacies de garde toute la nuit (la liste se trouve à chacune des pharmacies à côté de la porte d'entrée). Il y en a de plus en plus qui ouvrent 24 heures sur 24.

Tourisme LGBTI

La ville offre une infinité de possibilités pour que ses visiteurs LGBTI puissent profiter de leur séjour à Barcelone dans un environnement de qualité et ouvert à tous (**www.visitgaybarcelona.com**). Le calendrier annuel d'évènements LGBTI conjugue les loisirs et les actes revendicatifs, culturels et sportifs, parmi lesquels on remarquera le Pride Barcelona en juillet (www.pridebarcelona.org) et pendant la première quinzaine d'août, le Circuit Festival (www.circuitfestival.net), le plus grand festival s'adressant aux gays et lesbiennes d'Europe.

Tourisme accessible

Barcelone est une ville pionnière en thèmes d'accessibilité pour les différents types de handicap : visuel, auditif, moteur ou cognitif. Il suffit de dire que le réseau d'autobus de TMB (Transports Métropolitains de Barcelone) est complètement adapté aux personnes à mobilité réduite depuis 2007 et qu'aujourd'hui plus de 80% du réseau de métro est sans barrières pour ces personnes.

Sur la page web de Turisme de Barcelona (**www.barcelona-access.com**) consacrée aux personnes handicapées, on peut trouver (en catalan, espagnol, anglais et français) des musées adaptés aux personnes non voyantes, des hôtels sans barrières, des plages accessibles, des visites en langue des signes et toute l'information nécessaire pour profiter au maximum de vacances inoubliables et autonomes. Et on y propose aussi une nouvelle visite guidée, à travers son programme Barcelona Sustainable Tourism:

Easy Walking Tour Gòtic

Itinéraire d'une durée d'1 h sans barrières architecturales et accompagné par des professionnels pour des personnes à mobilité réduite qui souhaitent découvrir le « cœur » de Barcelone : le Barri Gòtic qui joint le passé et le présent sans ses rues, places et recoins. Prix: 13,50 € (comprend le prêt de fauteuils roulants pour qui le demande). Horaire: 1er et 3e vendredi du mois à 10h (anglais) et à 12 h (catalan et espagnol). Démarrage au Bureau d'Information de Turisme de Barcelona (rue Ciutat, 2).

Tourisme durable

Barcelone a été la première ville du monde à recevoir la certification Biosphere World Class Destination, qu'octroie le Responsible Tourism Institute, Institut de Tourisme Responsable (ITR), organisme lié à l'UNESCO. C'est en juin 2011 que l'ITR a reconnu la ville comme destination touristique durable dans les domaines économique, social, culturel et environnemental, grâce à la gestion de la municipalité de la ville et de Turisme de Barcelona.

Passeig de les Aigües

Barcelone à bicyclette

Plus de 100 km de pistes cyclables pour découvrir la ville avec un transport durable et aimable. Dans le chapitre "Se déplacer en ville" de **visitbarcelona.com** vous avez plus de 30 options pour louer des bicyclettes ou réserver des tours guidés pour tous les besoins.

Barceloneta

Histoire

Avant les Romains
Bien que les vestiges les plus anciens de l'occupation humaine de la plaine de Barcelone remontent au Néolithique (5 000 av. J.-C.), la ville, sous le nom probable de *Barkeno*, doit son origine à la tribu Layetana des Ibères (VIe siècle av. J.-C.).

Barcino
Vers l'an 10 av. J.-C. et sous la protection de l'empereur Auguste, une colonie fut fondée sous le nom de *Colonia Iulia Augusta Paterna Faventia Barcino*, déjà décrite dans des documents datant du IIe siècle (Pline et Ptolémée) comme étant un lieu agréable, de terre fertile, et un port accueillant.
La ville a été construite sous la forme coloniale classique emmuraillée, avec quatre portes d'où partaient le *decumanus* (actuels carrers del Bisbe et de la Ciutat) et le *cardo* (carrer del Call et de la Llibreteria), qui se croisaient au centre, sur le *forum* (de nos jours plaça de Sant Jaume).

Étape bas-romaine
Entre les IIe et IVe siècles, la ville connut une grande période de prospérité et ses produits (vin et *garum*) étaient vendus dans tout l'Empire. C'est de la fin de cette époque que date la seconde muraille (celle que l'on peut voir de nos jours) ainsi que la présence d'une importante communauté chrétienne, dont les évêques furent les authentiques défenseurs de la civilisation romaine.

La domination wisigothe
En 415, le roi wisigoth Ataulf établit sa cour dans la ville et, coïncidant avec la fin de l'Empire romain (476), *Barcino* tombe tout d'abord sous le pouvoir du royaume wisigoth de Toulouse, Languedoc et, plus tard, des royaumes péninsulaires.

De la domination islamique au carolingiens
En 717, elle fut incorporée au domaine islamique tout en maintenant les autorités civiles et ecclésiastiques antérieures. L'empereur Charlemagne la prit sous sa domination en 797, et Louis le Pieux la conquit en 801 et établit le comté de Barcelone comme partie de la Marche hispanique.

Ville comtale
Progressivement, les comtes de Barcelone s'éloignèrent de l'influence franque et, lorsqu'ils furent attaqués (985) par les Arabes sans que le roi n'intervienne, le comte Borrell II ne renouvela pas son serment de fidélité, fait qui est considéré comme le début de l'indépendance de ce qui allait s'appeler la Catalogne. En 1137, Ramon Berenguer IV se maria avec Petronila d'Aragon, et leur fils commun, Alfons II, fut le premier roi d'Aragon et comte de Barcelone. Les deux territoires conservèrent leurs cours, leurs langues et leurs droits propres.

Essor médiéval
Jacques Ier le Conquérant (1208-1276) récupéra

Museu d'Arqueologia de Catalunya

El Call

Barcino, Joan Brossa

Majorque, Minorque, Valence et Murcie, alors aux mains des Arabes, et avec cela commença une étape au cours de laquelle Barcelone devint la capitale de la plus importante puissance maritime européenne du Moyen Âge.

Consell de Cent

Jacques Ier créa la structure municipale de gouvernement de Barcelone, qui fut, définitivement organisée en 1265 : trois conseillers élus par un Conseil de cent personnalités (nobles, marchands, artistes et ménestrels). Ce conseil est considéré comme le premier parlement européen.

Generalitat

La Generalitat de Catalogne doit son origine aux Cortes Catalanes qui se réunissaient, durant le règne de Jacques Ier, lorsqu'elles étaient convoquées par le roi d'Aragon comme représentants des états sociaux de l'époque.

1714

La Guerre de Succession espagnole a divisé l'Europe entre les partisans de Philippe d'Anjou (France et Castille) et ceux de l'archiduc Charles (Angleterre, Autriche, Hollande et territoires de la couronne d'Aragon). La victoire du Bourbon mit fin aux institutions d'autogouvernement de la Catalogne et de Barcelone.

« Renaixença »

Après une longue décadence, au milieu du XIXe siècle et grâce à la prospérité économique qui régna à partir de la révolution industrielle (qui culmina avec la célébration de l'Exposition universelle de 1888), Barcelone dirigea un puissant mouvement culturel qui assimilait la langue (le catalan) à la patrie, et qui a eu d'importantes répercussions politiques avec la création de mouvements de revendication catalaniste.

« Modernisme »

À la suite de la *Renaixença*, on adopta le *Modernisme*, à Barcelone et dans le reste de la Catalogne presque comme un style national qui produisit des œuvres, principalement architecturales, d'une grande valeur artistique.

XXe siècle

Au cours de ce siècle, Barcelone connut aussi bien des époques d'essor que des périodes de décadence.

République

La ville vécut les premières années 30 dans une effervescence révolutionnaire politique et culturelle qui fut brisée par le début de la Guerre Civile en 1936.

Dictature

Avec la victoire du soulèvement fasciste, Barcelone, fidèle jusqu'à la fin à la République, subit une après-guerre extrêmement dure. Cependant, à la fin des années 50 une lente récupération économique et culturelle commença et; dans les années 70, elle fut à la tête de la lutte pour la démocratie.

Démocratie

Après avoir récupéré les libertés civiques et nationales, la ville entreprit un travail de rénovation urbanistique et de cohésion sociale qui a créé un modèle de portée universelle.

Barcelone olympique

Les J.O. de 1992 ont constitué un événement marquant sur la voie décrite antérieurement qui a permis à la ville de se projeter dans le XXIe siècle avec la célébration du Forum des Cultures et l'obtention du siège de l'Union pour la Méditerranée.
(www.bcn.cat/historia)

Museu d'Història de Barcelona

Art

La relation de Barcelone avec l'art au cours du temps a été intense et fructueuse et a légué à l'histoire, notamment dans le domaine des arts plastiques et l'architecture, des figures transcendantales de portée universelle : il suffit de citer les noms de Gaudí, Domènech i Montaner, Sert, Picasso, Miró, Dalí ou Tàpies.

Architecture

Barcelona a plus de 2.000 ans d'histoire derrière elle, et c'est pourquoi le visiteur peut trouver des exemples d'architecture de l'Antiquité classique de l'époque de l'Empire romain jusqu'aux bâtiments contemporains les plus d'avant-garde quant à la technologie et durabilité.

Le Moyen Âge fut une des époques de plus grande splendeur créative. En effet, aux XIIIe, XIVe et XVe siècles, on construisit de nombreux édifices dans la ville, tant religieux que civils, dans un style gothique propre appelé gothique catalan, caractérisé par sa contention et sa sobriété ornementale et par le choix, dans les cathédrales, du modèle constructif appelé de salon, dans lequel les vaisseaux latéraux égalent ou s'approchent en hauteur de celle de la nef centrale, ce qui implique une plus grande entrée de lumière naturelle à l'intérieur et permet une très ample lumière (distance) entre les piliers (à Santa Maria del Mar elle est de treize mètres, la plus grande qu'on peut trouver dans un édifice gothique) ce qui accroît la sensation de hauteur et d'élévation spirituelle. Quand Le Corbusier visita Barcelone en 1928, il remarqua l'excellence de certains de ces bâtiments, comme Santa Maria del Mar ou le monastère de Pedralbes et il s'exclama à leur propos : « Quelle simplicité si moderne ! ». C'est certainement cette simplicité formelle qui lui apporte son trait distinctif dans le contexte du gothique européen.

En plus de la basilique de Santa Maria del Mar ou du monastère de Pedralbes, les basiliques de Santa Maria del Pi et des Saints Just et Pastor et, la cathédrale en particulier, sont d'autres exemples de l'architecture gothique religieuse de Barcelone.

Quant à l'architecture gothique civile, Barcelone apporte sans doute certains des meilleurs exemples européens dans ce domaine :

le Saló del Tinell au Palau Reial Major, la Lonja, le Saló de Cent à l'hôtel de ville, les Reials Drassanes ou l'ancien Hospital de Sant Pau confirment ce qui vient d'être dit.

Mais s'il fallait mettre une époque au-dessus des autres, ce serait sans doute celle du Modernisme, un des courants artistiques qui se développèrent à cheval entre le XIXe et le XXe siècle.

Salon gothique de la Llotja de Mar

Casa Comalat

L'essor d'une nouvelle bourgeoisie barcelonaise et l'existence d'une génération qui firent du Modernisme leur drapeau d'identité catalaniste ont fait de Barcelone la capitale européenne du Modernisme. Certains des architectes modernistes les plus remarquables sont Antoni Gaudí, Lluís Domènech i Montaner et Josep Puig i Cadafalch.
Parmi les dizaines de constructions modernistes importantes de la ville, il y en a huit qui ont été inscrites au Patrimoine mondial de l'Humanité par l'UNESCO : le Park Güell, le Palau Güell, la Casa Milà "la Pedrera", la Casa Vicens, la Sagrada Família et la Casa Batlló, œuvres d'Antoni Gaudí, et le Palau de la Música Catalana et l'Hospital de Sant Pau, de Lluís Domènech i Montaner.
Quant à l'architecture contemporaine, à Barcelone on peut trouver des édifices fondateurs des courants d'avant-garde du début du XXe siècle, comme le Pavillon allemand de Mies van der Rohe de 1929, la Casa Bloc et le Dispensaire Antituberculeux des années 1930 de Josep Lluís Sert, jusqu'aux œuvres des architectes actuels les plus reconnus comme Jean Nouvel, Norman Foster, Enric Miralles, Richard Meier, Rafael Moneo, Santiago Calatrava, Toyo Ito ou Arata Isozaki, parmi beaucoup d'autres.

Arts plastiques

En plus de la peinture et la sculpture médiévales, Barcelone se remarque pour son apport aux avant-gardes du XXe siècle, dans des courants aussi importants que le cubisme, le surréalisme ou l'art abstrait. Parmi les artistes barcelonais ou qui menèrent leur activité à Barcelone, on citera Pablo Picasso, Joan Miró, Salvador Dalí ou Antoni Tàpies. On peut admirer beaucoup de ces œuvres dans les musées de la ville.
Au Museu Nacional d'Art de Catalunya se trouve la collection de peinture murale romane la plus importante au monde, ainsi qu'une exposition exceptionnelle de la peinture et sculptures gothiques de Catalogne et de l'art catalan jusqu'au début du XXe siècle. Au MACBA (Museu d'Art Contemporani de Barcelona) et au CaixaForum se trouvent les meilleures collections d'art des avant-gardes de la moitié du XXe siècle à nos jours. D'autres musées indispensables sont le Museu Picasso, la Fundació Joan Miró et la Fundació Antoni Tàpies, dont les collections permanentes sont consacrées aux artistes dont elles portent le nom.
De plus, en ce qui concerne la sculpture, Barcelone est un véritable musée à l'air libre, avec des œuvres extraordinaires de certains des meilleurs créateurs des cent dernières années : Arnau, Llimona, Clarà, Gargallo, Picasso, Tàpies, Miró, Alfaro, Plensa, Brossa, Botero, Horn, Pepper, Oldenburg ou Lichtenstein.

Sgrafittes de Picasso à la Plaça Nova

Núvol i cadira, Antoni Tàpies

Gastronomie

La gastronomie est sans doute un des plats forts de la culture catalane. Ses célèbres chefs ont consolidé le nom de Barcelone comme synonyme de l'extraordinaire trésor gastronomique de haute qualité, de jusqu'à 23 restaurants avec des étoiles Michelin.

Un peu d'histoire

Les premières nouvelles culinaires sur Barcelone remontent au Ier siècle, quand l'historien grec Strabon faisait l'éloge de Barcino pour la qualité de ses huîtres et au IIe siècle, quand on louait l'excellence de son garum (une sauce issue de la fermentation du poisson en saumure), qui s'exportait à Rome.

La cuisine médiévale de Barcelone, comme il se devait à la capitale du plus grand empire maritime de Méditerranée, fut une des plus solides et prestigieuses. Le Llibre del Coch (1520), de Rupert de Nola, est un exemple de cuisine raffinée, savoureuse et aristocratique, peut-être la plus réputée et influente de son époque. Les fruits et légumes qui arrivèrent d'Amérique changèrent pour toujours les livres de recettes de toutes les cuisines du continent et laissèrent une empreinte profonde dans la gastronomie locale. Barcelone a assimilé –et continue à assimiler – les influences de toutes les cuisines avec lesquelles elle a eu une relation tout au long de son histoire. C'est sans doute un de ses traits d'identité. De plus, la ville passera à l'histoire de la haute gastronomie grâce à un chef de réputation universelle, Ferran Adrià, considéré cinq fois meilleur cuisinier de l'année, qui a conduit une révolution gastronomique dont le caractère est mondial.

Certains plats qu'il faut connaître

Même s'il est impossible de les citer tous, si c'est possible il faut goûter à certains plats parmi les suivants : la saucisse aux haricots blancs, les épinards aux pignons et raisins secs, les cannellonis à la barcelonaise, l'*escudella barrejada*, les beignets de morue, les pois chiches à la morue et aux épinards, l'*esqueixada*, le *fricandó*, les fèves à la catalane, le *capipota amb samfaina*, et bien entendu le pain tomate aux anchois (ou une charcuterie typique catalane), les riz marins, les poissons et fruits de mer de de la Barceloneta, et certaines tapas classiques ou d'avant-garde proposées sur les comptoirs et terrasses de la ville.

Le vermouth et les tapas

La coutume typiquement barcelonaise de prendre l'apéritif (le vermouth), consiste à s'asseoir à une terrasse agréable ou au comptoir d'un bar animé et demander quelques tapas (olives, coques, anchois, patatas bravas...) accompagnées d'un verre de vermouth, un demi de bière ou un rafraîchissement

Apéritif sur la Plaça Reial

Pa amb tomàquet (pain tomate)

pour ouvrir l'appétit avant le déjeuner. L'influence de la haute cuisine est aussi arrivée dans le monde des tapas, un phénomène que certains appellent « haute cuisine en miniature ». Maintenant, à Barcelone, les tapas classiques cohabitent avec les plus avant-gardistes.

Le monde des douceurs
La pâtisserie de Barcelone a la réputation d'être la meilleure de tout le pays. Dans les pâtisseries de la ville, le visiteur trouvera aussi bien le respect des traditions que le raffinement technique qui transforment le bon en sublime et il s'étonnera de la quantité de spécialités qui se succèdent dans les vitrines des pâtisseries tout au long de l'année, suivant le calendrier des festivités. Ainsi, à la Toussaint il trouvera des *panellets*, petites douceurs à base de massepain ; à Noël, de nombreuses pâtisseries élaborent leurs propres tourons de jaune d'œuf et de sucre, Xixona ou massepain. Le 6 janvier, à l'Épiphanie, la tradition veut qu'on serve en dessert le *tortell de Reis* (« galette des rois). En mars la *crema catalana* ou *crema de Sant Josep* (crème brûlée); pour le carême, les beignets de vent et en juin, à la veillée de la Saint Jean, on fête avec des cocas aux fruits confits, à la crème ou aux rillons.

Couleur, saveur, arôme

La capitale du chocolat
Les Barcelonais ne pourraient pas vivre sans chocolat. Ce n'est pas pour rien que le port de la ville fut une des principales voies d'entrée du cacao venant d'Amérique en Europe. À Barcelone, on connaît sous le nom de *granges* les établissements qui à l'origine vendaient des produits laitiers et devinrent célèbres par l'acceptation d'une boisson chaude très caractéristique: le *suís*, un épais chocolat liquide couronné de crème fraîche. Peut-être que le meilleur moment pour observer la fascination des Barcelonais pour le chocolat est Pâques, car les vitrines de toutes les pâtisseries deviennent de véritables galeries de sculptures en chocolat, appelées *mones*, que les parrains offent en cadeau à leurs filleuls.

Restaurants avec des étoiles Michelin

LASARTE ∗∗∗ (p. 43)
ÀBAC ∗∗ (p. 74)
ENOTECA ∗∗ (p. 66)
MOMENTS ∗∗ (p. 43)
ALKIMIA ∗ (p. 46)
ANGLE ∗ (p. 46)
CAELIS ∗ (p. 43)
CÉLERI ∗ (p. 74)
CINC SENTITS ∗ (p. 46)
DISFRUTAR ∗ (p. 46)
DOS CIELOS ∗ (p. 70)
DOS PALILLOS ∗ (p. 32)
GAIG ∗ (p. 46)
HISOP ∗ (p. 74)
HOFFMANN ∗ (p. 74)
HOJA SANTA ∗ (p. 46)
KOY SHUNKA ∗ (p. 20)
NECTARI ∗ (p. 46)
PAKTA ∗ (p. 58)
ROCA MOO ∗ (p. 43)
TICKETS ∗ (p. 46)
VIA VENETO ∗ (p. 74)
XERTA ∗ (p. 43)

Près de Barcelone
À moins d'une heure de la ville, vous profiterez aussi d'une mosaïque d'arômes, de couleurs et de saveurs capables de séduire les palais les plus exigeants :
SANT PAU ∗∗∗
Sant Pol de Mar
www.ruscalleda.com
CAN JUBANY ∗
Calldetenes
www.canjubany.com
CAPRITX ∗
Terrassa
www.capritx.com
ELS CASALS ∗
Sagàs
www.elscasals.cat
ELS TRES MACARRONS ∗
El Masnou
www.tresmacarrons.com
ESTANY CLAR ∗
Cercs
www.estanyclar.com
FONDA SALA ∗
Olost
www.fondasala.com
L'Ó ∗
Sant Fruitós de Bages
www.monstbenet.com
LLUERNA ∗
Santa Coloma de Gramanet
www.lluernarestaurant.com

Plus d'information :
www.barcelonaesmoltmes.cat/web/descobreix/gastronomia

BCN réductions

Barcelona Turisme
visitbarcelona.com

visit Barcelona

Barcelona Card Express

Profitez de 2 jours de **transport public illimité et gratuit** (réseau de métro, autobus, tramway et train et métro pour l'aéroport) et de plus de **100 réductions** dans des sites d'intérêt, musées, visites et tours, loisirs, spectacles, lieux nocturnes, restaurants, boutiques, transports atypiques et d'autres services. Inclut un plan de la ville avec la localisation des promotions et du réseau de métro.
Prix: 20,00 euros.
Pour plus d'information et achat, consulter.
www.barcelonacard.com

Barcelona Card

La meilleure option pour 3, 4 ou 5 jours consécutifs. Plus de **25 musées et lieux d'intérêt gratuits, transport public illimité et gratuit** (réseau de métro, autobus, tramway et train et métro pour l'aéroport) et plus de **90 réductions** dans différents sites, musées, visites et tours, loisirs, spectacles, lieux nocturnes, restaurants, boutiques, transports atypiques et d'autres services. Inclut un plan de la ville et un guide des établissements collaborateurs. Prix:
3 jours: 45,00 euros (enfants: 21,00 euros).
4 jours: 55,00 euros (enfants: 27,00 euros).
5 jours, 60,00 euros

(enfants: 32,00 euros).
Pour plus d'information et achat, consulter.
www.barcelonacard.com

Barcelona Bus Turístic

La manière la plus commode de découvrir les lieux les plus intéressants de la ville. Prix: 27 € / 1 jour (16 € pour les enfants) et 38 € / 2 jours (20 € pour les enfants). On peut combiner les trois itinéraires avec le même billet qui offre aussi un guide informatif de chaque arrêt et un carnet de réductions dans les principaux lieux à visiter. Il existe aussi le **Barcelona Bus Turístic de Nit**, pour le soir, avec un itinéraire passant par les édifices de Barcelone les plus emblématiques pour profiter des nuits d'été avec les lumières et les couleurs des éclairages de l'architecture et de la fontaine magique de Montjuïc. Vendredis, samedis et dimanches, de mai au septembre.
tickets.visitbarcelona.com

Barcelona Metro Walks

Sept itinéraires où se succèdent le métro, les promenades à pied et certains trajets en bus ou en tramway pour découvrir l'intérieur de la ville, son histoire, ses quartiers, son développement urbain..., comme un Barcelonais de plus, à votre guise. Comprend un guide avec les routes, les cartes et le transport public.
tickets.visitbarcelona.com

Musées

Il existe 2 tickets avec réduction. On peut les acquérir dans les musées, les bureaux de tourisme et sur
tickets.visitbarcelona.com

ArtTicket

Entrée unique pour visiter les 6 principaux centres d'art de Barcelone: Centre de Cultura Contemporània de Barcelona (CCCB), Fundació Antoni Tàpies, Fundació Joan Miró, Museu Nacional d'Art de Catalunya, Museu d'Art Contemporani de Barcelona (MACBA) et le Museu Picasso. Valide pendant 3 mois à partir de la date de l'achat.
Prix : 30 €.

ArqueoTicket

Multi-ticket qui donne accès à quatre espaces aux fonds archéologiques : Museu d'Arqueologia de Catalunya, Museu Egipci de Barcelona, Museu d'Història de Barcelona et El Born Centre de Cultura i Memòria. Valide pendant 1 an à partir de la date d'achat. Prix: 13,5 €.

Autres

Hola Barcelona!

Hola Barcelona! 2 (14 €), Hola Barcelona! 3 (20,50 €) Hola Barcelona! 4 (26,50 €) et Hola Barcelona! 5 (32 €) permettent respectivement des déplacements illimités pour des périodes de 48 h, 72 h, 96 h et 120 h dès le moment où a lieu la première validation.
En vente dans les stations de métro, les bureaux du tourisme et en ligne.
www.tmb.net
www.fgc.cat

Carte d'étudiant

Avec la carte internationale d'étudiant (ISIC: www.isic.org) ou l'Euro26 (www.euro26.org) on peut obtenir des réductions.

Personnes âgées

Les personnes âgées de plus de 65 ans peuvent profiter de réductions dans de nombreux services.

Plus d'offres sur visitbarcelona.com

La ville, plan par plan

Symboles des plans

- Musée
- Information touristique
- Métro
- FGC
- Train
- Gare d'autobus
- Transport à l'aéroport
- Gare maritime
- Transbordeur aérien
- Funiculaire
- Consigne
- Hôpital
- Police
- Vue panoramique

Le noyau historique

Ciutat Vella

Ciutat Vella est le noyau historique de Barcelone qui a vécu jusqu'au milieu du XIXe siècle enfermée dans ses murailles. La trame du tissu urbain de ce district, irrégulière et bariolée, cumule les empreintes de ces deux derniers millénaires : de la *Barcino* romaine à la Barcelone du XXIe siècle déjà inscrite dans un monde globalisé. Ses 450 hectares sont divisés en quatre zones. La zone centrale est celle du Barri Gòtic (quartier gothique), le tissu urbain barcelonais le plus ancien. À sa gauche, de l'autre côté de La Rambla, se trouve El Raval. À droite, la zone composée par Sant Pere, Santa Caterina et La Ribera, où se trouve El Born. Et, à ses pieds, la Barceloneta, le quartier marin construit au XVIIIe siècle.

Incontournable

CATHÉDRALE DE BARCELONE

Pla de la Seu | www.catedralbcn.org

→ (C2)

La cathédrale gothique de Barcelone est le résultat de l'acharnement de ses habitants : ses travaux, en effet, se sont prolongés pendant six siècles, du XIIIe au XIXe. De nos jours, elle brille gracieusement à la limite de ce qui fut, en son temps, la ville romaine. Elle est composée de trois nefs, couvertes de voûtes de croisée, et sa façade est flanquée de deux tours octogonales. On remarquera son cloître ombragé, où les arbres fruitiers, le murmure de l'eau et les oies créent une ambiance romantique très particulière. + INFO : p. 100

MUSEU PICASSO

Carrer Montcada, 15-23 | T 93 256 30 00 | www.museupicasso.bcn.cat

→ (D2)

Pablo Picasso s'est formé à Barcelone et c'est ici qu'est conservée la plus grande collection de ses années de jeunesse, ainsi que de remarquables œuvres postérieures. C'est le Museu Picasso, installé dans cinq palais médiévaux du carrer Montcada, qui la présente. Ces édifices réhabilités conservent leur aspect extérieur original et exhibent dans leurs spacieux intérieurs un trésor pictural unique, qui fait de cette pinacothèque l'un des principaux attraits touristiques de Barcelone. + INFO : p. 101

PALAU DE LA MÚSICA CATALANA

Palau de la Música, 4-6 | T 93 295 72 00 | www.palaumusica.cat

→ (C2)

L'architecte Domènech i Montaner a construit dans le Palau de la Música son grand joyau *moderniste*, une salle de concerts éblouissante, ornée à profusion, polychrome, fruit en même temps de son talent architectural et de l'artisanat local. Édifié entre 1905 et 1908, le Palau est la scène musicale barcelonaise par excellence. Grâce à un récent agrandissement, on lui a ajouté une salle de musique de chambre et de meilleurs services, et il accueille des centaines de concerts chaque année. Enfin, il propose aussi des visites guidées. + INFO : p. 102

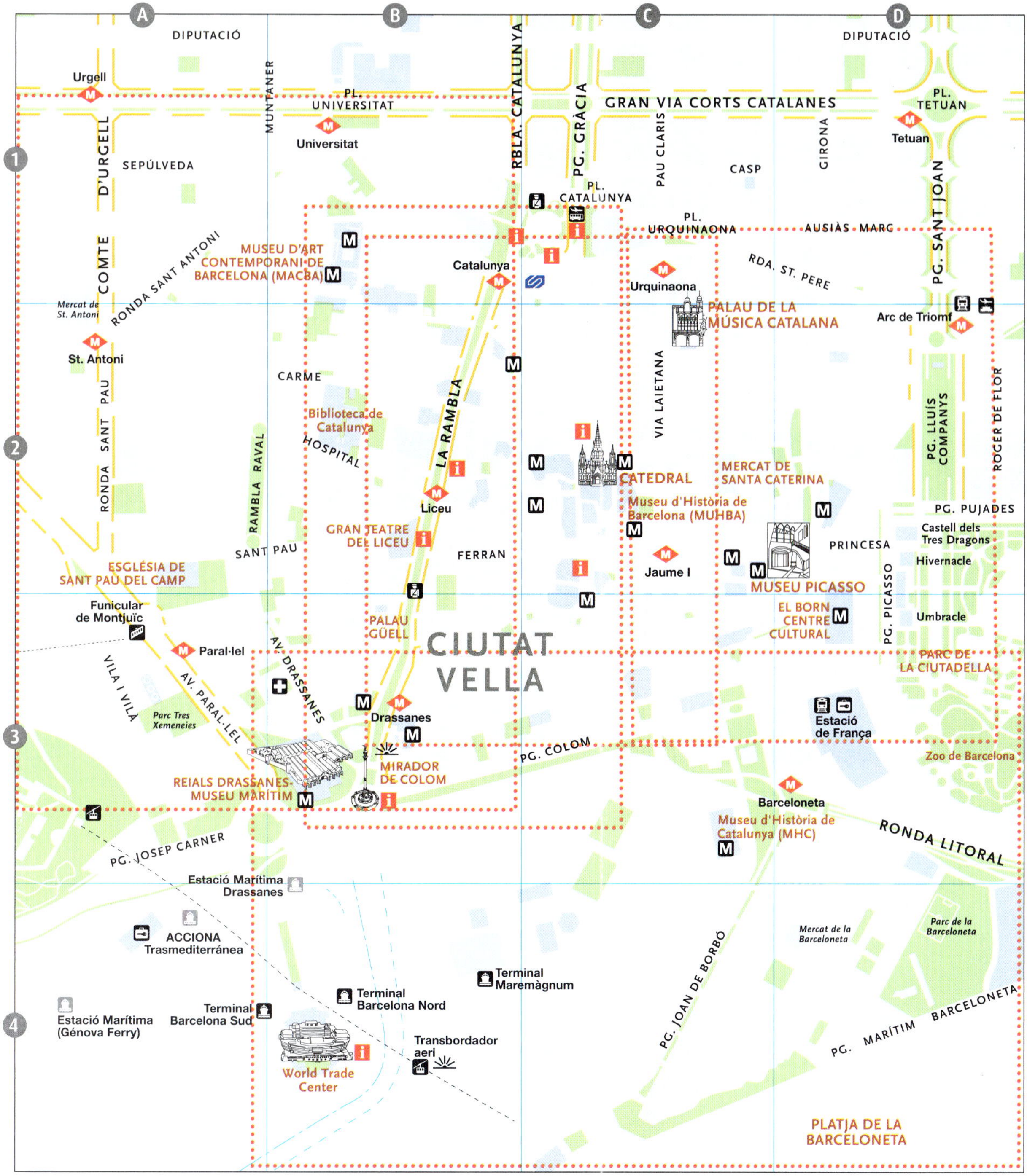
A
B
C
D
1
2
3
4
DIPUTACIÓ
Urgell
PL. UNIVERSITAT
MUNTANER
RBLA. CATALUNYA
PG. GRÀCIA
GRAN VIA CORTS CATALANES
PL. TETUAN
Tetuan
Universitat
D'URGELL
SEPÚLVEDA
PAU CLARIS
CASP
GIRONA
PG. SANT JOAN
PL. CATALUNYA
PL. URQUINAONA
AUSIÀS MARC
MUSEU D'ART CONTEMPORANI DE BARCELONA (MACBA)
RONDA SANT ANTONI
COMTE
Catalunya
Urquinaona
RDA. ST. PERE
Mercat de St. Antoni
PALAU DE LA MÚSICA CATALANA
Arc de Triomf
St. Antoni
CARME
VIA LAIETANA
PG. LLUÍS COMPANYS
ROGER DE FLOR
RONDA SANT PAU
Biblioteca de Catalunya
LA RAMBLA
HOSPITAL
RAMBLA RAVAL
CATEDRAL
MERCAT DE SANTA CATERINA
Liceu
Museu d'Història de Barcelona (MUHBA)
PG. PUJADES
Castell dels Tres Dragons
GRAN TEATRE DEL LICEU
PRINCESA
SANT PAU
FERRAN
Hivernacle
ESGLÉSIA DE SANT PAU DEL CAMP
Jaume I
MUSEU PICASSO
Funicular de Montjuïc
PALAU GÜELL
EL BORN CENTRE CULTURAL
PG. PICASSO
Umbracle
Paral·lel
CIUTAT VELLA
PARC DE LA CIUTADELLA
VILA I VILÀ
AV. DRASSANES
AV. PARAL·LEL
Parc Tres Xemeneies
Drassanes
Estació de França
PG. COLOM
Zoo de Barcelona
MIRADOR DE COLOM
REIALS DRASSANES-MUSEU MARÍTIM
Barceloneta
Museu d'Història de Catalunya (MHC)
RONDA LITORAL
PG. JOSEP CARNER
Estació Marítima Drassanes
ACCIONA Trasmediterránea
Mercat de la Barceloneta
Parc de la Barceloneta
Terminal Maremàgnum
Terminal Barcelona Nord
Terminal Barcelona Sud
Estació Marítima (Génova Ferry)
PG. JOAN DE BORBÓ
PG. MARÍTIM BARCELONETA
Transbordador aeri
World Trade Center
PLATJA DE LA BARCELONETA

Cathédrale de Barcelone ➜ **(C2)**

Museu Picasso ➜ **(D2)**

Palau de la Música Catalana ➜ **(C2)**

Barri Gòtic

✸ **Incontournable : CATHÉDRALE DE BARCELONE** ➜ p. 18

La Barcelone ancienne continue à vivre dans le Barri Gòtic. Construit sur la *Barcino* romaine, elle-même érigée sur le mont Taber, il conserve des traits de la ville médiévale et du quartier juif dans sa trame de voies étroites et empierrées. Des églises centenaires et des musées divers cohabitent avec des commerces modernes dans ce quartier aux rues piétonnes et aux places peu fréquentées, où alternent les itinéraires touristiques et les havres de paix solitaires.

BARCELONA WALKING TOURS

Gòtic

Itinéraire d'une durée de 2 heures accompagné par des professionnels. Le Barri Gòtic de Barcelone présente encore le passé dans ses rues, ses places et ses recoins. On peut visiter, entre autres, le cloître de la cathédrale et le jardin du Palau Reial Major, ainsi que la plaça del Rei, celle de Sant Felip Neri et celle de Sant Jaume.
Prix : adultes, 16 € ; enfants entrée gratuite pour les moins de 12 ans. Horaire : du lundi au dimanche, à 9,30 h (anglais) ; les samedis, à 11,30 h (catalan et espagnol). Départ à l'Office du Tourisme de Barcelone (Ciutat, 2).

Itinéraire romain

Barcelone a été fondée par les Romains (15-10 av. J.-C.) à l'époque de l'empereur Auguste. On peut encore observer de nombreux vestiges archéologiques en se promenant dans ses rues (le temple d'Auguste, l'aqueduc, les murailles, la nécropole, etc.).
Au Museu d'Història de Barcelona (Plaça del Rei) commence une route à travers les points les plus intéressants. À chacun des douze points signalés, il existe un panneau informatif.

Itinéraire du quartier juif

Bien que petit, le quartier médiéval juif de Barcelone (*el Call*, en catalan) était un centre culturel important de la Méditerranée entre le XIe et le XIVe siècle. En 2008, le Centre d'Interprétation du Call a été inauguré (placeta Manuel Ribé s/n). Il est situé dans l'ancienne *Casa del Rabí* ou *de l'Alquimista* (XIVe siècle) d'où part un itinéraire qui passe par les points les plus intéressants conservés de l'héritage sépharade. À chacun de ces points, il y a un panneau informatif.

Musées

MUSEU D'HISTÒRIA DE BARCELONA
➜ **(G3)** + INFO : p. 104

MUSEU DE LA CATEDRAL
Pla de la Seu, s/n ➜ **(F2)**
www.catedralbcn.org
Collection d'art religieux des confréries et des monarchies qui régnèrent sur la ville.

MUSEU DE LA MOTO
De la Palla, 10 ➜ **(F2)**
www.museumoto.com
Consacré exclusivement au monde et à l'histoire de la motocyclette.

THE GAUDÍ EXHIBITION CENTER - MUSEU DIOCESÀ
Pla de la Seu, 7 ➜ **(G2)**
Exposition permanente *Passejant amb Gaudí* divisée en quatre parties: les influences, les mondes de Gaudí, les chefs-d'œuvre et l'héritage.

MUSEU FREDERIC MARÈS
Pl. de Sant Iu, 5-6 ➜ **(G2)**
www.museumares.bcn.cat
Exposition de sculptures de l'époque préromaine au XXe siècle et une collection de plusieurs milliers d'objets quotidiens du XIXe.

Restaurants

Étoiles Michelin

CAELIS ⋆
Via Laietana, 49 ➜ **2(G1)**
T 93 510 12 05 (> 60 €)
À l'hôtel *Ohla*, le chef Romain Fornell nous propose une cuisine méditerranéenne innovatrice et savoureuse dans le cadre d'un luxueux restaurant.

KOY SHUNKA ⋆
Copons, 7 ➜ **1(G2)**
T 93 412 79 39
(> 60 €)
Né à Toyota et formé à Tokyo, le chef Hideki Matsuhisa propose de la haute cuisine japonaise avec des touches catalanes, à Barcelone.

CAFÈ DE L'ACADÈMIA
Pl. de Sant Just, s/n
➜ **3(G3)**
T 93 319 82 53
(20-40 €) + MENU DE MIDI
Un local avec un certain charme et une terrasse en

été. Cuisine de marché et cuisine catalane.

EL GRAN CAFÈ
Avinyó, 9 → **4(F3)**
T 93 318 79 86
(20-40 €) + MENU QUOTIDIEN
Sélection de recettes traditionnelles de la cuisine catalane dans une décoration moderniste soignée.

ELS QUATRE GATS
Montsió, 3 → **5(F1)**
T 93 302 41 40
(20-40 €) + MENU DE MIDI
Épicentre artistique mythique du début du XXe siècle, avec Rusiñol, Picasso, Casas etc. Cuisine catalane.

IRATI TAVERNA BASCA
Cardenal Casañas, 17
→ **6(E2)**
T 93 302 30 84
(30-50 €)
Un des premiers restaurants basques de BCN. *Tapas* et *pinchos*.

Cafés et bars

BAR DEL PI
Pl. de Sant Josep Oriol, 1
→ **8(F2)**
Cafétéria et bar de *tapas* avec une splendide terrasse pour savourer l'ambiance du quartier.

CAELUM
De la Palla, 8 → **9(F2)**
Boutique de produits provenant de différents couvents. Avec une cafétéria pour les déguster *in situ*.

GRANJA LA PALLARESA
Petritxol, 11 → **10(E2)**
Depuis 1947, on y sert les meilleurs chocolats de la ville.

EL MESÓN DEL CAFÉ
Llibreteria, 16 → **11(G3)**
Depuis 1909. La décoration actuelle date de 1929. Local minuscule avec un bon café.

EL PARAIGUA
Pas de l'Ensenyança, 2
→ **12(F3)**
Bar à cocktails historique et cafétéria. Décoration *moderniste*. Musique en direct. Expositions.

L'ASCENSOR
Bellafila, 3 → **13(F3)**
Bar élégant à la décoration ancienne et moderniste où l'on sert d'excellents cocktails.

LA CERERÍA
Baixada de Sant Miquel, 3
→ **14(F3)**
Cuisine végétarienne écologique. La pizza et les desserts élaborés avec une variété de farines au goût du client sont remarquables.

LA GRANJA
Banys Nous, 4 → **15(F3)**
Café depuis 1872 qui a gardé tout son charme et conserve, à l'intérieur, un pan de l'ancienne muraille romaine.

ZIM
Dagueria, 20 → **16(G3)**
Petit bar où déguster de bons vins et les marier avec un excellent choix de fromages artisanaux.

Commerce

ART MONTFALCON
Boters, 4 → **17(F2)**
Magasins de cadeaux à l'offre d'objets innombrables, qui possède aussi une section galerie d'art.

BARRETS OBACH
Call, 2 → **19(F3)**
Mythique magasin de chapeaux, casquettes et bérets depuis 1924.

BCN ORIGINAL SHOPS
Ciutat, 2 → **20(F3)**
Pl. de Catalunya, 7
Large éventail d'articles de cadeau inspirés par la ville de Barcelone.

CERERIA SUBIRÀ
Llibreteria, 7 → **21(G3)**
Les meilleures bougies depuis 1761. Décoration d'ambiance baroque.

COOPERATIVA D'ARQUITECTES JORDI CAPELL
Plaça Nova, 5 → **18(F2)**
Trois étages consacrés à la culture architecturale: librairie et cadeaux exclusifs conçus par des architectes de renom.

EMPREMTES DE CATALUNYA
Banys Nous, 11 → **25(F3)**
Artisanat 100% catalan: joaillerie, tissus, céramique, etc.

ESTAMPERÍA SAN JOSÉ
Boters, 7 → **37(F2)**
Magasin d'articles religieux

Plaça Ramon Berenguer → **(G3)**

Carrer del Bisbe → **(F3)**

Plaça del Rei → **(G3)**

Temple d'Auguste → **(G3)**

depuis 1919, avec une des offres internationales les plus riches du secteur.

FARGAS
Pi, 16 → **22(F2)**
Longue tradition en chocolats et truffes, dont l'établissement a hérité sa décoration moderniste.

FELGAR
Portal de l'Àngel, 25 → **38(F1)**
Vêtements nationaux et internationaux pour femmes urbaines, modernes et élégantes.

FORMATGERIA LA SEU
Dagueria, 16 → **23(G3)**
Charmant magasin spécialisé dans les fromages artisanaux locaux.

GUANTERIA I COMPLEMENTS ALONSO
Santa Anna, 27 → **24(F1)**
Magasin centenaire de style moderniste spécialisé dans les gants, les éventails et les compléments.

HÀBIT ESPAI DE JOIES
Lledó, 4-6 → **41(G3)**
Atelier de bijoux d'auteur où le visiteur peut voir en direct le processus de création de pièces uniques.

LA COLMENA
Pl. de l'Àngel, 12 → **27(G3)**
Un classique de la pâtisserie à Barcelone (1928). En plus de ses gâteaux et de ses tourons, elle élabore des bonbons artisanaux parmi les plus anciens d'Espagne.

LA MANUAL ALPARGATERA
Avinyó, 7 → **28(F3)**
Soixante-dix ans consacrés au commerce des espadrilles faites de matériaux végétaux.

ÓPTICA COTTET
Portal de l'Àngel, 40 → **29(F1)**
Quatrième génération de cette entreprise familiale spécialisée dans les lunettes en tout genre. Thermomètre spectaculaire sur la façade.

PAPABUBBLE
Ample, 28 → **30(F4)**
Véritables bonbons artisanaux faits à la main, créatifs et personnalisés, manipulés devant les clients.

PAPIRUM
Baixada de la Llibreteria, 2 → **31(G3)**
Lieu unique pour les amateurs de papier et d'articles de bureau sélects.

PLANELLES DONAT
Portal de l'Àngel, 7 i 27 → **32(F1)**
Longue tradition dans l'élaboration artisanale de tourons, de glaces et d'*orxata*.

RAIMA
Comtal, 27 → **33(G1)**
Choix exquis d'articles de bureau et de cadeaux.

SOMBRERERÍA MIL
Fontanella, 20 → **34(G1)**
Depuis un siècle, satisfait les amateurs de chapeaux avec une grande variété de modèles.

TOMÀS COLOMER
Portal de l'Àngel, 7 → **35(F2)**
150 ans dans le monde de la bijouterie et de l'horlogerie.

TORRONS VICENS
Petritxol, 15 → **36(E2)**
À Barcelone, la boutique des maîtres du touron d'Agramunt. Tourons et chocolats artisanaux depuis 1775.

Et aussi...

CASA DE L'ARDIACA
Santa Llúcia, 1 → **(F2)**
Palais gothique du XVe siècle et façade Renaissance, adossé à l'intérieur de la muraille romaine. Belle cour.

ÉGLISE DE SANTA ANNA
Santa Anna, 29 → **(F1)**
Un trésor caché et une oasis de tranquillité en plein centre ville. Elle fut fondée par l'ordre du Saint Sépulcre et son style est principalement gothique. Construite entre les XIIe et XIIIe siècles.

FOIRE DE SANTA LLÚCIA
Av. Catedral → **39(F2)**
Ce marché artisanal de rue a plus de 200 ans d'âge. Il a lieu pendant les premières semaines de décembre, quand les Barcelonais achètent les figures et compléments pour faire les crèches traditionnelles et

Église de Santa Anna → **(F1)**

Foire de Santa Llúcia → **39(F2)**

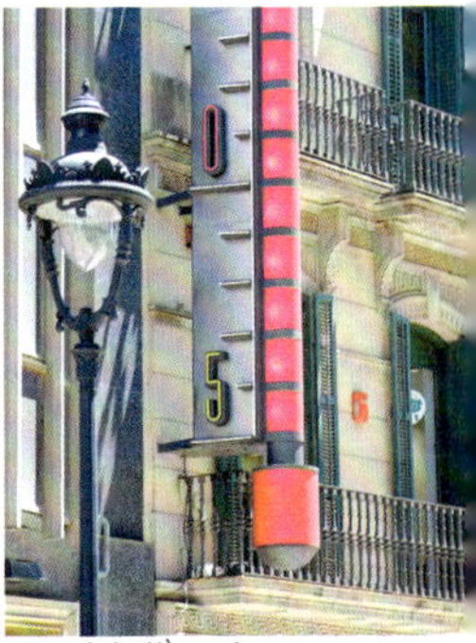

Portal de l'Àngel → **(F1)**

Guanteria Alonso → **24(F1)**

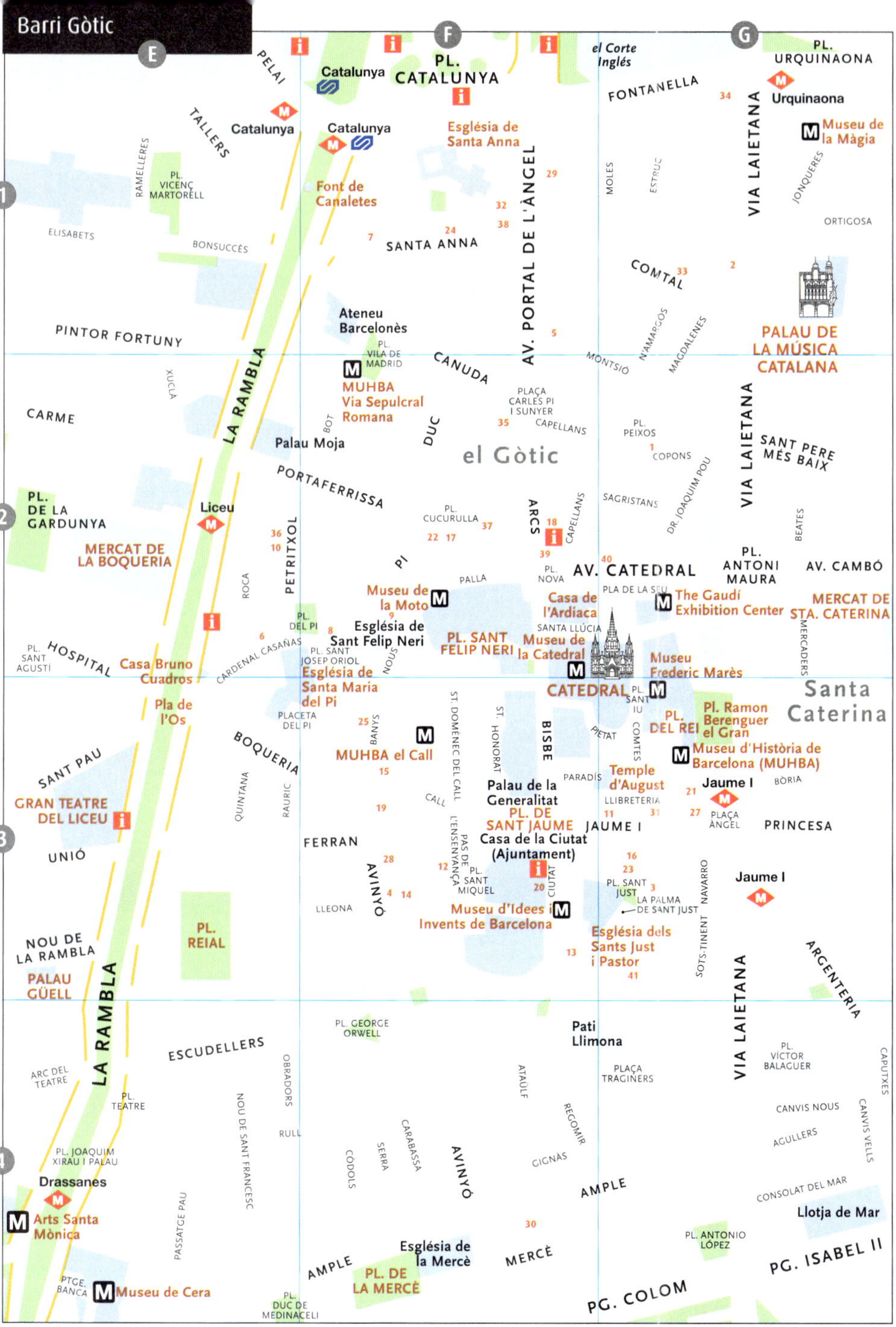

les arbres de Noël avec leurs décorations.

MERCAT GÒTIC

Av. Catedral **➔ 40(G2)**

Depuis 1978, ce marché d'antiquités et d'objets de collection se tient tous les jeudis aux portes de la cathédrale.

MURAILLE ROMAINE - PLAÇA DE RAMON BERENGUER EL GRAN

Présidée par la statue équestre (œuvre de Josep Llimona) du comte de Barcelone, on observe sur cette place **(➔ G3)** un des tronçons les plus intéressants de la muraille romaine, sur laquelle sont superposées des constructions médiévales parmi lesquelles on remarque, sobre et élégante, la chapelle royale de Santa Àgata. On peut voir d'autres tronçons de la muraille romaine sur l'Avinguda de la Catedral **(➔ G2)**, dans la rue del Sots-Tinent Navarro **(➔ G3)**, sur la Plaça dels Traginers **(➔ G4)** ou au Pati Llimona **(➔ F4)**.

PLAÇA DE SANT JUST

➔ (G3)

Un des coins les plus charmants du Quartier Gothique, où se trouve la basilique gothique des saints Juste et Pasteur (1342-1343) et la Fontaine Fivaller ou Fontaine de Sant Just, du XVe siècle, première fontaine d'eau courante de la ville.

TEMPLE D'AUGUSTE

Paradís, 10 **➔ (G3)**

Vestiges romains qui conservent quatre colonnes, avec des chapiteaux corinthiens, qui s'élèvent sur les podiums, appartenant au temple d'Auguste (Ier siècle ap. J.-C.).

Très recommandés

ENSEMBLE MONUMENTAL DE LA PLAÇA DEL REI
Plaça del Rei, s/n → **(G3)**
T 93 256 21 22
www.museuhistoria.bcn.cat
La splendeur médiévale catalane brille encore sur la plaça del Rei, une des meilleures enclaves du Barri Gòtic. Elle est présidée par le Palau Reial Major, avec son escalier monumental renaissance, son Saló del Tinell et sa séquence d'arcs qui se combine avec celle de la Torre del Rei Martí. Le Palau del Lloctinent et la sobre chapelle de Santa Àgata complètent cet ensemble. La Casa Padellàs, siège du Museu d'Història de Barcelona qui donne accès au gisement archéologique roman et paléochrétien du sous-sol de la Plaça del Rei, clôt la place. + INFO : p.104

PLAÇA DE SANT JAUME
→ **(F3)**
Le pouvoir se donne rendez-vous sur la plaça Sant Jaume. D'un côté, le Palau de la Generalitat, de façade renaissance, siège du gouvernement catalan ; de l'autre, la mairie de Barcelone, dans laquelle le Saló de Cent accueille les réunions des habitants depuis le XIVe siècle.
www.gencat.cat
www.bcn.cat

LE *CALL* ET LA PLAÇA DE SANT FELIP NERI
→ **(F2, F3)**
El Call (l'ancien quartier juif de Barcelone) a hébergé du XIe au XIVe siècle le grand noyau culturel catalan, dans lequel des médecins, des philosophes, des mathématiciens ou des astronomes partagèrent et divulguèrent leur savoir. L'histoire semble s'arrêter dans ses recoins, et notamment sur la plaça de Sant Felip Neri, dont les façades conservent encore de vieilles blessures.

MUHBA sous-sol romain → **(G3)**

MUHBA Saló del Tinell → **(G3)**

Plaça de Sant Jaume → **(F3)**

Plaça de Sant Felip Neri → **(F2)**

Ciutat Vella

El Born et La Ribera

✸ **Incontournable : MUSEU PICASSO + PALAU DE LA MÚSICA CATALANA** → p. 18

La Ribera — qui veut dire bord, lisière — atteste de manière singulière la vieille relation de la ville avec la mer. Née *extra muros* au XIIIe siècle, mutilée pour construire une citadelle militaire qui sera plus tard transformée en parc, La Ribera conserve sa trame urbaine médiévale bigarrée. Dans ce quartier, on remarque, comme des clairières dans une forêt dense, la basilique de Santa Maria del Mar, El Born et Santa Caterina.

BARCELONA WALKING TOURS
Picasso
Itinéraire guidé d'une durée de 2 h pour découvrir la vie et l'œuvre du peintre à Barcelone. L'itinéraire passe, entre autres, par le café Els Quatre Gats, l'immeuble de l'Ordre des Architectes de Catalogne, le carrer d'Avinyó, celui de la Plata, les Porxos d'en Xifré, la Llotja de Mar, le quartier de La Ribera, et il prend fin au Museu Picasso.
Prix : adultes, 22 € ; enfants, 8 € (le prix comprend la visite guidée au Museu Picasso). Horaire: de mardi à samedi, à 15 h (anglais) ; mercredi et samedi à 15h30 (français). Départ de l'Office du Tourisme de Barcelone (Plaça de Catalunya, 17-S).

Musées

MUSEU PICASSO → (I3)
+ INFO : p. 101

FUNDACIÓ FOTO COLECTÀNIA
Passeig Picasso, 14 → **(J3)**
www.colectania.es
Elle rassemble plus de 2 000 photos de plus de 60 photographes espagnols et portugais, de 1950 à nos jours. Expositions et activités autour de la photographie.

MUSEU DE CULTURES DEL MÓN
Montcada, 12 → **(H3)**
www.museuculturesmon.bcn.cat
Situé dans deux palais médiévaux, il présente le patrimoine artistique de différentes cultures d'Afrique, d'Asie, d'Amérique et d'Océanie.

MUSEU DE LA XOCOLATA
Comerç, 36 → **(I3)**
www.museuxocolata.cat
Un parcours à travers les origines du chocolat, son arrivée en Europe et sa diffusion.

MUSEU EUROPEU D'ART MODERN
Barra de Ferro, 5 → **(H3)**
www.meam.es
Consacré en exclusivité au meilleur art figuratif des XXe et XXIe siècles.

Restaurants

BAR MUNDIAL
Plaça de Sant Agustí Vell, 1
→ **1(I2)**
T 93 319 90 56 (20-30 €)
Un classique du quartier, ouvert depuis 1925. Grande variété de tapas et d'assiettes de poissons et de fruits de mer.

CAL PEP
Pl. de les Olles, 8 → **2(I4)**
T 93 310 79 61 (50-60 €)
Très fréquenté. Cuisine maison avec des influences basques et *tapas*.

CUINES DE SANTA CATERINA
Av. de Francesc Cambó, 16
→ **4(H2)**
T 93 268 99 18 (20-30 €)
Moderne et vaste, intégré dans le marché de Santa Caterina. Cuisine méditerranéenne, orientale et végétarienne.

EL 300 DEL BORN
Plaça Comercial, 12 → **5(I4)**
T 93 310 24 28 (20-30 €)
Espace gastronomique de la brasserie Moritz dans le Marché du Born qui a été rénové comme nouveau Centre Culturel de la ville.

EL PASSADÍS D'EN PEP
Pla de Palau, 2 → **6(H4)**
T 93 310 10 21 (> 60 €)
Cuisine marinière dans l'un des meilleurs restaurants à poissons et fruits de mer.

LA BÀSCULA
Flassaders, 30 → **7(I3)**
T 93 319 98 66 (< 20 €)
Dans une ancienne maison de chocolats, une grande variété de plats de pâtes, d'après les critères de la cuisine végétarienne.

MERCAT PRINCESA
Flassaders, 21 → **8(I3)**
T 93 268 15 18
(20-30 €)
Situé dans un petit palais médiéval, cet espace propose 17 stands différents pour déguster les cuisines du monde entier.

SENYOR PARELLADA
Argenteria, 37 → **9(H3)**
T 93 310 50 94
(25-40 €)
Avec beaucoup de charme. Portions généreuses de cuisine traditionnelle.

TEN'S
Rec, 79 → **10(I4)**
T 93 319 22 22 (20-40 €)
Assiettes et tapas de haute cuisine du Chef Jordi Cruz au rez-de-chaussée du Park Hotel.

Cafés et bars

COCKTAIL BAR JUANRA FALCES
Rec, 24 → **12(I3)**
Un des meilleurs et plus anciens bar à cocktails de Barcelone.

LA VINYA DEL SENYOR
Pl. de Santa Maria, 5 → **13(H4)**
Grande variété de vins pour accompagner les plats de *fuet*, de jambon cru, de fromage, etc

EL XAMPANYET
Montcada, 22 → **14(H3)**
Depuis 1929, les meilleurs anchois de Barcelone et sa boisson étoile : le *xampanyet*.

Commerce

ALMACÉN MARABI
Cirera, 6 → **15(I3)**
Poupées, marionnettes, sculptures et jouets de chiffon artisanaux de l'artiste Mariela Marabi.

BUBÓ
Caputxes, 10 → **16(H4)**
Carles Mampel, meilleur chocolatier du monde en 2005, offre des créations modernes.

CAFÉS EL MAGNÍFICO
Argenteria, 64 → **17(H4)**
Grande variété de cafés et de thés de qualité du monde entier.

ETXART & PANNO
Pg. del Born, 14 → **26(I4)**
Vêtements audacieux et sophistiqués pour la femme épanouie réalisés avec des fibres naturelles de production nationale.

DAVID VALLS & INGRID VALLS
Pg. del Born, 19 → **19(I4)**
Vêtements uniques en maille avec des matériaux exclusifs et naturels.

DEMASIÉ
Princesa, 28 → **20(I3)**
Délicieux biscuits artisanaux servis avec des emballages de design.

DESIGUAL
Argenteria, 65 → **21(H4)**
Mode barcelonaise street wear pleine de couleurs et d'imagination.

E&A GISPERT
Sombrerers, 23 → **22(H4)**
Depuis 1851, ils sèchent les fruits dans leur four à bois. Alimentation.

KIEHL'S
Argenteria, 6 → **11(H3)**
Produits cosmétiques créés suivant des connaissances pharmaceutiques, botaniques et médicinales.

LA CAMPANA
Princesa, 36 → **23(I3)**
Longue tradition de glaces, tourons et biscuits de Noël artisanaux.

LA COMERCIAL
Rec, 52 → **24(I4)**
Boutique créée pour profiter de la mode. Sélection soignée de compléments.

LES LUNETTES
Rec, 56 → **25(I4)**
Lunettes de designers émergents et marques indépendantes. Matériaux de grande qualité et artisanaux.

MERCEDES MESTRES ATELIER FLAMENCO
St. Pere Mitjà, 69 → **18(I2)**
Création de robes de mode flamenco qui fusionne avec l'esthétique de Gaudí.

MUNICH SPORTS
Antic de St. Joan, 4 → **27(I4)**
Chaussures de sport qui constituent une référence dans la mode streetwear en Europe.

OLIMAR
St. Pere Més Alt, 24 → **35(H1)**
Vente et dégustation de produits alimentaires artisanaux catalans avec dénomination d'origine.

ON LAND
Princesa, 25 → **28(I3)**
Designs très spéciaux, différents et colorés pour l'homme et la femme.

PASTISSERIA HOFMANN
Flassaders, 44 → **29(I4)**
Mey Hofmann, aujourd'hui disparue, fonda cette excellente pâtisserie de delicatessen.

El Born CCM → **(I4)**

Born. Jaume Plensa → **38(I4)**

Plaça de Santa Maria → **(H4)**

Museu de la Xocolata → **(I3)**

SANS & SANS
Argenteria, 59 → **31(H4)**
Grand choix de thés aux épices. En face, se trouve le magasin d'importation et de torréfaction du café, ouvert depuis 1919.

STUDIOSTORE
Comerç, 17 → **32(I3)**
Galerie, studio de design et *concept store* avec des pièces très originales.

SYNGMAN CUCALA & LURDES BERGADA
Pl. Santa Maria, 2 → **33(H4)**
Mode homme et femme. Vêtements fonctionnels et minimalistes.

TASCÓN
Pg. del Born, 8 → **30(I4)**
Magasin de chaussures avec les meilleurs modèles et les plus actuels pour l'homme et la femme.

VILA VINITECA
Agullers, 7 → **34(H4)**
Depuis 1932, les meilleurs vins du monde. Club d'amoureux du vin et cours de dégustation.

Et aussi...

ARC DE TRIOMPHE
Pg. de Lluís Companys → **(J2)**
Cet Arc de Triomphe réalisé par Josep Vilaseca était la porte d'entrée de l'Exposition Universelle de 1888.

CARRER DE MONTCADA → **(H3)**
Elle fut le principal centre résidentiel de la noblesse barcelonaise, du XIIIe au XVIIIe siècle. C'est une succession de palais gothiques (rénovés avec des éléments Renaissance et baroques) de grande valeur architecturale, qui sont devenus des centres muséaux et autres offres culturelles. On remarquera les palais Aguilar, Baró de Castellet, Meca, Finestres et la Casa Mauri (tous occupés par le Musée Picasso), le Palau Cervelló et le Palau Dalmases.

COUVENT DE SANT AGUSTÍ
Comerç, 36 → **(I3)**
L'ancien couvent de Sant Agustí date de la moitié du XIVe siècle, et même s'il fut détruit en 1714, certaines parties originales comme l'aile ouest du cloître gothique demeurent. On arrive au cloître et au bar installé dans ses dépendances à travers une installation de lumières appelée *Deuce Coop* (1992) du Californien James Turrel.

EL REI DE LA MÀGIA
Princesa, 11 → **36(H3)**
Depuis 1881, ce magasin singulier est au service de la magie. De belles boîtes de magie et toutes sortes d'accessoires. Depuis quelques années, il a aussi ouvert un Théâtre-Musée qui propose des spectacles de magie, tout près du magasin, dans la rue Jonqueres, 15 → **37(H1)**

FUNDACIÓ GASPAR
Montcada, 25 → **40(H3)**
www.fundaciogaspar.com
Située dans un édifice gothique du XVe siècle (le Palau Cervelló), cette fondation propose des expositions d'art contemporain des meilleurs artistes internationaux.

PLAÇA DEL FOSSAR DE LES MORERES → **(H4)**
Lieu où sont enterrés ceux qui sont tombés lors du siège de Barcelone par les troupes des Bourbons, qui s'acheva le 11 septembre 1714 avec la défaite de la ville. En 2011, on y plaça une vasque, œuvre d'Alfons Viaplana, où brûle toujours une flamme, à l'extrémité supérieure, symbole d'hommage éternel.

ZOO DE BARCELONE → **(J4)**
Inauguré en 1902 dans l'enceinte du Parc de la Ciutadella, le Parc Zoològic de Barcelona occupe près de treize hectares, possède une collection d'animaux composée de plus de quatre-cents espèces différentes du monde entier et applique la stratégie mondiale des zoos pour la conservation des espèces.

Carrer de Montcada → **(H3)**

Palau Dalmases → **39(H3)**

Fossar de les Moreres → **(H4)**

El Rei de la Màgia → **36(H3)**

El Born et La Ribera

Couvent de Sant Agustí ➜ (I3)

Arc de Triomphe ➜ (J2)

Castell dels Tres Dragons ➜ (J3)

Zoo de Barcelone ➜ (J4)

Très recommandés

SANTA MARIA DEL MAR
Pl. de Santa Maria, 1
→ **(H4)**
L'église gothique de Santa María del Mar – qui date du XIVe siècle – présente en façade deux tours octogonales et une belle rosace. Son intérieur, haut et large, est d'une impressionnante élégance, avec de sveltes et sobres colonnes qui soutiennent la voûte. + INFO : p. 105

EL BORN CENTRE DE CULTURA I MEMÒRIA
Pl. Comercial, s/n → **(I4)**
T 93 256 68 51
http://elborncultura imemoria.barcelona.cat
Depuis 1876, et tout au long d'un siècle, la structure métallique d'El Born a abrité le marché d'approvisionnement de Barcelone. Actuellement, c'est un centre culturel qui abrite un site archéologique magnifique.
+ INFO : p. 107

PARC DE LA CIUTADELLA
→ **(J4)**
Le projet initié en 1872 a par la suite été modifié à l'occasion de l'Exposition Universelle de 1888. On y trouve le Parlament de Catalunya, le Castell dels Tres Dragons, l'Umbracle, l'Hivernacle, le Zoo, la Cascade Monumentale avec son lac navigable, ainsi que des sculptures de Josep Llimona, Frederic Marès et Pau Gargallo.

MARCHÉ DE SANTA CATERINA
Av. de Francesc Cambó, 16
→ **(H2)**
www.mercatsantacaterina.com
La toiture ondulante, dynamique, du marché de Santa Caterina, portée par une structure expressive, reproduit les couleurs des fruits et des légumes, et transmet son âme juvénile à un marché historique (1848). Elle a été conçue par Miralles et Tagliabue.

Santa Maria del Mar → **(H4)**

El Born CCM → **(I4)**

Parc de la Ciutadella → **(J4)**

Marché de Santa Caterina → **(H2)**

Ciutat Vella

La Rambla

Il n'y a pas à Barcelone une autre rue comme La Rambla : une explosion de vie et de couleur dans laquelle circulent des personnes de toute origine et de toute condition. Ligne qui sépare le Barri Gòtic du Raval, La Rambla est une généreuse promenade piétonne, fréquentée jour et nuit, qui relie la Méditerranée à l'Eixample. Elle est jalonnée par des kiosques à journaux et des petites boutiques de fleurs.

BARCELONA WALKING TOURS
Gourmet
Itinéraire guidé d'une durée de 2 heures sur la culture gastronomique de Barcelone. Il passe, entre autres, par la Casa Gispert, Jamón Experience, Escribà ou la Xocolateria Fargas. Prix: adultes, 22 € ; enfants, 7 € (inclut les dégustations). Départ de l'Office du Tourisme de Barcelone (Plaça de Catalunya, 17-S).

Musées
ARTS SANTA MÒNICA
Rambla Santa Mònica, 7
→ **(K4)**
artssantamonica.gencat.cat
Espace de confluence et de croisement entre différentes disciplines de la création artistique contemporaine et la science, la pensée et la communication.

LA VIRREINA CENTRE DE LA IMATGE
La Rambla, 99 → **(K2)**
www.bcn.cat/virreinacentredelaimatge
Deux espaces consacrés aux avant-gardes artistiques de l'image.

MUSEU DE CERA
Passatge de la Banca, 7
→ **(K4)**
www.museocerabcn.com
Dans un édifice de type Renaissance les personnages les plus éminents de l'histoire revivent.

MUSEU DE L'ERÒTICA
La Rambla, 96 → **(K2)**
www.erotica-museum.com
L'érotisme à travers plus de 800 pièces de grande valeur historique, de la Grèce et la Rome antiques aux débuts du XXe siècle, en passant par l'Extrême-Orient.

Restaurants
AGUT
Gignàs, 16 → **1(L4)**
T 93 315 17 09
(20-45 €) + MENU DE MIDI
Ancienne auberge (1924) de type bohème. Cuisine populaire catalane.

BAR LOBO
Pintor Fortuny, 3 → **3(K2)**
T 93 481 53 46
(20-30 €) + MENU DE MIDI
Tapas et plats rapides avec des touches audacieuses.

BIOCENTER
Pintor Fortuny, 25
→ **4(K2)**
T 93 301 45 83
(< 20 €)
Pionniers de la gastronomie végétarienne de culture écologique et de produits complets.

CAN CULLERETES
Quintana, 5 → **5(L3)**
T 93 317 30 22
(20-30 €) + MENU DE GROUPES
Le plus ancien de Barcelone (1786). Cuisine traditionnelle catalane.

CENT ONZE
La Rambla, 111 → **6(K1)**
T 93 318 62 00
(20-40 €) + MENU DE MIDI
Le chef Eugeni Cortés propose une cuisine méditerranéenne contemporaine aux racines gastronomiques traditionnelles.

L'HORTET
Pintor Fortuny, 32
→ **8(K1)**
T 93 317 61 89
(< 20 €)
À l'atmosphère familiale et accueillante, il propose une grande variété de plats végétariens.

LA CUINA DEL DO
Plaça Reial, 1
→ **9(K3)**
T 93 481 36 66
(40-60€)
Plats d'inspiration méditerranéenne soignés dans un environnement historique unique.

LOS CARACOLES
Escudellers, 14
→ **10(K3)**
T 93 302 31 85
(30-45 €) + MENU DE TAPAS
Un local qui a une histoire (1835), cuisine catalane, simple, de toujours.

PINOTXO
Mercat de la Boqueria
→ **11(K2)**
T 93 317 17 31
(15-25 €)
Petit et célèbre bar à l'intérieur du marché de La Boqueria. Plats et sandwichs.

TERESA CARLES
Jovellanos, 2 → **12(K1)**
T 93 317 18 29
(20-30 €)
Un des végétariens référents de la ville – qui

élabore ses propres pâtes fraîches de manière artisanale. Cuisine à emporter également.

VIENA
La Rambla, 115 → **13(K1)**
T 93 317 14 92
(< 20 €)
Bière dans des chopes de céramique et sandwichs de grande qualité. *Fast food* à la catalane.

Cafés et bars

BAR KASPARO
Pl. de Vicenç Martorell, 4
→ **14(K1)**
Un classique des terrasses. Petits-déjeuners, repas, *tapas*, plats, etc.

BAR PASTIS
Santa Mònica, 4
→ **15(K4)**
Fidèle depuis 1947 à la chanson, à la musique en direct et, naturellement, à la boisson qui lui a donné son nom.

BOADAS
Tallers, 1 → **16(L1)**
Le bar à cocktails de Barcelone (1933). Décoration classique et cocktails excellents.

CAFÈ DE L'ÒPERA
La Rambla, 74 → **17(K3)**
Café mythique de la ville qui conserve encore une décoration du milieu du XIXe siècle.

CÈNTRIC CANALLA
Ramalleres, 27 → **18(K1)**
Bar classique du quartier, aujourd'hui récupéré, où déguster des tapas et des assiettes.

ESCRIBÀ
La Rambla, 83 → **19(K2)**
Cafétéria à la pâtisserie centenaire. Il faut savourer ses créations.

GRANJA VIADER
Xuclà, 6 → **20(K2)**
Depuis 1904. Délicieux chocolats épais à la crème fraîche, miel et fromage frais, etc.

OCAÑA
Plaça Reial, 13
→ **21(K3)**
Multi-espace (café, bar, restaurant, club) avec une splendide décoration Belle Époque.

SCHILLING
Ferran, 23 → **22(L3)**
Café minimaliste mais accueillant. Ouvert jusqu'à 3 h du matin.

ZURICH
Pl. de Catalunya, 1
→ **23(L1)**
Depuis quatre-vingts ans, lieu populaire de rencontre.

Commerce

ART ESCUDELLERS
Escudellers, 23-25 → **7(K3)**
Artisanat espagnol et vins sous un même toit. Dans l'atelier, on peut modeler des créations propres.

CASA GIMENO
La Rambla, 100 → **24(K2)**
Les meilleurs tabacs du monde depuis 1920.

CASAS INTERNACIONAL
La Rambla, 125 → **25(L1)**
Chausseurs depuis 1923. Les meilleures collections et tendances.

CUSTO BARCELONA
La Rambla, 109 → **26(K2)**
Toute la mode pour homme et femme du créateur le plus international de Barcelone.

GANIVETERIA ROCA
Pl. del Pi, 3 → **28(L2)**
Les meilleures marques de couteaux d'Europe dans un magasin presque centenaire.

HERBORISTERIA DEL REI
Vidre, 1 → **29(K3)**
Depuis 1823 et décoration de 1860. L'herboristerie la plus ancienne de Catalogne.

PALAU MOJA - THE CATALAN HERITAGE HOUSE
Portaferrissa, 1
→ **2(L2)**
Le visiteur y trouvera une large variété de produits de toutes sortes liées à l'artisanat, l'histoire, la gastronomie, l'œnologie, la littérature, etc. de la culture catalane.

VIALIS
Elisabets, 20 → **30(K1)**
Chaussures au style inimitable, faites avec de bons matériaux et très confortables.

La Rambla

Cafè de l'Òpera → **17(K3)**

Escribà → **19(K2)**

Granja Viader → **20(K2)**

XOCOA
Petritxol, 11 ➜ **31(L2)**
Boutique de chocolat d'origine barcelonaise dans laquelle s'unissent le design intérieur et la qualité du cacao.

Et aussi...

CASA BRUNO CUADROS
La Rambla, 82 ➜ **(K2)**
Édifice pré-*moderniste* complètement réformé en 1883 par Josep Vilaseca, auteur de l'Arc de Triomphe. On remarquera les éléments décoratifs aux fortes résonances orientales, comme les parasols et les éventails en fonte et le grand dragon chinois en fer forgé, qui soutient un réverbère en fer.

CARRER DE PETRITXOL
➜ **(L2)**
Avec aujourd'hui de célèbres cafétérias et chocolateries, cette rue a été ouverte en 1465, bien que les immeubles actuels datent des XVIIIe et XIXe siècles (On remarquera la Salle Parés, galerie d'art depuis 1840). Elle commence à Plaça del Pi, où l'église gothique présente sa rosace de 10 m de diamètre.

EL INGENIO
Rauric, 6 ➜ **27(L3)**
Depuis 1838 dans la création de produits pour le divertissement, le jeu et le spectacle, ainsi que de figures en papier mâché (géants et grosses têtes).

FONTAINE DE CANALETES
La Rambla, 133 ➜ **(L1)**
Cette fontaine de fer du XIXe siècle, avec quatre jets, couronnée d'un réverbère à quatre lampes, est un des symboles de Barcelone et un point de rencontre des Barcelonais et des étrangers. C'est ici que se réunissent, depuis la moitié du XXe siècle, les supporters du FC Barcelona pour célébrer ses succès sportifs. De plus, la légende dit que celui qui boit de l'eau de cette fontaine reviendra toujours à Barcelone.

NECROPOLE ROMAINE
Plaça de la Vila de Madrid
➜ **(L2)**
Ce cimetière romain était utilisé aux Ier et IIIe siècle après J.-C. On peut y observer sur une passerelle les différents monuments funéraires : des autels, des stèles et surtout des *cupas*, monuments en demi-cercle. Un Centre d'Interprétation abrite les objets localisés dans les fouilles et explique la complexité du monde funéraire romain.

PLA DE L'OS
➜ **(K2)**
Également appelé Pla de la Boqueria, c'est un petit élargissement de La Rambla dont le pavement est orné d'une grande mosaïque dessinée par Joan Miró en 1976.

PLAÇA DE LA MERCÈ
➜ **(L4)**
Cette place d'aspect néoclassique doit son nom à la basilique de la Mercè, église de style baroque, avec sur sa coupole, une statue de la vierge, construite au XVIIIe siècle, bien que l'église d'origine date de 1267. Au centre de la place se dresse la fontaine de Neptune, œuvre de 1826.

SANTA MARIA DEL PI ET PLAÇA DEL PI
➜ **(L2)**
La Plaça del Pi, avec le pin qui lui donne son nom, et la rue de Sant Josep Oriol adjacente, forment un des ensembles du Quartier Gothique les plus typiques et animés à n'importe quelle heure du jour.
Elle est présidée par la basilique de Santa Maria del Pi, un exemplaire fort représentatif du gothique catalan. Construite entre 1319 et 1391, elle présente une façade carrée, flanquée par deux tours prismatiques et une grande rosace de 10 mètres de diamètre, concurrente de celle de Notre-Dame de Paris, une des plus grandes en Europe.

Casa Bruno Cuadros ➜ **(K2)**

Carrer de Petritxol ➜ **(L2)**

El Ingenio ➜ **27(L3)**

Église de La Mercè ➜ **(L4)**

La Rambla

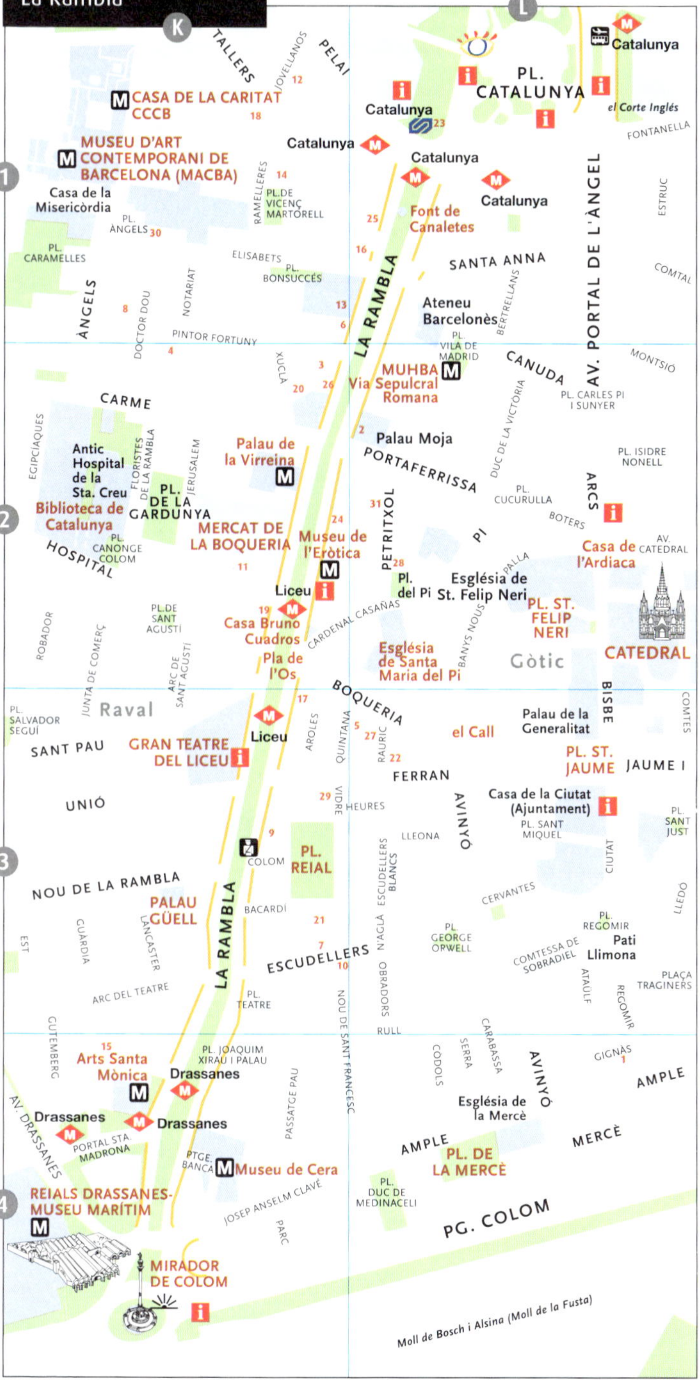

Fontaine de Canaletes ➜ (L1)

Santa Maria del Pi ➜ (L2)

Pla de l'Os ➜ (K2)

La Rambla

Très recommandés

GRAN TEATRE DEL LICEU
La Rambla, 51-59 → **(K3)**
T 93 485 99 00
www.liceubarcelona.cat
Le palais de l'opéra à Barcelone a connu mille vicissitudes : des fonctions mémorables (avec, entre autres, Montserrat Caballé, Josep Carreras ou Jaume Aragall) ; des luttes entre verdiens et wagnériens ; et deux incendies. Après celui de 1994, il a été rénové et agrandi.

MARCHÉ DE SANT JOSEP « LA BOQUERIA »
Plaça de la Boqueria, s/n
→ **(K2)**
T 93 318 25 84
www.boqueria.info
La Boqueria est le marché le mieux achalandé et le plus coloré de Barcelone. Sous sa structure métallique, il offre une exquise sélection de produits frais – viandes, poissons, fruits et légumes – dans une ambiance bouillonnante et vivante. +INFO : p. 108

PLAÇA REIAL
→ **(K3)**
La grande place à arcades de Barcelone se distingue par son tracé rectiligne, ses sveltes palmiers, ses lampadaires *gaudiens* et ses terrasses ensoleillées. Elle réunit des bars, des restaurants et des clubs de musique, avec des programmes de flamenco ou de jazz.

PALAU GÜELL
Nou de la Rambla, 3-5
→ **(K3)**
T 93 472 57 75
www.palauguell.cat
Cette œuvre de Gaudí se définit par son air majestueux, exprimé aussi bien dans la façade que dans sa salle couverte par une coupole que traverse la lumière naturelle. Sur sa terrasse, brillent une vingtaine de cheminées surmontées de chapeaux de céramiques polychromes. +INFO : p. 108

Gran Teatre del Liceu → **(K3)**

Marché de « la Boqueria » → **(K2)**

Plaça Reial → **(K3)**

Palau Güell → **(K3)**

Ciutat Vella

El Raval

Le quartier d'El Raval est un laboratoire de la Barcelone future. Durant des années, marqué par la marginalisation et le Barri Chino, c'est aujourd'hui une porte de la ville en constante évolution, dans laquelle cohabitent des communautés nationales diverses et se conjuguent des activités culturelles, commerciales et de loisirs. Sa scène traditionnelle populaire est de nos jours présidée par la splendide rambla del Raval.

Musées

MUSEU D'ART CONTEMPORANI DE BARCELONA (MACBA)
→ **(N2)** +INFO: p. 110
CENTRE DE CULTURA CONTEMPORÀNIA DE BARCELONA (CCCB)
→ **(01)** +INFO: p. 36

Galeries d'art

Depuis que le MACBA et le CCCB sont venus s'installer ici, de nombreuses galeries, salles d'expositions et magasins design sont venus compléter une offre culturelle qui était pratiquement inexistante il y a dix ans. Il s'agit pour la plupart d'espaces de rénovation artistique où se donnent rendez-vous des auteurs d'avant-garde du monde entier. Voici une courte liste d'établissements, mais cela vaut la peine de se promener sans hâte pour découvrir la vitalité de ce quartier barcelonais. La Capella [Hospital, 56 → **1(N3)**] ; Àngels Barcelona [Pintor Fortuny, 27 → **2(02)**] ; Tinta Invisible [Lleó, 6 → **3(N2)**] ; Antídoto 28 [Ferlandina, 53 → **4(N2)**] ; EtHall [Joaquín Costa, 30 → **5(N2)**].

Restaurants

Étoiles Michelin

DOS PALILLOS ∗
Elisabets, 9 → **11(02)**
T 93 304 05 13
(45-60 €) + MENU DÉGUSTATION
Tapas asiatiques de haute cuisine et excellents sakés, vins, bières et thés.

BAR CAÑETE
Unió, 17 → **6(03)**
T 93 270 34 58
(20-30 €) + MENU DE MIDI
Ambiance informelle avec un air et un esprit andalou pour les tapas et les assiettes de toujours traitées avec des techniques contemporaines.

CA L'ISIDRE
Les Flors, 12 → **8(M3)**
T 93 441 11 39
(> 60 €)
Un classique qui continue à faire partie des grands. Cuisine catalane de marché.

CAN LLUÍS
Cera, 49 → **9(M2)**
T 93 441 11 87
(20-30 €) + MENU DE MIDI
Un classique du Raval. Ambiance familiale et populaire. Cuisine populaire catalane.

FLAX & KALE
Tallers, 74 → **12(01)**
T 93 317 56 64
(20-40 €)
Restaurant « Healthy Flexiterrien » où l'on tient compte du plaisir gastronomique et de la valeur nutritionnelle.

FONDA ESPAÑA
Sant Pau, 9-11 → **13(03)**
T 93 318 17 58
(30-45 €) + MENU DE MIDI
Dans la merveilleuse salle à manger moderniste de Domènech i Montaner, Martín Berasategui mise sur la cuisine traditionnelle avec un clin d'œil d'actualité.

LA MONROE
Pl. Salvador Seguí, 1-9
→ **14(N3)**
T 93 441 94 61
(< 20 €) + ENU DE MIDI
Le bar de la Filmoteca est tout terrain : petits déjeuners, *tapas*, sandwichs, menus, drinks la nuit.

LA TAVERNA DEL SUCULENT
Rambla del Raval, 39
→ **15(N3)**
T 93 329 97 07
(< 20 €)
Mini taverne pour déguster au comptoir des *tapas* et des assiettes du sud de l'Espagne.

ÒSTIES PEDRÍN
Jerusalem, 30 → **16(02)**
T 93 277 82 08
(20-30 €) + MENU DE MIDI
Cuisine traditionnelle autour des plats les plus typiques de Barcelone. Produits locaux et de saison.

PAELLA BAR BOQUERIA
Mercat de la Boqueria
→ **17(03)**
T 93 348 77 83
(30-40 €)
Situé sous une des arcades du marché, les riz, le

poisson et les fruits de mer sont ses spécialités.

SUCULENT
Rambla del Raval, 43
→ 18(N3)
T 93 443 65 79
(20-40 €)
Tapas et assiettes d'auteur avec des produits frais du marché, de grande qualité. Terrasse extérieure.

Cafés et bars

ALMIRALL
Joaquín Costa, 33
→ 20(N2)
Bar à cocktails de plus de 150 ans d'histoire et à la décoration Art Nouveau.

BAR MARSELLA
Sant Pau, 65 **→ 21(N3)**
Bar à cocktails qui depuis la fin du XIXe siècle est un refuge d'artistes bohème. De plus, sa décoration possède l'attrait de sa boisson étoile : l'absinthe.

LA CONFITERIA
Sant Pau, 128 **→ 22(M3)**
Ancienne confiserie à la décoration moderniste de 1912. Bon choix de charcuterie et de fromages, accompagnés par de la bière, du vin, du café ou du thé.

LONDON BAR
Nou de la Rambla, 34
→ 23(N3)
Classique de la ville, qui depuis son inauguration a vu passer des artistes comme Picasso ou Dalí. Conserve sa décoration moderniste et propose de la musique en direct.

Commerce

B.HUNO
Elisabets, 7 **→ 25(O2)**
Vêtements originaux et exclusifs de stylistes espagnols d'avant-garde.

BASSOL GALLERY
Doctor Dou, 19
→ 33(O2)
Un magasin d'optique dans un espace d'avant-garde avec un choix unique de lunettes qui marquent la tendance.

CASA PARRAMON
Carme, 8 **→ 27(O2)**
Instruments à cordes,

Fonda España **→ 13(O3)**

Ancien Hôpital de la Santa Creu **→ (N2)**

Museu d'Art Contemporani de Barcelona **→ (N2)**

London Bar **→ 23(N3)**

accessoires, réparations et restaurations.

COSHOP DESIGNERS MADE IN BARCELONA
Tallers, 35 **➔38(O1)**
Mode de stylistes indépendants made in Barcelona. Éditions limitées et propositions innovantes à la portée de tous.

FUTBOLMANIA
Ronda de Sant Pau, 25 **➔28(M3)**
Matériel de toutes les équipes espagnoles et européennes.

HOLALA!
Valldonzella, 6 **➔29(O1)**
Vêtements vintage et d'occasion, meubles, compléments, livres et revues.

HOME ON EARTH
Hospital, 76 **➔30(N2)**
Mobilier de design nordique. Pièces uniques d'influence multiethnique, faites avec des matériaux naturels et recyclés.

LA CENTRAL DEL RAVAL
Elisabets, 6 **➔31(O2)**
Une librairie installée dans une ancienne église.

LA PORTORRIQUEÑA
Xuclà, 25 **➔32(O2)**
Magasin centenaire consacré à la torréfaction et à la vente de café provenant de nombreux pays. Possède aussi une grande variété de thés.

MACBA STORE LAIE
Plaça dels Àngels, 1 **➔26(N2)**
Des livres et un grand choix d'objets design et d'articles exclusifs d'artistes.

MED WINDS
Elisabeths, 7 **➔34(O2)**
Marque de vêtements et d'accessoires née en plein Raval, fidèle à un style méditerranéen réalisé avec des tissus naturels.

OLEOTECA GOURMET LA CHINATA BCN
Àngels, 20 **➔35(O2)**
Huile d'olive extra vierge et dérivés, produits gourmet et cosmétiques.

PASTISSERIA LIS
Riera Alta, 19 **➔36(N2)**
On y élabore toutes sortes de biscuits et de pâtisserie traditionnelle. Les « xuixos » sont excellents.

SASTRERIA EL TRANSWAAL
Hospital, 67 **➔37(N3)**
Depuis 1888, nous nous consacrons aux uniformes de travail pour les professionnels dans tous les domaines.

Et aussi…

ANCIEN HÔPITAL DE LA SANTA CREU
Hospital, 56 **➔(N2)**
Créé en 1401, il constitue un exemple d'art civil gothique et baroque. À l'origine, c'était un hospice consacré aux pauvres. De nos jours, ses divers pavillons abritent la Biblioteca Nacional de Catalunya, l'Escola Massana et l'Institut d'Estudis Catalans. La visite des jardins est recommandée pour voyager dans le temps, au Moyen Âge.

TEATRE LLANTIOL
Riereta, 7 **➔38(N2)**
T 93 329 90 09
www.llantiol.com
Café-théâtre avec beaucoup de charme.

Rambla del Raval **➔(N3)**

Chat. Rambla del Raval **➔(N3)**

La Confiteria **➔22(M3)**

Bar Cañete **➔6(O3)**

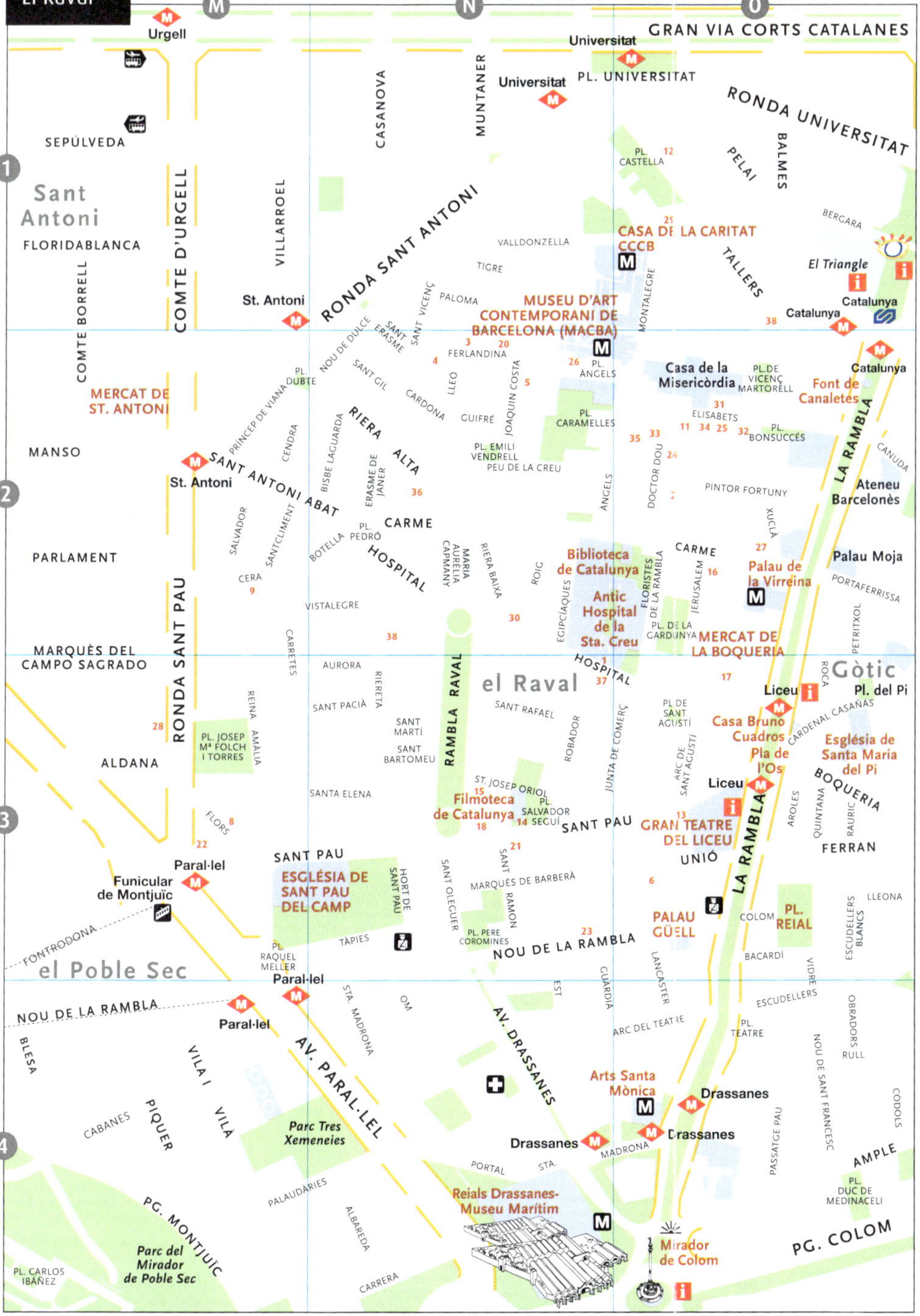

Plaça Vicenç Martorell ➜ (02)

Casa Almirall ➜ 20(N2)

La Central del Raval ➜ 31(02)

Dos Palillos ➜ 11(02)

Très recommandés

MACBA
Plaça dels Àngels, 1 → **(N2)**
T 93 412 08 10
www.macba.cat
Le Museu d'Art Contemporani de Barcelona, centre de projection internationale, occupe un lumineux édifice conçu par Richard Meier, autour duquel s'est tissé tout un réseau de propositions artistiques, académiques et ludiques.
+ INFO : p.110

CCCB
Montalegre, 5 → **(O1)**
T 93 306 41 00
www.cccb.org
Le Centre de Culture Contemporaine de Barcelone est un équipement innovateur, qui organise et produit des expositions, des débats, des festivals, des concerts, des cycles de cinéma, etc. autour de la réalité urbaine et de l'espace public. Il est situé dans l'ancienne Casa de la Caritat, dont la réforme lui valut le prix FAD d'architecture, bien mérité.

BIBLIOTECA DE CATALUNYA
Hospital, 56 → **(N2)**
T 93 270 23 00
www.bnc.cat
Fondée au début du XXe siècle, installée depuis 1940 dans l'imposant édifice gothique de l'ancien hôpital de la Santa Creu, agrandie par de nouvelles constructions en 1998, la Bibliothèque de Catalogne réunit trois millions de documents.

SANT PAU DEL CAMP
Sant Pau, 101-103 → **(N3)**
Les premières inscriptions de ce monastère roman datent du Xe siècle. L'église, le cloître, la salle capitulaire et la maison abbatiale actuelles ont été construites entre les XIIe et XIVe siècles, et soigneusement restaurées au XXe.

MACBA → **(N2)**

CCCB → **(O1)**

Biblioteca de Catalunya → **(N2)**

Sant Pau del Camp → **(N3)**

Ciutat Vella

Port Vell et Barceloneta

Barcelone réunit dans le Port Vell des ancrages pour les embarcations de loisirs, des zones commerciales, de bureaux, des services nautiques et des quais destinés à sa flotte de pêche. L'atmosphère méditerranéenne d'une communauté de pêcheurs est patente à la Barceloneta, un quartier de barres d'immeubles rectangulaires, érigés au XVIIIe siècle entre le port et la plage.

Maremagnum

→ **(Q2)**
www.maremagnum.es
Centre commercial qui se distingue par sa proximité de la mer et son ouverture tous les jours de la semaine à l'exception du 25 décembre et du 1er janvier. Le centre propose des boutiques de mode et de chaussures, des établissements de gastronomie, de loisirs, des parfumeries et des salons de coiffure, des magasins de compléments et de bijoux, des cafés, des confiseries, des chocolateries et des glaciers, des boutiques de téléphonie, de photographie et d'informatique, de jouets, de décoration et de souvenirs. Horaire : boutiques, de 10 à 22 heures ; restaurants, jusqu'à 1 heure du matin.

ELX RESTAURANT
Maremagnum → **1(Q2)**
T 93 225 81 17 (20-40 €)
Spécialisé en riz originaires d'Alicante, comme *l'arròs amb costra*, riz à l'encre de sèche, riz dans son bouillon ou la *paella pelada*.

TAPA TAPA
Maremagnum → **2(Q2)**
T 93 225 86 97 (< 20 €)
Tapas traditionnelles et salades de pâtes et bouquets.

Musées

MUSEU D'HISTÒRIA DE CATALUNYA - MHC
Plaça de Pau Vila, 3
→ **(R2)**
T 93 225 47 00
www.mhcat.cat
Depuis 1996, les anciens hangars du port hébergent le Museu d'Història de Catalunya, dont l'objectif est de diffuser l'histoire catalane, en soulignant son identité nationale. Il va du Paléolithique à nos jours. + INFO : p. 111

L'AQUÀRIUM
Moll d'Espanya, s/n
→ **(Q2)**
www.aquariumbcn.com
C'est le centre marin ludique et éducatif le plus important du monde sur la thématique méditerranéenne. Il compte 35 aquariums qui montrent 11 000 exemplaires de 450 espèces différentes et un immense océanarium avec un tunnel sous-marin de 80 mètres. + INFO : p. 111

Restaurants

Dans cette zone, la cuisine marinière typique avec une grande variété de plats de riz (*paella*) s'impose.

7 PORTES
Pg. Isabel II, 14 → **3(R1)**
T 93 319 30 33
(30-50 €) + MENU DE GROUPES
Depuis 1836 c'est plus qu'un mythe à Barcelone. Spécialité de paellas et d'autres plats typiques. De 13 heures à 1 heure du matin, sans interruption.

AGUA
Passeig Marítim de la Barceloneta, 30 → **4(S2)**
T 93 225 12 72
(30-40 €)
Cuisine méditerranéenne en bordure de plage. Bon rapport qualité/prix.

MARÍTIM
Moll d'Espanya, 4 → **5(Q2)**
T 93 221 17 75
(30-40 €)
Excellente cuisine marinière dans un club réputé.

PEZ VELA
Pg. del Mare Nostrum, 19-21
→ **6(P4)**
T 93 221 63 17
(30-40 €)
Nouveau concept de bar de plage, situé directement sur la mer, avec pour base des salades et des riz.

RESTAURANTE GALLITO
Pg. del Mare Nostrum 19-21
→ **7(P4)**
T 93 312 35 85
(30-40 €)
Cuisine maison avec des influences du monde entier.

SAGÀS PAGESOS, CUINERS & CO
Pla de Palau, 13 → **8(R1)**
T 93 330 03 03
(20-30 €)
Cuisine catalane et inter-

nationale à base de sandwiches et de salades avec des produits autochtones et artisanaux.

SAL CAFÉ
Passeig Marítim de la Barceloneta, 23 **→ 9(S2)**
T 93 224 07 07
(20-30 €) + MENU DE MIDI
Moderne restaurant en face de la plage. Cuisine actuelle de fusion.

TORRE D'ALTA MAR
Passeig Joan de Borbó, 88 **→ 10(Q3)**
T 93 221 00 07
(> 60 €)
Situé sur la Tour de Sant Sebastià (1931), la station de départ du téléphérique du port, il propose une cuisine méditerranéenne à 75 m au-dessus du niveau de la mer dans un espace au design d'avant-garde.

Zone du Palau de Mar : Dans cet ancien magasin portuaire du XIXe siècle rénové en 1992, il y a des restaurants spécialisés dans les riz et poissons.

CAL PINXO
Pl. de Pau Vila, 1 **→ 11(R1)**
T 93 221 22 11
(40-60 €)
Propose une gastronomie marinière autour du riz et du poisson.

EL MAGATZEM DEL PORT
Pl. Pau Vila, 1 **→ 12(R1)**
T 93 221 06 31
(20-40 €)
Cuisine simple mais de qualité, basée sur le choix des meilleurs produits du marché de La Boqueria.

LA GAVINA
Pl. Pau Vila, 1 **→ 13(R1)**
T 93 221 05 95
(40-60 €)
Cuisine marinière et méditerranéenne. Grande terrasse face à la mer.

MERENDERO DE LA MARI
Pl. Pau Vila, 1 **→ 14(R1)**
T 93 221 31 41
(20-40 €)
Un classique du vieux port avec des vues magnifiques, spécialisé dans les poissons, les fruits de mer et les riz.

Zone de la Barceloneta : Les restaurants classiques de la cuisine marinière de la ville, certains avec plus d'un siècle de tradition culinaire.

CAN COSTA
Passeig Joan de Borbó, 70 **→ 15(Q3)**
T 93 221 59 03
(20-40 €)
Authentique cuisine marinière catalane dans un des restaurants historiques de la ville.

CAN MAJÓ
Almirall Aixada, 23 **→ 16(R3)**
T 93 221 54 55
(20-40 €)
Cuisine de marché spécialisée dans les plats mariniers et les riz.

CAN RAMONET
Maquinista, 17 **→ 17(R2)**
T 93 319 30 64
(40-60 €)
Une des meilleures *paellas* de la ville, de longue tradition à Barcelone.

CAN SOLÉ
Sant Carles, 4 **→ 18(R2)**
T 93 221 50 12
(20-40 €)
Classique centenaire de la ville, spécialisé dans la cuisine marinière, catalane et de marché.

CHERIFF
Ginebra, 15 **→ 19(R2)**
T 93 319 69 84
(30-50 €)
Restaurant de fruits de mer typique. Excellents riz et *paellas*.

KAIKU
Plaça del Mar, 1 **→ 20(Q3)**
T 93 221 90 82
(< 20 €) + MENU DE MIDI
Cuisine marinière et méditerranéenne face à la mer. Il possède son propre potager écologique.

L'ARRÒS
Passeig Joan de Borbó, 12 **→ 21(R2)**
T 93 221 26 46
(40-60 €)
Grande variété de riz. Dessert de fabrication maison.

LA BARRACA
Passeig Marítim de la Barceloneta, 1 **→ 22(R3)**
T 93 330 36 62
(20-40 €)
Proposition gastronomique du chef Xavier Pellicer,

L'Aquàrium **→ (Q2)**

L'Estel Ferit. Rebecca Horn **→ (R3)**

Las Golondrinas **→ (P2)**

Torre del Rellotge **→ (Q2)**

spécialisée dans les riz et tapas méditerranéennes.

SUQUET DE L'ALMIRALL
Passeig Joan de Borbó, 65
➔23(R3)
T 93 221 62 33
(40-60 €)
Recettes marinières avec des produits frais et écologiques de qualité.

SOMORROSTRO
Sant Carles, 11 ➔24(R2)
T 93 225 00 10
(< 20 €)
Cuisine méditerranéenne du chef Jordi Limón.

Cafés et bars

EL VASO DE ORO
Balboa, 6 ➔25(R1)
Brasserie avec un certain cachet. Petit bar avec d'excellentes *tapas*.

JAI-CA
Ginebra, 13 ➔26(R2)
T 93 319 50 02
Un autre classique depuis le milieu du siècle dernier. *Tapas* typiques et savoureuses.

LA BOMBETA
La Maquinista, 3 ➔27(R2)
Bar de *tapas* de toujours. Exquises et très piquantes *bombes*.

LA COVA FUMADA
Baluard, 56 ➔28(R2)
Un classique du quartier, inventeur de la *bomba*, avec des gambas superfraîches et plein d'autres tapas délicieuses.

1881 PER SAGARDI
Plaça de Pau Vila, 3
➔29(R1)
Tapas et assiettes sur la terrasse du Museu d'Història de Catalunya avec une splendide vue panoramique sur le port.

Commerce

BOARDRIDERS BARCELONETA
Plaça del Mar 1-4 ➔33(Q3)
Vêtements de sport pour homme, femme et enfants, et accessoires pour le surf et le snowboard.

FORN BALUARD
Baluard, 38-40 ➔31(R2)
Une boulangerie artisanale qui produit un pain comme celui d'autrefois.

VINOTECA VORAMAR
La Maquinista, 14 ➔35(R2)
Boutique de vins et de *caves*. Les meilleures marques.

Et aussi...

CAP DE BARCELONA
Moll de la Fusta ➔(Q1)
Sculpture monumentale de Roy Lichtenstein, qui rend hommage à Barcelone.

L'ESTEL FERIT
Platja de la Barceloneta
➔(R3)
Quatre cubes de fer et de verre empilés. Sculpture de Rebecca Horn.

LAS GOLONDRINAS
Portal de la Pau, s/n ➔(P2)
www.lasgolondrinas.com
Las Golondrinas, en service depuis 1888, mouillent au pied du monument à Christophe Colomb. Ces embarcations de loisirs offrent aux visiteurs des promenades sur les eaux du port et en bordure de côte, jusqu'à l'enceinte du Fòrum.

TORRE DEL RELLOTGE
Moll de Pescadors ➔(Q2)
Ancien phare du port de Barcelone. Sur son quai aborde, encore aujourd'hui, une flottille de pêche traditionnelle d'une quarantaine d'embarcations.

WORLD TRADE CENTER BARCELONA
Moll de Barcelona ➔(P3)
Centre d'affaires au bord de la Méditerranée membre de la WTCA. Centre de conventions (auditorium de 430 places), zone de bureaux, centre commercial et hôtel.

RAMBLA DE MAR
Porta de la Pau, s/n ➔(P2)
Cette passerelle aux formes sinueuses prolonge la promenade de La Rambla sur les eaux du port jusqu'à l'ensemble du Maremagnum, qui comprend un centre commercial, des bars et des restaurants, à côté de L'Aquàrium.

TORRE DE JAUME I
Moll de Barcelona ➔(P2)
Conçu par Carles Buïgas et construite en 1931, la Torre de Jaume I est, avec

Rambla de Mar ➔(P2)

World Trade Center ➔ (P3)

Torre Marenostrum ➔(S2)

Torre de Jaume I ➔(P2)

Port Vell et Barceloneta

sa centaine de mètres de hauteur, le deuxième pilier de transport aérien le plus haut du monde. Ses vues sur les eaux du port sont splendides.

TORRE MARENOSTRUM
Passeig Marítim
de la Barceloneta, 15
→ (S2)
La Torre Marenostrum, siège de la compagnie Gas Natural, est un édifice d'une surprenante volumétrie, qui combine la verticalité du gratte-ciel avec un puissant encorbellement horizontal. Elle a été projetée par Miralles et Tagliabue, et revêtue de verre dans lequel se reflètent le ciel et la ville.

La Barceloneta

Le « Quadrat d'Or »

L'Eixample

+ Itinéraire Gaudí (1)

L'Eixample est la partie centrale de la ville et sa trame urbaine rationnelle — conçue par Ildefons Cerdà au milieu du XIXe siècle, riche en perles modernistes, arborée et lumineuse — définit la personnalité de Barcelone : une ville entreprenante, culturelle et commerciale, qui aujourd'hui s'affirme comme une référence globale. Une bonne partie de ce quartier est connu sous le nom d'*El Quadrat d'Or* — le carré d'or — à cause de la concentration éblouissante d'architecture moderniste, car Gaudí, Domènech i Montaner, Puig i Cadafalch et d'autres grands du Modernisme laissèrent ici leur legs sous forme d'édifices qui gardent leur splendeur d'origine, même s'ils remplissent aujourd'hui de nouvelles fonctions.

Incontournable

BASILIQUE DE LA SAGRADA FAMÍLIA
Mallorca, 401 | T 93 207 30 31 | www.sagradafamilia.cat → **(D1)**
Gaudí a consacré les quarante dernières années de sa vie à cette œuvre aux dimensions d'une cathédrale. Celle-ci se caractérise par ses huit tours en forme de fuseau, rehaussées par des pinacles de céramique de couleurs vives. Les tours ont une hauteur d'environ cent mètres, mais le ciborium, qui devra s'élever, atteindra cent soixante-dix mètres. Ce temple — dont les travaux ont commencé en 1882, et se termineront peut-être vers 2025 — est l'un des monuments les plus visités de Barcelone. + INFO : p. 113

LA PEDRERA (CASA MILÀ)
Passeig de Gràcia, 92 | T 902 202 138 | www.lapedrera.com → **(A1)**
La Casa Milà « La Pedrera » se distingue par sa façade ondulante, qui évoque une improbable houle de pierre. Elle a été projetée pour être un immeuble de logements, mais elle est consacrée de nos jours en partie à un centre culturel. L'Espai Gaudí, dans les combles de l'immeuble, présente les recherches ainsi que les secrets de l'architecte. Les appartements restaurés offrent un large éventail de travaux en plâtre, en bois et en métal. Mais la surprise la plus importante de ce bâtiment réside dans son toit-terrasse, sorte de forêt de cheminées sculpturales. + INFO : p. 115

CASA BATLLÓ
Passeig de Gràcia, 43 | T 93 216 03 06 | www.casabatllo.cat → **(A2)**
En 1904, Gaudí signa avec la Casa Batlló un brillant exercice de « restyling », car à l'édifice préexistant, il ajouta un étage et un grenier, et il changea radicalement son apparence interne et externe, à telle enseigne que la Casa Batlló et le Park Güell sont considérés comme les premières œuvres dans lesquelles l'architecte se débarrassa complètement des influences des styles historicistes — gothique, mudéjar, baroque... — et commença à appliquer ses propres convictions artistiques, inspirées des formes qu'il observait dans la nature. + INFO : p. 117

Très recommandés

MIRADOR DE COLOMB
Plaça del Portal de la Pau → **(P1)** T 93 302 52 24
visitbarcelona.com
La statue de Christophe Colomb préside, en haut de sa colonne, à 60 mètres du sol, le port barcelonais. Et en même temps, le monument exprime la vocation maritime de la ville et sa dette de gratitude envers la mer, par laquelle elle a vu arriver certains de ses fondateurs et appareiller ceux qui sont partis à la rencontre du Nouveau Monde. Au sommet de ce monument, un mirador permet au visiteur de contempler dans toute son ampleur cet espace de rencontre. Il dispose en plus d'un espace d'œnotourisme.

REIALS DRASSANES - MUSEU MARÍTIM
Av. de les Drassanes → **(P1)**
www.mmb.cat
Les chantiers navals de Barcelone (Reials Drassanes), qui datent du XIVe siècle, méritent une visite pour deux raisons principales. La première, c'est leur édifice, composé d'une succession de grands halls de pierre, qui constitue un des meilleurs exemples du gothique civil, bien conservé. La deuxième, c'est le Museu Marítim, qui réunit et présente une jolie collection d'effets nautiques et d'embarcations. Parmi elles, la galère de Don Juan d'Autriche. + INFO : p. 112

PLAGES DE LA BARCELONETA
→ **(R3)** www.bcn.cat/platges
La Barceloneta est l'ancien quartier de pêcheurs de Barcelone, un quartier populaire, un dédale de ruelles étroites tracé autour de son marché, réformé avec audace et de son énorme place centrale. Cependant, la grande attraction de la Barceloneta, ce sont ses quatre plages, une langue de sable qui part du brise-lames jusqu'à la Vila Olímpica. Les baigneurs la remplissent en été et nombreux sont ceux qui la fréquentent toute l'année.

Mirador de Colomb → **(P1)**

Museu Marítim → **(P1)**

Plage de la Barceloneta → **(R3)**

Basilique de la Sagrada Família ➜ (D1)

La Pedrera ➜ (A1)

 Casa Batlló ➜ (A2)

Dreta de l'Eixample
Sagrada Família et Fort Pienc

La Droite de l'Eixample, qui s'étend entre la rue Balmes et le Passeig de Sant Joan, fut le lieu préféré par la bourgeoisie pour construire ses demeures à la fin du XIXe siècle et mettre ainsi en évidence son pouvoir économique croissant, faisant ainsi de ce quartier un musée du meilleur Modernisme européen à l'air libre. Au-delà du Passeig de Sant Joan, deux quartiers se sont développés autour d'édifices emblématiques : celui de la Sagrada Família, autour de la basilique de Gaudí et celui de Fort Pienc, autour de la gare ferroviaire du Nord (1861-1910).

BARCELONA WALKING TOURS

Modernisme

Itinéraire guidé d'une durée de 2 heures qui permet de découvrir le fameux Quadrat d'Or, centre de la Barcelone *moderniste*, authentique musée à l'air libre. On peut y admirer, entre autres choses, des œuvres de **Gaudí** – La Pedrera et Casa Batlló –, de **Domènech i Montaner** – le Palau de la Música Catalana, la Casa Lleó Morera, la Fundació Tàpies – et de **Puig i Cadafalch** – la Casa Amatller. Prix : adultes, 16 € ; enfants de 0 à 12 ans, gratuit. Horaire : du 1er avril au 31 octobre, mercredi à 10,30 h (français), vendredi à 18 h (anglais) et dimanche à 12 h (catalan et espagnol); du 1er novembre au 31 mars, mercredi et vendredi à 15,30 h (anglais). Départ : Office du Tourisme de Barcelone (Pl. Catalunya, 17-S).

Itinéraire Gaudí (1)

Il est possible de visiter, dans cette zone, trois œuvres parmi les plus emblématiques du génial architecte qui font toutes partie du patrimoine de l'humanité. Davantage que des édifices, ce sont des icônes de l'art et l'on peut en visiter les intérieurs. Il s'agit de la Casa Batlló (Pg. de Gràcia, 43 ; www.casabatllo.cat), La Pedrera (Pg. de Gràcia, 92 ; www.lapedrera.com) et la Sagrada Família (Mallorca, 401 ; www.sagradafamilia.cat). Téléchargez l'Audio-guide *La Barcelone de Gaudí* dans votre MP3 (tickets.visitbarcelona.com) et en Apple Store (http://apps.barcelonaturisme.com).

Galeries d'art

La plupart des galeries de la ville se trouvent dans L'Eixample. Toute l'information sur www.circuitartcontemporani.cat et www.galeriescatalunya.com

Musées

FUNDACIÓ ANTONI TÀPIES → (A2)
+INFO: p. 119

FUNDACIÓN ALORDA-DERKSEN
Aragó, 314 → **(B2)**
www.fundacionad.com
Collection privée des plus contemporaines avant-gardes internationales. Visites concertées.

FUNDACIÓN MAPFRE CASA GARRIGA NOGUÉS
Diputació, 250 → **(A2)**
www.fundacionmapfre.org
Située dans la Casa Garriga Nogués (1902-1904), édifice d'Enric Sagnier, elle propose des expositions de niveau international consacrées aux débuts de la modernité dans les arts plastiques.

MUSEU DEL MODERNISME DE BARCELONA
Balmes, 48 → **(A2)**
www.mmbcn.cat
Objets, tableaux et sculptures modernistes.

MUSEU EGIPCI
València, 284 → **(A1)**
T 93 488 01 88
www.museuegipci.com
Dans ce musée, la Fundació Arqueològica Clos présente une des collections privées les plus importantes sur l'Égypte ancienne en Europe. Son fonds est constitué par plus de mille pièces, des sarcophages, des momies, des bijoux et des amulettes.

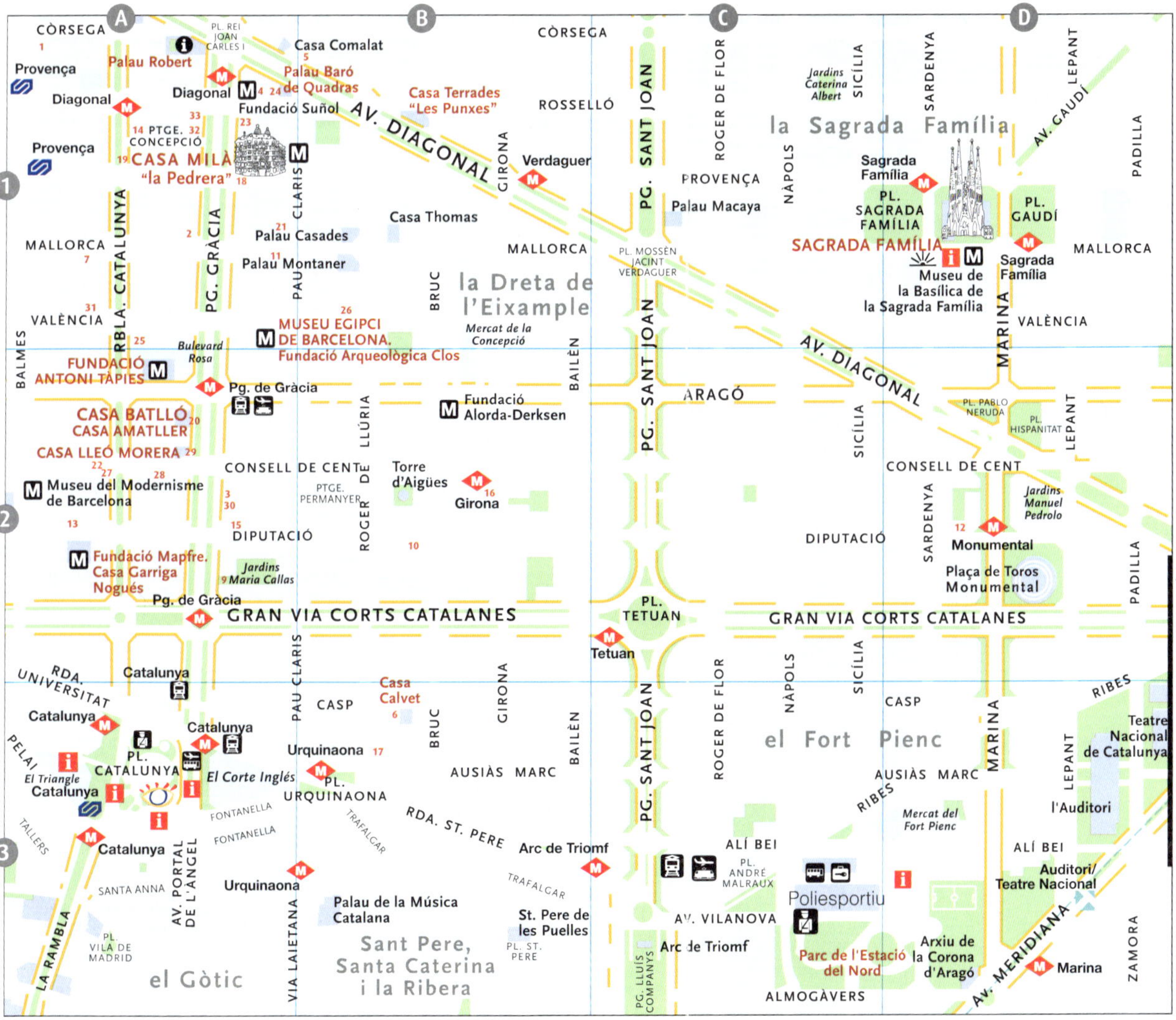

Restaurants

Étoiles Michelin

LASARTE ★★★
Mallorca, 259 → **2(A1)**
T 93 445 32 42 (> 60 €)
Ouvert depuis 2006, il dispose déjà de trois étoiles au Michelin. Son chef, Martín Berasategui, en avait déjà trois dans son restaurant du Pays Basque.

MOMENTS ★★
Passeig de Gràcia, 38 → **3(A2)**
T 93 151 87 81 (> 60 €)
Cuisine catalane néo-traditionnelle sous la responsabilité de Carme Ruscalleda (7 étoiles Michelin) et de son fils Raül Balam.

ROCA MOO ★
Rosselló, 265 → **4(A1)**
T 93 445 40 00
(> 60 €)
Les frères Roca, qui ont 3 étoiles au Michelin pour leur restaurant de Gérone, développent ici leur vision de la haute cuisine catalane.

XERTA ★
Còrsega, 289 → **1(A1)**
T 93 737 90 80 (> 60 €)
Le jeune chef Fran López propose une cuisine d'auteur basée sur la cuisine catalane du sud de Tarragone.

BAR MUT
Pau Claris, 192 → **5 (B1)**
T 93 217 43 38 (20-40 €)
Taverne spécialisée dans les tapas en conserve et chaudes de grande qualité.

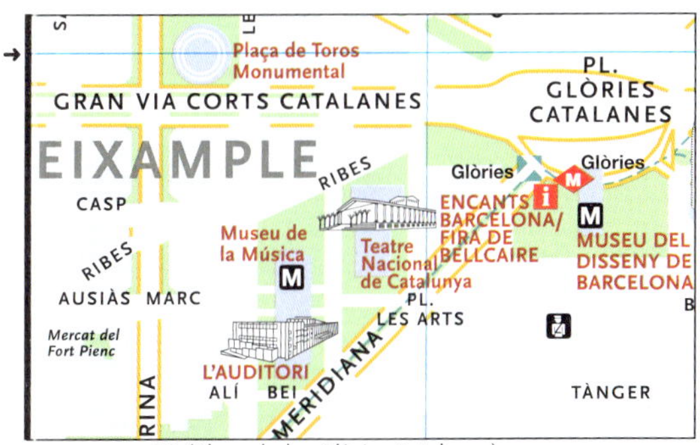

→ + INFO : p. 70 (Plaça de les Glòries Catalanes)

Très recommandés

CASA AMATLLER
Passeig de Gràcia, 41 → **(A2)**
T 93 487 72 17
www.amatller.org
La Casa Amatller est une œuvre de Puig i Cadafalch qui date de la fin XIXe siècle. Elle combine dans sa façade des fenêtres d'inspiration gothique avec une profusion de céramiques et une corniche en escalier qui rappelle l'architecture hollandaise.

CASA LLEÓ I MORERA
Passeig de Gràcia, 35 → **(A2)**
T 93 676 27 33
www.casalleomorera.com
Conçue par Lluís Domènech i Montaner entre 1902 et 1906, c'est une des œuvres les plus représentatives du Modernisme catalan, avec de splendides travaux de sculpteurs, mosaïstes, vitriers et autres artistes.
+INFO : p. 118

CASA TERRADES - CASA DE LES PUNXES
Avinguda Diagonal, 416
→ **(B1)**
T 93 018 52 42
www.casadelespunxes.com
Œuvre de Josep Puig i Cadafalch de 1905. Elle possède une silhouette très caractéristique – elle ressemble à un château – grâce aux tours rondes et à leurs toits coniques pointus, d'où leur nom populaire de les punxes (les pointes). Visites: tous les jours de 9 à 20 h. Prix: 12,50 € (audioguide inclus).

FUNDACIÓ ANTONI TÀPIES
Aragó, 255 → **(A2)**
T 93 487 03 15
www.fundaciotapies.org
Installée dans un édifice *moderniste* de brique et de métal, la Fundació Tàpies dispose de la meilleure collection du créateur barcelonais – peinture, sculpture, dessin, gravure –, et elle est rehaussée, sur le bâtiment lui-même, par sa pièce *Núvol i Cadira*.
+INFO : p. 119

Casa Amatller → **(A2)**

Casa Lleó i Morera → **(A2)**

Casa de les Punxes → **(B1)**

Fundació Antoni Tàpies → **(A2)**

CASA CALVET
Casp, 48 → **6(B3)**
T 93 412 40 12
(> 50 €) + MENU DE MIDI
Dans une maison de Gaudí, exquise cuisine catalane.

CERVECERÍA CATALANA
Mallorca, 236 → **7(A1)**
T 93 216 03 68
(< 20 €)
De longs comptoirs de tapas et d'amuse-gueules froids ou chauds pendant toute la journée.

CEL NACIONAL
Pg. de Gràcia, 24 → **9(A2)**
T 93 518 50 53
(20-60 €) + MENU DE MIDI
Multi espace gastronomique pour profiter des recettes traditionnelles de la péninsule ibérique.

LOIDI
Mallorca, 248 → **11(A1)**
T 93 492 92 92
(40-50 €) + MENU DÉGUSTATION
Cuisine basque réinventée avec les saveurs de Martín Berasategui.

MANAIRÓ
Diputació, 424 → **12(D2)**
T 93 231 00 57
(> 60 €)
Cuisine créative catalane avec des plats très personnels du chef Jordi Herrera.

MONVÍNIC
Diputació, 249 → **13(A2)**
T 93 272 61 87
(> 60 €)
Peut-être le meilleur bar à vins du monde avec espace culinaire sous la houlette de Guillem Oliva.

PETIT COMITÈ DE NANDU JUBANY
Passatge de la Concepció, 13
→ **14(A1)**
T 93 550 06 20
(> 60 €)
Nandu Jubany, avec une étoile Michelin en sa possession, propose ici le meilleur et le plus traditionnel de la cuisine catalane.

TAPAS 24
Diputació, 269 → **15(A2)**
T 93 488 09 77 (20-30 €)
Assiettes et tapas traditionnelles de Carles Abellán, formé à El Bulli et déjà distingué par une étoile Michelin dans le restaurant Comerç 24.

Cafés et bars

CAFÈ DEL CENTRE 1873
Girona, 69 → **16(B2)**
Café centenaire qui continue à servir des petits-déjeuners, des déjeuners et dîners, au goût de toujours.

CASA ALFONSO
Roger de Llúria, 6 → **17(B3)**
Depuis 1934, établissement emblématique de tapas et sandwichs.

EL CAFÈ DE LA PEDRERA
Pg. de Gràcia, 92 → **18(A1)**
Espace incomparable pour prendre un café, déjeuner ou dîner.

MAURI
Rambla de Catalunya, 102
→ **19(A1)**
Excellente pâtisserie avec un célèbre salon de thé.

Commerce

Sur le Passeig de Gràcia et dans les environs se trouvent quelques-unes des meilleures marques de la mode barcelonaise (Furest, Loewe, Camper, Mango, Bel, Sita Murt...) et internationales (Chanel, Louis Vuitton, Liu Jo, Valentino, Dolce&Gabbana, Miu Miu, Stella McCartney, Furla, Michael Kors...).

Centres commerciaux :
BULEVARD ROSA → (A2)
EL CORTE INGLÉS → (A3)
EL TRIANGLE → (A3)
+INFO: p. 148

BAGUÉS-MASRIERA
Pg. de Gràcia, 41 → **20(A2)**
Joyaux exclusifs du *design* Art nouveau et Art déco.

BERIESTAIN INTERIORES
Pau Claris, 159 → **21(A1)**
Meubles vintage, livres, tissus, parfums, œuvres d'art et une cafétéria agréable.

CACAO SAMPAKA
Consell de Cent, 292 → **22(A2)**
Chocolat d'élaboration artisanale, depuis la sélection du cacao. Avec un espace dégustation.

CAMPER
Pg. de Gràcia, 100 → **23(A1)**
La conception de chaussures plus fonctionnelles, commodes et coloristes faites à Majorque.

DOS I UNA
Rosselló, 275 → **24(A1)**
Depuis plus de 40 ans, des cadeaux au style Made in Barcelona pour les adultes et les enfants.

IMAGINARIUM
Rambla Catalunya, 68
→ **25(A1)**
Magnifiques jouets qui apportent aux enfants des valeurs sociales et évolutives.

J. MÚRRIA
Roger de Llúria, 85 **26(B1)**
Un commerce *moderniste* (1898) qui offre les meilleurs Delicatessen.

KONEMA
Rambla de Catalunya, 43
→ **27(A2)**
Établissement d'avant-garde avec une grande offre en cadeaux et papeterie sélect.

LA CUINA D'EN GARRIGA
Consell de Cent, 308
→ **28(A2)**
Exquise épicerie gourmet avec un petit espace dégustation.

Passeig de Gràcia

LOEWE
Pg. de Gràcia, 35 → **29(A2)**
Synonyme d'élégance et de classe. Ses sacs à mains et ses porte-documents constituent tout un symbole.

MANGO
Pg. de Gràcia, 8 → **30(A2)**
Mode pour la femme urbaine selon les dernières tendances.

NICE THINGS
València, 235 → **31(A1)**
Mode féminine aux airs « rétro » commode, originale, colorée pour tous les âges.

SANTA EULALIA
Pg. de Gràcia, 93 → **32(A1)**
Depuis 1843 propose une sélection exquise de marques de mode de luxe pour l'homme et la femme.

TOUS
Pg. de Gràcia, 99 → **33(A1)**
Bijouterie familiale de réputation internationale depuis le lancement de son célèbre nounours sur le marché, en 1985.

Et aussi...

CASA CALVET
Carrer de Casp, 48 → **(B3)**
Premier édifice de logements (1898-1900) réalisé par Gaudí. Il y recrée le baroque catalan, en particulier dans la tribune. Le rez-de-chaussée abrite un restaurant qui a préservé une grande partie du mobilier original conçu par l'architecte.

PALAU BARÓ DE QUADRAS
Av. Diagonal, 373 → **(B1)**
Construit entre les années 1904 et 1906 par l'architecte Puig i Cadafalch, c'est un palais moderniste qui donne sur deux rues avec des façades très différentiées. Actuellement c'est le siège de l'Institut Ramon Llull et on y organise des visites guidées.

PALAU ROBERT
Passeig de Gràcia, 107
→ **(A1)**
T 93 238 80 91
http://palaurobert.gencat.cat
Conçu par l'architecte français Henry Granpierre, il fut bâti entre 1898 et 1903 dans un style néoclassique. Actuellement, il abrite le Centre d'Information Touristique de la Generalitat de Catalunya et ses jardins sont devenus publics.

PASSEIG DE SANT JOAN
→ **(C1, C2, C3)**
Son histoire remonte à la fin du XIXe siècle et il relie l'Arc de Triomphe au quartier de Gràcia. Même s'il n'est pas aussi connu que le Passeig de Gràcia, c'est un véritable plaisir que de déambuler sur cette promenade tranquille en découvrant ses jardins et sculptures, comme l'extraordinaire monument au Docteur Robert (1910), œuvre moderniste de Josep Llimona, la Fontaine d'Hercule, la fontaine la plus ancienne de Barcelone (1802), œuvre de Salvador Gurri, ou ses édifices modernistes, comme la Casa Macaya (1901), œuvre de Josep Puig i Cadafalch.

PARC DE L'ESTACIÓ DEL NORD
Nàpols, 70 → **(C3)**
Il s'agit d'un parc pas très grand mais délicieux, simple et complet à la fois. C'est le seul exemple de land art construit à Barcelone représenté par la céramique sur paysage, avec deux sculptures de Beverly Peppers: *Ciel tombé* et *Spirale arborée*, clairement inspirées de l'esthétique de Gaudí et qui déterminent l'organisation du parc en conjuguant des zones de gazon vert et d'autres arborées.

Casa Calvet → **(B3)**

Palau Baró de Quadras → **(B1)**

Casa Garriga Nogués → **(A2)**

J. Múrria → **26(B1)**

Sant Antoni et l'Esquerra de l'Eixample

De la rue Balmes à la Plaça d'Espanya s'étendent les quartiers L'Esquerra de l'Eixample, avec la Gran Via au-dessus et de Sant Antoni, au-dessous. L'urbanisation de ces deux-là fut tardive et elle eut lieu autour d'édifices qui marquèrent leur histoire et leur développement urbain, plus tardif que celui de la Droite de l'Eixample. Pour Sant Antoni ce fut à partir du marché emblématique qui porte son nom et L'Esquerra se développa autour de l'Université de Barcelone, de l'Hospital Clínic et de l'Escola Industrial de Barcelona.

Restaurants

Étoiles Michelin

ALKIMIA ✶
Ronda Sant Antoni, 41 **➜9(G3)**
T 932 076 115 (> 60 €)
Le chef Jordi Vilà, dans sa nouvelle situation réformée par Jean Nouvel, continue à miser sur la cuisine catalane et l'innovation.

ANGLE ✶
Aribau, 54 **➜1(G2)**
T 672 208 691 (> 60 €)
Le jeune chef catalan Jordi Cruz, dont le restaurant Àbac possède deux étoiles, fusionne la tradition et la modernité en une grande expérience gastronomique.

CINC SENTITS ✶
Aribau, 58 **➜2(G2)**
T 93 323 94 90 (> 60 €)
Une vision particulière de la cuisine catalane contemporaine à laquelle sont ajoutées des touches créatives du monde entier.

DISFRUTAR ✶
Villarroel, 163 **➜3(F1)**
T 93 348 68 96
(> 60 €)
Trois ex-cuisiniers expérimentés d'El Bulli, Mateu Casañas, Oriol Castro et Eduard Xatruch, s'expriment sans complexes dans la recherche du goût avec les techniques les plus actuelles.

GAIG ✶
Còrsega, 200 **➜4(G1)**
T 93 453 20 20
(> 60 €)
Fondé comme auberge en 1869, à Horta. Carles Gaig a emmené ses fourneaux traditionnels jusqu'au centre de Barcelone.

HOJA SANTA ✶
Av. Mistral, 54 **➜5(E3)**
T 93 348 21 92
(40-60 €)
Albert Adrià et Paco Méndez présentent *tapas* et assiettes de la cuisine ancestrale mexicaine dans une version libre et contemporaine.

NECTARI ✶
València, 28 **➜6(F2)**
T 93 226 87 18
(> 60 €)
Jordi Esteve propose l'équilibre entre la cuisine créative et la cuisine traditionnelle de produits de l'environnement proche.

TICKETS ✶
Avinguda Paral·lel, 164 **➜7(E3)**
T 93 292 42 50 (> 60 €)
Albert Adrià propose ici un hommage aux tapas et aux assiettes traditionnelles et réinvente le concept du « tapeo », la dégustation de *tapas*.

ALVART
Aribau, 141 **➜8(G1)**
T 93 430 57 58 (30-50 €)
Petit restaurant du jeune chef Alvar Ayuso Thorell avec une bonne technique et des produits de saison soignés.

BAR CALDERS
Parlament, 25 **➜10(F3)**
T 93 329 93 49
(< 20 €)
Plats savoureux et simples, sans prétention, avec une terrasse splendide et accueillante, toujours animée.

BITXARRACU
València, 212 **➜ 11(G2)**
T 93 114 84 44
(< 20 €) + MENU DE MIDI
Gastrobar de cuisine informelle et amusante sur la base de tapas et d'assiettes de bonne qualité.

BODEGA 1900
Tamarit, 91 **➜12(E3)**
T 93 325 26 59
(20-40 €)
La nouveauté d'Albert Adrià :

E
F
G
1
2
3
LONDRES
NICARAGUA
BERLÍN
AV. JOSEP TARRADELLAS
CALÀBRIA
PARÍS
Piscina St. Jordi
Escola Industrial
VILLARROEL
MUNTANER
ARIBAU
AV. DIAGONAL
Jardins de Màlaga
ENTENÇA
ROCAFORT
CÒRSEGA
VILADOMAT
Hospital Clínic
Provença
ROSSELLÓ
Entença
Sants-Estació
COMTE D'URGELL
PROVENÇA
l'Antiga Esquerra de l'Eixample
Mercat del Ninot
AV. ROMA
MALLORCA
ENRIC GRANADOS
TARRAGONA
LLANÇÀ
VALÈNCIA
CASANOVA
BALMES
PL. DEL GALL
ARAGÓ
PL. DR. LETAMENDI
VILAMARÍ
CONSELL DE CENT
COMTE BORRELL
Museu del Modernisme de Barcelona
PARC DE JOAN MIRÓ
Jardins Paula Montal
DIPUTACIÓ
Museu Geològic del Seminari
Centre Comercial Arenas de Barcelona
Rocafort
Casa Golferichs
Urgell
Jardins Càsar Martnell
UNIVERSITAT DE BARCELONA
GRAN VIA CORTS CATALANES
PL. UNIVERSITAT
Espanya
Universitat
RDA. UNIVERSITAT
SEPÚLVEDA
PL. CASTELLA
Sant Antoni
PELAI
Fira de Barcelona-Montjuïc
AV. MISTRAL
RDA. SANT ANTONI
Casa de la Caritat CCCB
El Triangle
FLORIDABLANCA
TALLERS
Montjuïc
Cases dels Caragols
Museu d'Art Contemporani de Barcelona (MACBA)
TAMARIT
AV. PARAL·LEL
Catalunya
AV. RIUS I TAULET
MERCAT DE SANT ANTONI
St. Antoni
PL. STA. MADRONA
RIERA ALTA
PL. ÀNGELS
MANSO
LLEIDA
PINTOR FORTUNY
GRASES
RICART
PL. NAVAS
RONDA SANT PAU
PL. PEDRÓ
CARME
LA RAMBLA
PARLAMENT

Très recommandés

PARC DE JOAN MIRÓ
Aragó, 2 ➜ **(E2)**
Sur une surface équivalente à quatre pâtés de maison de l'Eixample, cette œuvre constitutive du nouvel urbanisme barcelonais, daté des années 80 du XXᵉ siècle, conjugue des allées arborées et des espaces pavés. La sculpture *Dona i ocell* (Femme et oiseau) préside une grande place ; c'est une sculpture de Joan Miró (qui en fit don à la ville) qui mesure 22 mètres de hauteur, décorée grâce à la technique du *trencadís* de Gaudí ; son titre (et sa forme) font référence aux principes féminin et masculin.

UNIVERSITAT DE BARCELONA
Gran Via, 585 ➜ **(G2)**
Entre 1863 et 1882 (plus d'un siècle après son transfert à Cervera comme représailles à la ville pour s'être opposée au roi bourbon Philippe V), l'Université de Barcelone, qui avait été fondée en 1450, revint en ville. Elies Rogent construisit un grand ensemble néomédiéval, doté de deux grands cloîtres symétriques des deux côtés du bâtiment central et de deux grandes tours, presque comme s'il s'agissait de clochers, aux extrémités de la façade principale.

MERCAT DE SANT ANTONI
Comte d'Urgell, 1 ➜ **(F3)**
Inauguré en 1882, il fut le premier construit en dehors de l'enceinte des murailles médiévales et c'est un des plus grands de la ville. ; œuvre d'Antoni Rovira i Trias, il constitue avec le Born le meilleur exemple de l'architecture du fer à Barcelone. Il a un plan en croix au centre duquel se dresse un corps orthogonal couronné par une coupole.

Parc de Joan Miró ➜ **(E2)**

Universitat de Barcelona ➜ **(G2)**

Mercat de Sant Antoni ➜ **(F3)**

un bar d'apéritifs sélect pour déguster des assiettes à l'heure de l'apéro, avec la touche « el Bullí ».

BODEGA SEPÚLVEDA
Sepúlveda, 173
➜ **13(G3)**
T 93 454 70 94
(20-40 €)
Cuisine traditionnelle barcelonaise mise au goût du jour. Grande offre de tapas et de plats très élaborés.

FÀBRICA MORITZ
Ronda Sant Antoni, 41
➜ **15(G3)**
T 93 423 54 34
(20-40 €)
La plus ancienne brasserie de bière d'Espagne (1856), remodelée par Jean Nouvel comme espace multidisciplinaire. 4 500 m² de culture de la bière sous la direction gastronomique du chef Jordi Vilà qui a déjà reçu une étoile Michelin.

GRESCA
Provença, 230 ➜ **16(G1)**
T 93 451 61 93
(40-50 €) + MENU DE MIDI
Il offre une cuisine catalane du chef Rafael Peña.

LA VOLÀTIL BAR DE VINS
Muntaner, 6 ➜ **17(G3)**
T 93 172 11 99
(20-40 €)
Tapas et plats de cassolette simples. Plus de 180 références de vins naturels.

LA TAVERNA DEL CLÍNIC
Rosselló, 155 ➜ **18(F1)**
T 93 410 42 21
(30-50 €)
Tapas et rations avec des produits de qualité et une excellente élaboration.

LOLITA TAPERÍA
Tamarit, 104 ➜ **19(E3)**
T 93 424 52 31
(20-30 €)
Dans une ambiance informelle et aimable, certaines des meilleures tapas de la ville y sont proposées.

RESTAURANT FERMÍ PUIG
Balmes, 175 ➜ **21(G1)**
T 93 624 18 35
(40-50 €) + MENU DE MIDI
Le célèbre chef ouvre son premier restaurant personnel de cuisine catalane d'auteur.

TAKTIKA BERRI
València, 169 ➜ **22(G2)**
T 93 453 47 59
(20-40 €)
Cuisine basque de petites brochettes et d'assiettes de grande qualité.

Cafés et bars

AKASHI
Rosselló, 197 ➜ **25(G1)**
Petite maison de thé japonaise où on peut également dîner et voir des expositions d'art.

DRY MARTINI
Aribau, 162 ➜ **26(G1)**
Bar à cocktails classique. Bouteilles anciennes sur les étagères et une collection d'art sur les murs.

EL VELÓDROMO
Muntaner, 213 ➜ **27(G1)**
Un classique de toujours (de 6h à 3h) sous l'impulsion de Moritz et Jordi Vilà.

FEDERAL
Parlament, 39 ➜ **28(F3)**
Le petit-déjeuner, les brunchs et les hamburgers sont sa spécialité. Organique et naturel. Établissement tranquille et ouvert sur la rue.

ORXATERIA SIRVENT
Parlament, 56 ➜ **29(F3)**
En été, les Barcelonais y font un pèlerinage pour déguster l'*orxata*.

LA VALENCIANA
Aribau, 16 ➜ **30(G2)**
Cafétéria et glacier spécialisé en *orxates* et tourons.

Commerce

EL RECIBIDOR
Viladomat, 9 ➜ **31(F3)**
Magasin showroom de meubles et d'objets de décoration vintage en tout genre parfaitement restaurés.

LA MALLORQUINA
Plaça Universitat, 7
➜ **32(G3)**
Depuis 1947, leader en Catalogne dans la production et distribution textiles pour la maison.

LA PASTISSERIA
Aragó, 228 ➜ **34(G2)**
Tras ganar la Copa del Après avoir gagné la Coupe du Monde de Pâtisserie

Casa de la Papallona ➜ **37(E2)**

Hospital Clínic ➜ **(F1)**

Escola Industrial ➜ **(F1)**

Lolita Taperia ➜ **19(E3)**

2011, le pâtissier Josep Maria Rodríguez a ouvert cet établissement doté d'un salon de thé pour pouvoir déguster ses croissants, ses brioches et les gâteaux très élaborés qu'il propose.

MIQUEL SUAY
Diagonal, 439 → **33(G1)**
Vestidos de boda, fiesta y prêt-à-porter de calidad para hombre y mujer.

OBBIO
Muntaner, 177 → **35(G1)**
Supermarché écologique qui propose aussi des plats préparés à emporter. Dispose aussi d'une cafétéria agréable.

TAKASHI OCHIAI
Comte d'Urgell, 110
→ **36(F2)**
Propose de la pâtisserie traditionnelle catalane et européenne en tout genre, des desserts et tartes traditionnelles japonaises et des créations innovantes d'inspiration nipponne.

Et aussi...

MERCAT DOMINICAL DE SANT ANTONI
Comte d'Urgell, 1
→ **(F3)**
Chaque dimanche, dans le marché *moderniste* de Sant Antoni, une foire aux livres, aux BD, aux films, etc. d'occasion.

ESCOLA INDUSTRIAL
Comte d'Urgell, 173
→ **(F1)**
L'ancienne usine Batlló fut réformée et agrandie entre 1908 et 1931, entre autres par Joan Rubió i Bellver, assistant de Gaudí, pour des usages scolaires. On y remarquera le vestibule avec un toit radial et un kiosque au centre.

HOSPITAL CLÍNIC
Casanova, 141
→ **(F1)**
Un des hôpitaux de Barcelone de référence mondiale. Il fut construit entre 1890 et 1906 par Josep Domènech i Estapà. Il occupe deux pâtés de maison de l'Eixample et on remarque son corps central où se trouve la Faculté de Médecine, dotée d'une façade monumentale aux références classiques : un portique avec six colonnes corinthiennes et un fronton en demi cercle au relief allégorique de la médecine.

CASA GOLFERICHS
Gran Via, 491
→ **(F2)**
Joan Rubió i Bellver, un des assistants les plus importants de Gaudí construisit cette maison moderniste en 1901 ; elle possède des références gothiques et on y remarque la tribune en coin et la combinaison de brique apparente, pierre et céramique.

CASES DELS CARGOLS
Tamarit, 89
→ **(E3)**
Édifices de 1895 projetés par Carles Bosch Negre. Leur nom (*cargols*) dérive des escargots peints en pierre, en métal ou en terre cuite qui décorent la façade, les balcons, balustrades et autres éléments d'architecture.

Fàbrica Moritz → **15(G3)**

Mercat de Sant Antoni → **(F3)**

Cases dels Cargols → **(E3)**

Casa Golferichs → **(F2)**

Ancien village

Gràcia

+ Itinéraire Gaudí (2)

Avec ses ruelles particulières et son charme intemporel, Gràcia — qui est aujourd'hui un des dix districts de la ville — est le paradigme des anciens centres ruraux qui furent absorbés par Barcelone lors de son développement urbain à la fin du XIXe siècle, sans avoir perdu toutefois son caractère. Presque tout ce que le visiteur peut attendre de Barcelone se trouve dans cette partie centrale de la ville, qui conserve une dimension humaine, optimale pour la promenade à pied, le parcours serein ou la surprise constante. L'empreinte de l'architecture moderniste, et en particulier celle de Gaudí, se trouve aussi à Gràcia : la Casa Vicens ou le magnifique Park Güell en sont des exemples. Tout cela dans un quartier à la forte personnalité, organisé autour de places qui reflètent sa vitalité et où le tissu associatif perdure et organise, entre autres évènements, sa fête de quartier originale, la *Festa Major*.

Incontournable

*

PARK GÜELL

Olot, s/n | T 902 200 302 | www.parkguell.cat

→ (B2, C2)

Ce projet de ville jardin abrite certains des meilleurs exemples de la fantaisie de Gaudí. Après être passé entre des pavillons à l'entrée qui pourraient faire partie d'un décor de Hansel et Gretel, un escalier présidé par un grand saurien en céramique accueille les visiteurs. Plus haut se trouve la colonnade de la salle hypostyle et sur elle, la place du parc — avec des vues splendides sur Barcelone —, bordée par un banc sinueux revêtu de restes d'azulejos, de vaisselle ou de bouteilles qui devancèrent la plastique du collage de plusieurs décennies. Au sommet du Park se trouve le Calvaire, construction atavique dotée de trois croix très spéciales. Tous ces espaces sont reliés par un réseau de chemins serpentant : des viaducs avec des portiques que Gaudí conçut en pierre locale pour qu'ils s'intègrent sans heurt dans la nature environnante. + INFO : p. 120

CASA VICENS

Carolines, 18-24 | casavicens.org **→ (A3)**

C'est la première œuvre importante que réalisa Antoni Gaudí. Il s'agit d'une maison unifamiliale, construite entre 1883 et 1888, sur la commande d'un fabricant d'azulejos, Manuel Vicens Montaner. À partir du style mudéjar — fort utilisé par les architectes barcelonais de l'époque — Gaudí le recrée et le dépasse dans ce bâtiment où la combinaison de la faïence et de la brique sur de solides murs de maçonnerie s'exprime avec une force extraordinaire. À souligner la sensationnelle grille d'entrée qui prend pour modèle les feuilles de palmier nain qui poussaient sur la propriété — et dans la même veine, le motif que présentent les azulejos de la façade est constitué par l'humble œillet d'Inde qui poussait aussi naturellement dans l'environnement —, ainsi que les balcons en saillie dans les coins, dont on dit qu'une fois qu'il les eut terminés, le maçon travaillant pour Gaudí monta la garde toute la nuit dehors parce qu'il était persuadé qu'ils s'effondreraient. On pourra visiter l'intérieur à partir du mois de mars 2017. + INFO : p. 121

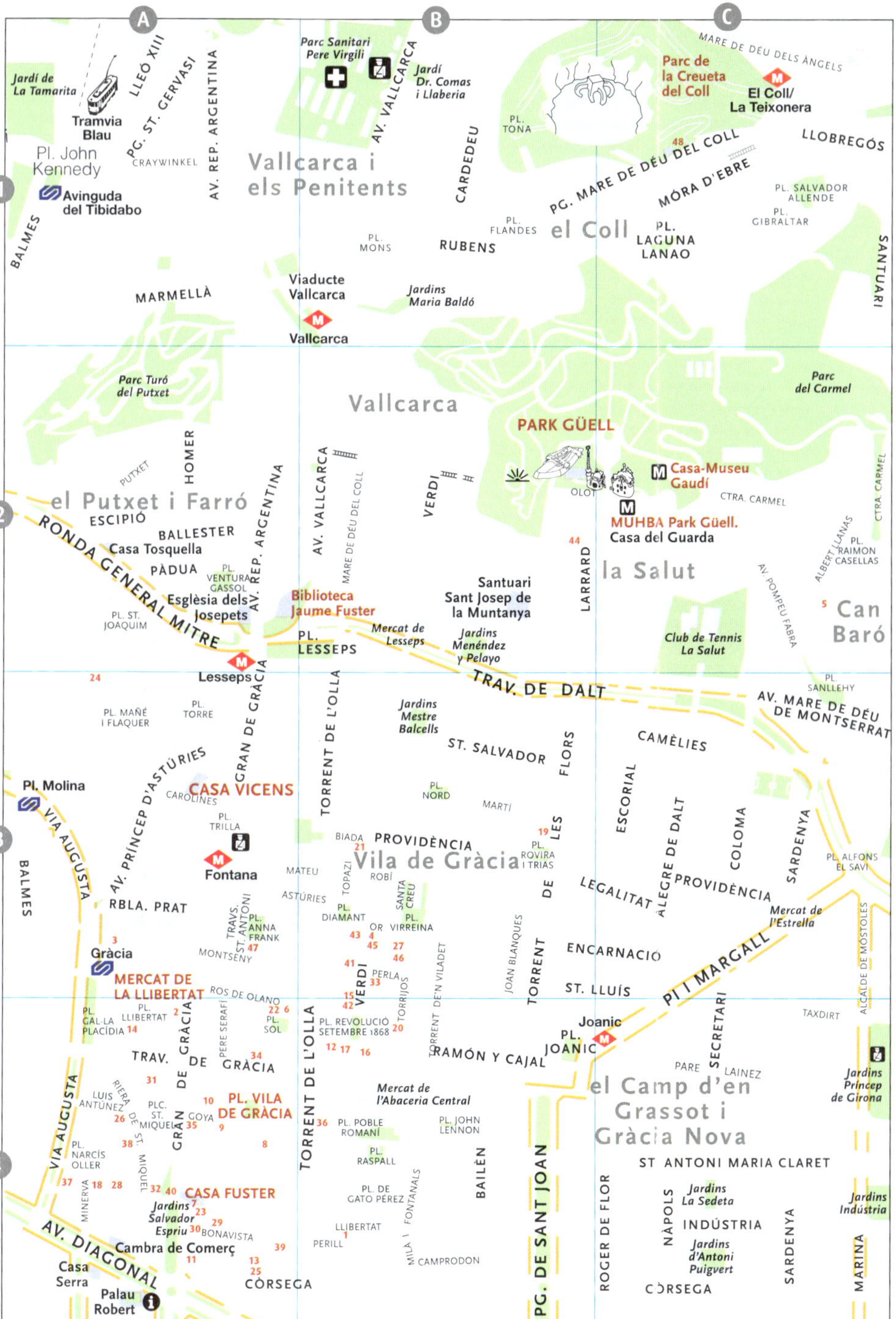

Casa Fuster ➜ (A4)

Gaudí Experiència ➜ 44(B2)

Cinemes Verdi ➜ 45(B3)

La Pepita ➜ 13(A4)

Park Güell ➜ (B2, C2)

Casa Vicens ➜ (A3)

Itinéraire Gaudí (2)

Dans l'ancienne *vila* de Gràcia se trouvent deux œuvres significatives de Gaudí. La **Casa Vicens**, sa première commande importante, et le **Park Güell**, considéré par beaucoup comme son sommet. On y trouve deux équipements culturels intéressants : le **MUHBA Park Güell** et la **Casa Museu Gaudí**, où est exposée une importante collection d'objets en rapport ou conçus par Gaudí. Téléchargez l'Audio-guide *La Barcelone de Gaudí* dans votre MP3 (tickets.visitbarcelona.com) et aussi sur Apple Store (http://apps.barcelonaturisme.com).

Musées

CASA MUSEU GAUDÍ
Park Güell ➜ **(C2)**
www.casamuseugaudi.org
Elle se trouve dans une des deux seules maisons qui furent construites dans le Park Güell (Chalet témoin) et où Gaudí vécut de 1906 à 1925. Ici, son souvenir cohabite avec l'exposition de meubles et d'objets pensés par cet architecte de génie.

MUHBA PARK GÜELL
Park Güell ➜ **(C2)**
www.museuhistoria.bcn.cat
Dans la maison du gardien, l'espace privé conçu par Gaudí pour servir de logement au gardien du Park Güell, le Museu d'Història de Barcelona raconte, sur les trois étages du bâtiment, la maison, le parc et la ville à l'époque où Eusebi Güell et Antoni Gaudí imaginèrent ce qui devait être un lotissement privé.

Restaurants

BILBAO
Perill, 33 ➜ **1(B4)**
T 93 458 96 24
(30-50 €) + MENU DE MIDI
Cuisine basque avec des apports catalans.

BOTAFUMEIRO
Gran de Gràcia, 81 ➜ **2(A4)**
T 93 218 42 30
(> 60 €) + MENU DE GROUPES
Doyen des restaurants de poissons et de fruits de mer de Barcelone de haut niveau. Cuisine galicienne.

CAPET
Benet Mercadé, 21-23
➜ **3(A3)**
T 93 115 53 66 (20-40 €)
Petit établissement dont la cuisine travaille avec des produits de saison élaborés avec critère par un jeune chef.

D.O.
Verdi, 36 ➜ **4(B3)**
T 93 218 96 73
(25-35 €) UNIQUENT POUR DÎNER
Vins et *tapas* créatives jusqu'à 1 heure du matin, dans une ambiance contemporaine.

EL JARDÍ DE L'ÀPAT
Albert Llanas, 2
➜ **5(C2)**
T 93 285 77 50
(20-30 €) + MENU DE MIDI
Une villa avec un jardin et des vues magnifiques. Viandes et légumes à la braise.

ENVALIRA
Plaça del Sol, 13 ➜ **6(A4)**
T 93 218 58 13 (30-40 €)
Un classique de Gràcia. Cuisine de marché, plats de riz (*paella* et autres) et marinières.

GALAXÓ
Pg. de Gràcia, 132
➜ **7(A4)**
T 93 255 30 00
(> 60 €)
Situé dans l'hôtel moderniste Casa Fuster, il propose une carte méditerranéenne et avant-gardiste avec des touches d'auteur.

IPAR-TXOCO
Mozart, 22 ➜ **8(A4)**
T 93 218 19 54 (40-60 €)
Cuisine basque classique où priment les produits de qualité, le poisson, la viande et les desserts maison.

KIBUKA
Goya, 9 ➜ **9(A4)**
T 93 237 89 44
(20-40 €)
Excellente cuisine japo-

Park Güell ➜ (B2, C2)

Park Güell

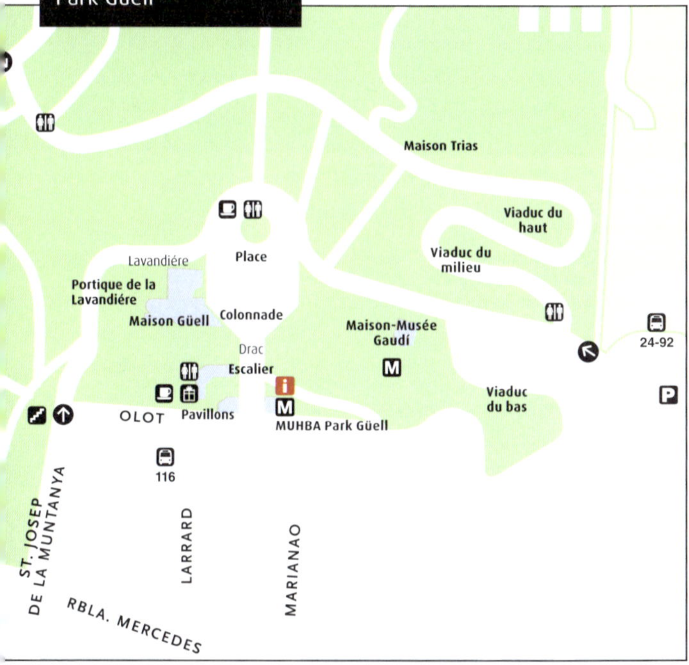
Maison Trias
Viaduc du haut
Viaduc du milieu
Lavandiére
Place
Portique de la Lavandiére
Maison Güell
Colonnade
Maison-Musée Gaudí
24-92
Drac
Escalier
Viaduc du bas
OLOT
Pavillons
MUHBA Park Güell
116
ST. JOSEP DE LA MUNTANYA
LARRARD
MARIANAO
RBLA. MERCEDES

naise, avec des influences méditerranéennes et brésiliennes.

L'ANXOVETA
Sant Domènec, 14 **→10(A4)**
T 93 415 92 23
(20-40 €)
Tapas et assiettes réalisées avec des produits frais et de qualité.

L'EGGS
Pg. de Gràcia, 116 **→11(A4)**
T. 93 238 48 46
(20-40 €)
Le chef Paco Pérez, avec deux étoiles Michelin dans l'Enoteca, propose ici que l'œuf soit le protagoniste.

LA LLAVOR DELS ORÍGENS
Ramón y Cajal, 12 **→12(B4)**
T 93 213 60 31
(20-30 €) + MENU DE MIDI
Cuisine catalane de 12.30 h à 1 heure du matin.

LA PEPITA
Còrsega, 343 **→13(A4)**
T 93 238 48 93
(20-40 €)
Petit restaurant accueillant consacré aux tapas classiques, avec des touches d'innovation.

LA PUBILLA
Plaça de la Llibertat, 23
→14(A4)
T 93 218 29 94
(< 20 €)
Cuisine traditionnelle catalane avec une touche actuelle. Produits frais du jour.

LA VIBLIOTECA
Vallfogona, 12 **→15(B4)**
T 93 284 42 02
(15-25 €)
Plus de 150 vins pour accompagner des fromages artisanaux et des salades.

LA XULA TAPERIA
Mare de Déu dels D., 18
→16(B4)
T 93 165 01 01
(15-25 €)
Tapas créatives du jeune chef David Guizy dans une atmosphère informelle.

PEPA TOMATE
Pl. de la Revolució, 17
→17(B4)
T 93 210 46 98
(20-30 €)
Tapas et assiettes traditionnelles élaborées avec des produits de proximité.

ROIG ROBÍ
Sèneca, 20 **→18(A4)**
T 93 218 92 22
(> 60 €)
Avec une terrasse-jardin merveilleuse, Mercè Navarro et sa fille Imma préparent des recettes de famille avec des critères modernes.

Cafés et bars

BODEGA MANOLO
Torrent de les Flors, 101
→19(B3)
Authentique *bodega* de quartier avec une ambiance unique.

BODEVICI BIOCONCEPT
Torrijos, 21 **→20(B4)**
Yaourts, glaces et milk-shakes d'élaboration propre 100% écologiques.

CAFÈ CAMÈLIA
Verdi, 79 **→21(B3)**
Lieu familial et accueillant avec un choix de produits de commerce équitable et biologiques. Idéal pour végétaliens et végétariens.

CAFÈ DEL SOL
Plaça del Sol, 16 **→22(A4)**
Un classique pour prendre l'apéritif sur sa terrasse sous les magnolias.

CAFÈ VIENÈS
Passeig de Gràcia, 132
→23(A4)
C'est un espace majestueux au décor moderniste qui propose un choix de thés, cafés, snacks et cocktails.

DALT DE TOT
Saragossa, 66
→24(A3)
Des bières bien tireés, du vermouth maison et des tapas de première qualité.

LA CERVESERA ARTESANA
Sant Agustí, 14 **→25(A4)**
Pionniers à Barcelone dans la fabrication de bières artisanales ; propose des dégustations et mariages de leurs bières exclusives.

ROURE
Luis Antúnez, 7
→26(A4)
Depuis 1889. De 7 heures à 1 heure du matin. Petits déjeuners, *tapas*, déjeuners, dîners et cocktails.

Plaça de la Vila de Gràcia **→(A4)**

Plaça Rovira i Trias **→(B3)**

Cafè Vienès**→23(A4)**

SALAMBÓ
Torrijos, 51 ➔ **27(B3)**
Deux ambiances, billards et musique douce. Un bar à cocktails et un restaurant.

Commerce

AOO
Sèneca, 8 ➔ **28(A4)**
Sélection d'objets pour la maison de différentes firmes et édition avec des stylistes et des artisans.

BE HOUSE
Bonavista, 7
➔ **29(A4)**
Objets originaux pour la maison et articles cadeaux variés et modernes.

CASA ANITA
Vic, 14 ➔ **31(A4)**
Belle librairie spécialisée dans les publications pour les enfants et les jeunes.

CUERVO COBBLERBLACK BIRD
Sèneca, 2
➔ **32(A4)**
Chaussures de ligne classique rétro faites à la main artisanalement.

ELS BANDOLERS DE GRÀCIA
Verdi, 12 ➔ **33(B3)**
Produits alimentaires catalans de proximité, de fabrication artisanale pour la plupart.

FLECA FORTINO
Travessera de Gràcia, 145
➔ **34(A4)**
Fabrication artisanale de tous les pains, tous cuits au four à bois.

KOETÀNIA
Bonavista, 1 ➔ **30(A4)**
Firme jeune de bijoux artisanaux contemporains qui conjuguent un caractère créatif et l'essence de Barcelone.

L'HORA EXACTA
Gran de Gràcia, 42
➔ **35(A4)**
Horlogers classiques. Joyaux d'inspiration cubiste, *moderniste* ou médiévale.

LA-A
Torrent de l'Olla, 86
➔ **36(B4)**
Délicats objets cadeaux subtils et intemporels de facture artisanale. Concerts et ateliers.

LYDIA DELGADO
Sèneca, 28 ➔ **37(A4)**
Une des grandes stylistes barcelonaises de mode féminine.

MALAHIERBA
Bonavista, 26 ➔ **39(A4)**
Vêtements de femme conçus et fabriqués à Barcelone qui se caractérise par ses détails et imprimés.

MENCHÉN TOMÀS
Riera de Sant Miquel, 37
➔ **38(A4)**
Vêtements habillés pour femme et urban design.

PASTISSERIA PRÍNCIPE
Guilleries, 10
➔ **41(B3)**
Référence de la pâtisserie libanaise et de la confiserie arabe à Barcelone.

PIA ORGÀNIC JEWEL
Verdi, 3 ➔ **42(B4)**
Bijoux aux textures organiques inspirées de la nature, ethniques et Art nouveau. Pierre semi-précieuses provenant du commerce juste.

VIALIS
Verdi, 39 ➔ **43(B3)**
Chausseurs de longue tradition, fiers de leurs profession. La simplicité dans les formes, la créativité et la qualité des matériaux distinguent leurs chaussures.

WONDER PHOTO SHOP
Gran de Gràcia, 1 ➔ **40(A4)**
Magasin de photographie pour différents dispositifs où télécharger et faire des copies, ou acheter des accessoires.

Et aussi...

GAUDÍ EXPERIÈNCIA
Larrard, 41 ➔ **44(B2)**
www.gaudiexperiencia.com
Grâce à la technologie 4D, le spectateur vit en direct comment la nature a inspiré les créations d'Antoni Gaudí : une forêt qui se transforme en d'imposantes colonnes, un toit qui occulte la peau d'un dragon...

CINEMES VERDI
Verdi, 32 ➔ **45(B3)**

VERDI PARK
Torrijos, 49 ➔ **46(B3)**
Les meilleurs cinémas de Barcelone pour profiter des versions originales.

CENTRE ARTESÀ TRADICIONÀRIUS
Travessia de Sant Antoni, 6-8
➔ **47(A3)**
www.tradicionarius.com
Musique d'inspiration traditionnelle.

FINCA SANSALVADOR
Pg. de la Mare de Déu del Coll, 79 ➔ **48(C1)**
À côté du Parc de la Creueta del Coll, se trouve une œuvre intéressante de Josep Maria Jujol, l'assistant de Gaudí. Il s'agit d'un projet inachevé dont il reste la maison du portier et de magnifiques galeries souterraines pour accéder à un puits d'eau.

PARC DE LA CREUETA DEL COLL
Pg. de la Mare de Déu del Coll, 77 ➔ **(C1)**
Ancienne carrière reconvertie en un parc de forte personnalité. On y trouve un grand étang qui en été devient une piscine publique. Ici se trouve aussi la sculpture *Elogio del agua*, d'Eduardo Chillida, faite en béton et d'un poids dépassant les 50 tonnes. Malgré ses dimensions, elle a l'air légère puisqu'elle est suspendue sur l'eau par quatre câbles d'acier ancrés dans la roche.

BIBLIOTECA JAUME FUSTER
Pl. Lesseps, 22 ➔ **(B2)**
Conçue par Josep Llinàs, qui fut récompensé en 2006 par le prestigieux prix FAD d'architecture pour cet édifice, il s'agit d'une des bibliothèques les plus grandes et modernes de Barcelone.

Casa Museu Gaudí ➔ **(C2)**

MUHBA Park Güell ➔ **(C2)**

Parc de la Creueta del Coll ➔ **(C1)**

Bibliothèque Jaume Fuster ➔ **(B2)**

Très recommandés

CASA FUSTER
Pg. de Gràcia, 132➜**(A4)**
www.hotelcasafuster.com
Tout en haut du Passeig de Gràcia, avec de splendides vues sur cette artère barcelonaise et sur la mer, se dresse la Casa Fuster, œuvre de Domènech i Montaner construite entre 1908 et 1911, suivant le style moderniste. On remarque la tour et le dernier étage de style français, ainsi que les colonnes et la décoration florale typiques de l'architecte.

PLACES DE GRÀCIA
➜**(A4, B3, C4)**
Ce sont les espaces qui rassemblent la vie ludique et sociale de l'ancien village, comme la Plaça de la Vila de Gràcia – avec le bâtiment de la mairie du district et sa tour de 33 mètres de hauteur, couronnée d'une horloge et d'une cloche –, la Plaça del Diamant – immortalisée par le roman du même nom de Mercè Rodoreda –, la Plaça del Sol ou la Plaça de la Sedeta.

FÊTES DE GRÀCIA
www.festamajordegracia.cat
L'ancien village de Gràcia n'a rien perdu de la conscience de sa différence qui s'exprime même dans la conservation de ses propres festivités. C'est le cas de sa Festa Major qui est célébrée depuis 1817 à la mi-août – un moment phare dans les célébrations de Barcelone – et où les habitants rivalisent pour décorer leurs rues.

MERCAT DE LA LLIBERTAT
Plaça de la Llibertat ➜**(A3)**
Ce marché centenaire fut construit entre 1888 et 1893. L'auteur du projet architectural est Miquel Pasqual, mais sa décoration moderniste caractéristique (en fer forgé avec des éléments aux formes sinueuses entrelacées) est l'œuvre de Francesc Berenguer, ami et collaborateur de Gaudí. Il fut rénové en 2009.

Casa Fuster ➜**(A4)**

Plaça de la Vila de Gràcia ➜**(A4)**

Fêtes de Gràcia

Mercat de la Llibertat ➜**(A3)**

Le plus grand district

Sants-Montjuïc

Sants-Montjuïc constitue le plus grand district de Barcelone : sa superficie occupe un cinquième du territoire municipal. Il englobe des centres de très diverses personnalités, tels que l'ancienne *vila* de Sants, Hostafrancs, El Poble-sec et La Bordeta, ainsi que la zone du port et même la Zona Franca. Tous ensemble, ils s'articulent autour de la montagne de Montjuïc, couronnée par le château qui gardait la côte. Ce poumon vert, urbanisé au moment de l'Exposition de 1929 et des Jeux olympiques de 1992, rassemble l'Anella Olímpica et de grands musées, le Jardí Botànic et d'autres équipements collectifs au service de toute la ville.

Incontournable

MUSEU NACIONAL D'ART DE CATALUNYA
Parc de Montjuïc, s/n | T 93 622 03 76 | www.museunacional.cat
➜**(B3)**
Le Museu Nacional d'Art de Catalunya réunit les grandes collections catalanes. Il occupe le Palau Nacional, édifice de silhouette caractéristique dans le *skyline* barcelonaise. Il emmagasine le fruit d'un millénaire de créativité locale. Sa collection d'art roman, provenant des Pyrénées, est unique au monde. L'ensemble gothique ainsi que la sélection d'art produit de la fin du XIXe siècle au milieu du XXe est également remarquable. + INFO : p. 122

FUNDACIÓ JOAN MIRÓ
Parc de Montjuïc, s/n | T 93 443 94 70 | www.fundaciomiro-bcn.org
➜**(G1)**
Joan Miró, peintre barcelonais et universel, figure insigne du mouvement surréaliste, a légué à sa ville cette fondation et centre d'études, dont le bâtiment a été conçu par Josep Lluís Sert. On y expose une partie remarquable de l'œuvre de Miró, on y organise des expositions d'autres grands artistes et on y stimule la jeune création. Avec de fantastiques vues sur la ville, la Fundació Miró est entourée d'arbres et de sculptures. + INFO : p. 123

FONTAINE MAGIQUE DE MONTJUÏC
Plaça de Carles Buïgas, 1
➜**(C3)**
Eau, lumière et couleur. C'est en maniant ces trois éléments que l'ingénieur Carles Buïgas a conçu sa fontaine magique, située au pied de la montagne de Montjuïc. Dotée de divers cercles concentriques de jets d'eau, cette fontaine permet de créer une sculpture d'eau aux formes changeantes et d'une grande plasticité : un spectacle au rythme musical et à l'ambiance poétique, que Barcelone réserve à ses grandes fêtes populaires.

Museu Nacional d'Art de Catalunya ➜ (B3)

Fundació Joan Miró ➜ (G1)

 Fontaine Magique de Montjuïc ➜ (C3)

Sants, Plaça d'Espanya et Foire exposition

✱ **Incontournable : MUSEU NACIONAL D'ART DE CATALUNYA + FONTAINE MAGIQUE DE MONTJUÏC** ➜ p. 56

La plaça Espanya est l'un des points d'articulation de Barcelone. Elle relie en effet l'accès à la ville depuis la côte Sud aux grandes artères de Barcelone, telles que la Gran Via, le Paral·lel ou le carrer Tarragona. C'est aussi la porte de Montjuïc et celle de l'enceinte de la Foire-Exposition de Barcelone, qui déploie ses nombreux pavillons sur la pente douce de la montagne.

Poble Espanyol de Barcelona

➜ (B3)
www.poble-espanyol.com
C'est au cours de l'Exposition Internationale de 1929 que l'on a créé cette enceinte spéciale. À l'instar d'un vrai village, avec sa grand-place, il s'agissait d'un musée à l'air libre dans lequel étaient présentés, grâce à la reproduction de certains édifices célèbres, tous les styles architecturaux d'Espagne. Actuellement, c'est l'un des centres de loisirs parmi les plus fréquentés de la ville, car il accueille d'importants ateliers artisanaux, des boutiques, des écoles d'arts scéniques et plastiques, des restaurants, des bars et des discothèques. Il abrite la **Fondation Fran Daurel**, une collection d'art actuel avec des œuvres de l'informalisme, de l'expressionnisme, du surréalisme, etc ; en plus d'un programme d'activités pour toute la famille et, plus particulièrement, pour les enfants. Il devient aussi, surtout les soirs d'été, la scène privilégiée de concerts. Horaires : les lundis, de 9 h à 20 h ; du mardi au jeudi, de 9 h à 2 h du matin ; les vendredis et samedis, de 9 h à 5 h du matin ; les dimanches, de 9 h à 23 h.

Musées

MUSEU NACIONAL D'ART DE CATALUNYA ➜ (B3)
+ INFO : p. 122

CAIXAFORUM ➜ (B3)
+ INFO : p. 125

Restaurants

Étoiles Michelin

PAKTA ✱
Lleida, 5 ➜ **1(D3)**
(> 60 €)
(Réservations seulement sur le net).
Albert Adrià présente sa merveilleuse proposition de cuisine nikkei (péruvienne-japonaise).

CASA DE TAPES CAÑOTA
Lleida, 7 ➜ **2(D3)**
T 93 325 91 71 (20-40 €)
Les frères Iglesias proposent de bonnes *tapas* dans une ambiance informelle.

ESPAI KRU
Lleida, 7 ➜ **3(D3)**
T 93 380 47 97 (40-60 €)
Dédié aux aliments crus dans toute leur essence et diversité.

LA LOLA DE LAS ARENAS
Gran Via, 373 ➜ **4(C2)**
T 93 425 57 14
(20-30 €) + MENU DE MIDI
Des petits-déjeuners aux dîners, des repas avec toute l'essence espagnole.

ÒLEUM
Parc de Montjuïc ➜ **5(B3)**
T 93 289 06 79
(30-50 €) + MENU DE MIDI
Dans le Museu Nacional d'Art de Catalunya. Cuisine créative méditerranéenne.

RÍAS DE GALÍCIA
Lleida, 7 ➜ **6(D3)**
T 93 424 81 52
(> 60 €) + MENU DE GROUPES
Les meilleurs fruits de mer et poissons en provenance directe des *rías* galiciennes.

Cafés et bars

BAR BODEGA AMPOSTA
Amposta, 1 ➜ **7(B2)**
Éléments originaux du début du XXe siècle. Tapas et apéros dans une ambiance de quartier.

BAR BODEGA SALVAT
Andalusia, 2 ➜ **8(A1)**
Extraordinaires anchois et bière brune à la pression depuis 1880.

LA BODEGUETA DE CAL PEP
Canalejas, 12 ➜ **9(A1)**
Excellents apéritifs et *tapas* depuis 1920.

Commerce

L'axe Sants-Creu Coberta ➜ **(B1-B2-C2)** est considéré comme la rue commerçante la plus longue d'Europe et compte plus de 500 boutiques et deux marchés municipaux.

ARENAS DE BARCELONA
➜ **(C2)**
Ce centre commercial

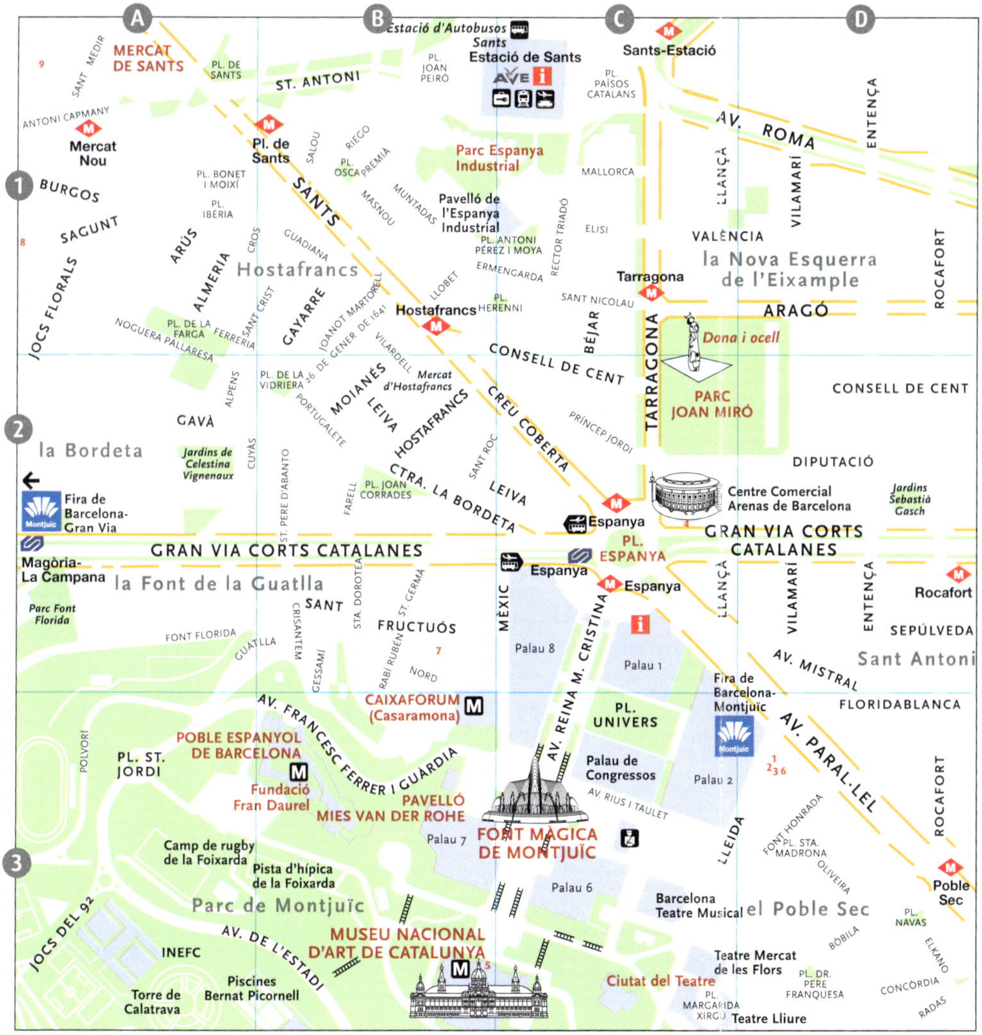

est situé sur d'anciennes arènes de taureaux de style néo-mudéjar, œuvre d'August Font datant de 1900. L'architecte Richard Rogers a gardé la façade originale en la recouvrant d'une coupole d'où l'on jouit d'une des meilleures vues de Barcelone.

Et aussi...

CIUTAT DEL TEATRE
Lleida, 59 ➜ **(C3)**
Il s'agit d'un espace dédié aux arts scéniques. Situé dans des édifices du XIXe siècle de l'Exposition internationale de 1929, il comprend le **Mercat de les Flors** (danse), le **Teatre Lliure Montjuïc** (théâtre) et **l'Institut del Teatre** (école).

PARC DE L'ESPANYA INDUSTRIAL
Muntadas, 1-37 ➜ **(B1-C1)**
Un énorme dragon en fer sur lequel glissent les enfants comme sur un toboggan, un grand étang protégé par Neptune dans lequel se reflète Vénus et des espaces protégés par les arbres font de ce parc un lieu idéal pour le repos.

Ciutat del Teatre ➜ **(C3)**

Poble Espanyol ➜ **(B3)**

Fira de Barcelona

www.firabarcelona.com
Inaugurée en 1932 dans les palais de l'Exposition internationale de 1929, elle dispose de la plus grande superficie d'exposition d'Espagne (365 000 m² bruts pour l'exposition) et une des premières d'Europe. Les deux enceintes disposent d'un service de navettes entre les deux quand c'est nécessaire.

Enceinte Montjuïc
➜ **(C2-C3)**
Huit palais au pied de la montagne de Montjuïc.

Enceinte Gran Via
Six pavillons dans lesquels sont intervenus des architectes de la taille de Toyo Ito, Alejandro Zaera ou Arata Isozaki.

+ INFO : p. 159

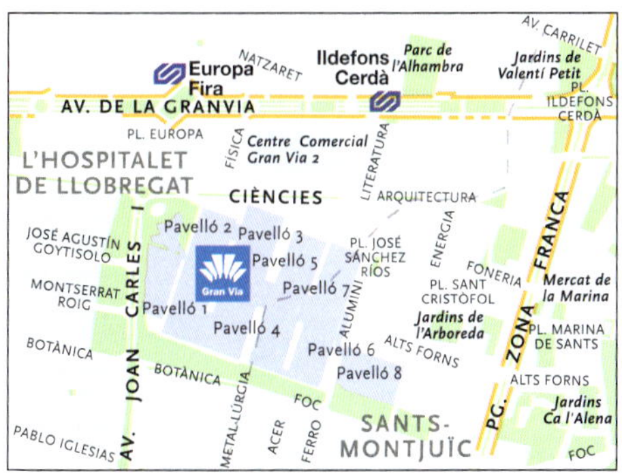

Montjuïc (Parc Olympique + Château) et Poble-sec

✸ **Incontournable : FUNDACIÓ JOAN MIRÓ** → p. 56

Le Parc Olympique de Montjuïc a été la scène principale des Jeux de 1992. Il regroupe, autour d'une avenue classique, le stade olympique, le Palau Sant Jordi, les piscines Picornell, l'Institut national d'Éducation physique et une remarquable tour de communications. À l'exception de cette dernière, ces installations continuent à accueillir des manifestations sportives ainsi que musicales. Le Poble-sec c'est le premier quartier de la ville à avoir été construit à l'extérieur des murailles médiévales. C'est un quartier très populaire et qui a une longue tradition dans le monde du spectacle et du théâtre, en particulier par sa relation avec l'avenue Paral·lel.

Très recommandés

PAVILLON MIES VAN DER ROHE
Francesc Ferrer i Guàrdia, 7
→ (B3) T 93 423 40 16
www.miesbcn.com
Ce chef-d'œuvre de la modernité a été conçu par Mies van der Rohe comme pavillon allemand destiné à l'Exposition internationale de 1929. À la fin de l'exposition, il a été détruit, et la ville de Barcelone l'a reconstruit fidèlement en 1986.
+ INFO : p. 124

CAIXAFORUM
Francesc Ferrer i Guàrdia, 6
→ (B3) T 93 476 86 00
www.obrasocial.lacaixa.es
L'architecte Puig i Cadafalch a réalisé avec cette usine un chef-d'œuvre et un modèle du *Modernisme* industriel. Grâce à la Fundació « la Caixa », qui l'a réhabilitée, elle accueille de nos jours des activités plastiques, musicales, littéraires, cinématographiques, etc.
+ INFO : p. 125

PLAÇA D'ESPANYA
→ (C2)
C'est un des points centraux de la ville où confluent de grandes artères comme la Gran Via ou le Paral·lel. On y remarque la fontaine centrale, œuvre de Josep Maria Jujol, collaborateur de Gaudí, les anciennes arènes de Las Arenas, qui offrent une vue panoramique fantastique, et les tours vénitiennes, porte d'entrée à la montagne de Montjuïc.

MERCAT DE SANTS
Sant Jordi, 6 **→ (A1)**
Ce splendide exemple de l'architecture moderniste la plus fonctionnelle fut inauguré en 1913 ; il fut conçu par l'architecte Pere Falqués i Urpí, auteur, entre autres nombreuses œuvres, des bancs-réverbères du Passeig de Gràcia.

Pavillon Mies van der Rohe **→ (B3)**

CaixaForum **→ (B3)**

Plaça d'Espanya **→ (C2)**

Mercat de Sants **→ (A1)**

Itinéraire du Cimetière de Montjuïc

Sous le nom **Rêves de Barcelone**, la ville propose un itinéraire guidé et gratuit de quarante sépultures qui comprennent des mausolées ainsi que des sculptures d'une grande valeur artistique, réalisés par des architectes ou des sculpteurs de renom entre les années 1888 et 1936, et où l'on peut apprécier divers styles artistiques. Calendrier : deuxième et quatrième dimanche du mois. Horaire : 11 h.
www.cbsa.cat

Musées

MUSEU OLÍMPIC I DE L'ESPORT JOAN ANTONI SAMARANCH
Av. de l'Estadi, 60 **→ (F1)**
www.museuolimpicbcn.cat
Pionnier en Europe, il recueille tous les aspects du sport grâce à des installations multimédia et interactives.

MUSEU D'ARQUEOLOGIA DE CATALUNYA
Pg. de Santa Madrona, 39
→ (F1)
T 93 423 21 49
www.mac.cat
Présente, dans le Palais des Arts graphiques de l'Exposition internationale de 1929, ses collections sur les racines de la Catalogne, de la préhistoire à l'époque médiévale.

MUSEU ETNOLÒGIC
Pg. de Santa Madrona, 16
→ (F1)
www.museuetnologic.bcn.cat
Collection de patrimoine matériel et immatériel, centré sur l'environnement catalan et les cultures des communautés en provenance du monde entier présentes à Barcelone.

JARDÍ BOTÀNIC
Dr. Font i Quer, 2 **→ (F2)**
www.jardibotanic.bcn.cat
Une conception paysagistique d'avant-garde pour préserver des plantes de toute la planète.

MUHBA REFUGI 307
Nou de la Rambla, 169
→ (H2)
www.museuhistoria.bcn.cat
Construit par les habitants eux-mêmes en 1937 pour faire face aux bombardements de l'aviation fasciste pendant la Guerre Civile Espagnole, on peut visiter ses 400 m de tunnels. Dimanche, à 10 h 30, 11 h 30 et 12 h 30.

Restaurants

EL SORTIDOR
Pl. del Sortidor, 5 **→ 1 (G1)**
T 93 518 85 44 (20-40 €)
Depuis 1908. Conserve les portes modernistes et les tables en marbre. Pour déguster des *tapas*, déjeuner et dîner dans une atmosphère accueillante.

ELCHE
Vila i Vilà, 71 **→ 2 (H1)**
T 93 441 30 89
(30-40 €) + MENU DE GROUPES
Un classique. Cuisine marinière et valencienne. Excellents *paelles*.

LA BELLA NAPOLI
Margarit, 14 **→ 3 (H1)**
T 93 442 50 56 (15-30 €)
Pizzas au four à bois, et cuisine de Naples... comme ses propriétaires, d'ailleurs.

LA TOMAQUERA
Margarit, 58 **→ 4 (G1)**
(20-30 €)
Ambiance informelle, jeune et bruyante. Sa

cuisine est basée sur les viandes à la braise et les escargots, responsables de sa bonne réputation.

MONTJUÏC EL XALET
Av. de Miramar, 31 **→5(G2)**
T 93 324 92 70
(50-60 €) + MENU DE GROUPES
Cuisine méditerranéenne avec de magnifiques vues : grande terrasse panoramique et salle tournante.

QUIMET & QUIMET
Poeta Cabanyes, 25
→6(H1)
T 93 442 31 42
(30-40 €)
Quatre générations de *tapas* délicieuses dans un minuscule local.

ROSAL 34
Roser, 34 **→7(H1)**
T 93 324 90 46
(30-40 €)
Avec une esthétique moderne mais accueillante, il offre de délicieuses *tapas*.

TAVERNA CAN MARGARIT
Concòrdia, 21 **→8(G1)**
T 93 441 67 23
(20-40 €)
Ancienne taverne qui conserve une décoration très authentique. La carte, brève, présente des plats traditionnels des gastronomies catalane, du Levant et andalouse.

Cafés et bars

GRAN BODEGA SALTÓ
Blesa, 36 **→9(H1)**
Local centenaire rafraîchi avec un goût exquis. Vins, musique, théâtre, etc.

TINTA ROJA
Creu dels Molers, 17
→11(G1)
Bar à cocktails. Décoration argentine. On peut même apprendre à danser le tango.

Et aussi..

CAMÍ DE MAR
→(F2)
Une agréable promenade de 20 minutes depuis le Mirador de l'Alcalde jusqu'à celui del Migdia, qui offre de fantastiques vues sur la ville, le port, le littoral et le delta du Llobregat, avec des bancs à l'abri de la muraille du château, des monuments tels que la sculpture dédiée au mètre décimal et une zone de pique-nique au Mirador del Migdia.

EL PARAL·LEL
→(H1)
Avenue mythique populaire et quelque peu canaille de la Barcelone du début du XXe siècle – le Montmartre barcelonais, en quelque sorte. Actuellement, il retrouve lentement sa splendeur grâce à la rénovation des salles historiques de Music Hall, telles que **El Molino →12(H1)**, ou de théâtre, comme le **Victòria →13(H1)**, l'**Apolo →10(H1)**, le **Condal →14(H1)** ou le **BARTS**-Barcelona Arts on Stage **→15(H1)**.

EMPREINTES DE SPORTIFS
Av. de l'Estadi, 60 **→16(F1)**
Des champions olympiques et des sportifs de réputation mondiale ont laissé sur des dalles circulaires, les empreintes de leurs chaussures de sport respectives.

JARDINS DE MONTJUÏC
De nombreux jardins de différentes époques et thématiques jalonnent la montagne de Montjuïc. On remarquera le jardin **Laribal →(F1)**, historique, dessiné au début du XXe siècle par Forestier i Rubió i Tudurí, inspiré des anciens jardins arabes ; celui de **Mossèn Cinto Verdaguer →(G2)**, spécialisé dans les plantes bulbeuses, rhizomateuses et aquatiques ; celui de **Mossèn Costa i Llobera →(H2)**, qui présente plus de huit-cent cactus et plantes succulentes : le **Jardin d'Acclimatation →(E1, F1)**, un espace tranquille et une grande salle de botanique à l'air libre, ou celui de **Joan Maragall →(F1)**, au style néoclassique.

MIRADOR DE L'ALCALDE
→(G2)
Le Mirador de l'Alcalde,

Cimetière de Montjuïc **→(E2)**

Jardins Costa i Llobera **→(H2)**

Mirador del Migdia **→(F2)**

El Molino **→12(H1)**

entouré de jardins, avec de belles vues sur le port et la Méditerranée se trouve juste à côté du château, à une cote légèrement inférieure. Il est dallé avec une sorte de collage de blocs industriels, œuvre de J. J. Tharrats.

OPEN CAMP
Estadi Olímpic **→ (F1)**
T 902 07 07 53
www.opencamp.com
Le premier parc thématique sur le sport pour profiter d'incroyables expériences sportives en famille ou avec les amis. Horaire : voir web. Prix : général, 20 €; de 5 à 11 ans et plus de 65, 15 €; de 0 à 4 ans, gratuit.

SALLE MONTJUÏC
→ (F2)
www.salamontjuic.org
En été, cinéma à l'air libre dans le château et un pique-nique possible.

SCULPTURE *CANVI*
Pierre de Coubertin **→ (E1)**
Cette œuvre d'Aiko Miyawaki est un ensemble de trente-six cylindres de béton couronnés par des anneaux métalliques et des câbles d'acier qui brillent puissamment, tout particulièrement au coucher du soleil.

TEATRE GREC
→ (G1)
Malgré son nom, le « théâtre grec » n'est pas grec. Il fut construit pour l'Exposition internationale de 1929, en profitant d'une ancienne carrière. Aujourd'hui, il est devenu la scène la plus emblématique de Barcelone et le siège principal du Festival Grec qui a lieu en été.

TÉLÉPHÉRIQUE DE MONTJUÏC
→ (G2)
www.tmb.net
Le téléphérique de Montjuïc invite à un parcours aérien dans la montagne. Il dispose de cabines pouvant accueillir jusqu'à huit personnes et de trois stations, celle du parc de Montjuïc (à côté de la plaça Dante), celle du mirador et celle du château.

Téléphérique de Montjuïc **→ (G2)**

Jardins Laribal **→ (F1)**

Jardí Botànic **→ (F2)**

Mirador de l'Alcalde **→ (G2)**

F
G
H
Poble Sec
Sant Antoni
CALÀBRIA
VILADOMAT
MANSO
Palau 6
Barcelona
Teatre Musical
RICART
PL. NAVAS
el Poble Sec
PARLAMENT
COMTE BORRELL
RONDA SANT PAU
CERA
CARRETES
MUSEU NACIONAL D'ART DE CATALUNYA
Teatre Mercat de les Flors
FRANÇA XICA
PEDRERES
CONCÒRDIA
PL. SETGE DEL 1714
Poble Sec
Ciutat del Teatre
Piscines Bernat Picornell
PL. MARGARIDA XIRGÚ
RADAS
CREU DE MOLERS
AV. DE L'ESTADI
Museu Etnològic
Teatre Lliure
BLASCO DE GARAY
AV. PARAL·LEL
PL. JOSEP MA. FOLCH I TORRES
Jardins d'Aclimatació
Jardins Joan Maragall
PG. DE L'EXPOSICIÓ
ANNÍBAL
Museu d'Arqueologia de Catalunya
PL. SORTIDOR
BLAI
Olímpica
MARGARIT
ELKANO
Palauet Albéniz
Teatre Grec
TAPIOLES
POETA CABANYES
SANT PAU
Església de Sant Pau del Camp
PL. NEMESI PONSATI
Jardins de Laribal
Font del Gat
Open Camp
SALVÀ
BLESA
PL. RAQUEL MELLER
FONTRODONA
MAGALHAES
Parc de Montjuïc
PL. NEPTÚ
FUNDACIÓ JOAN MIRÓ
ROSER
Funicular de Montjuïc
ESTADI OLÍMPIC LLUÍS COMPANYS
Museu Olímpic i de l'Esport Joan Antoni Samaranch
AV. MIRAMAR
NOU DE LA RAMBLA
Paral·lel
Parc de Montjuïc
Piscina Municipal de Montjuïc
Parc de la Primavera
LAFONT
MUHBA Refugi 307
VILA I VILÀ
PG. OLÍMPIC
Telefèric
CABANES
Parc Tres Xemeneies
DR. FONT I QUER
PL. DANTE
PIQUER
Jardí de Petra Kelly
Jardins Mossèn Cinto Verdaguer
PL. TORREFORTA
PG. MONTJUÏC
PALAUDÀRIES
Parc de Montjuïc
CAN VALERO
AV. MIRAMAR
Jardí Botànic de Barcelona
PG. MIGDIA
DOCTOR FONT I QUER
Jardins Joan Brossa
PL. CARLOS IBÁÑEZ
Parc del Mirador de Poble Sec
AERI DEL PORT
TARONGERS
Jardins de Miramar
PL. LA SARDANA
PL. ARMADA
PG. JOSEP CARNER
AVINGUDA CASTELL
CTRA. MONTJUÏC
PL. MIRADOR
Jardins del Mirador
CASTELL DE MONTJUÏC
MIRADOR DE L'ALCALDE
Jardins Mossèn Costa i Llobera
RONDA LITORAL
Mirador del Migdia
CAMÍ DE MAR
CTRA. MIRAMAR
ACCIONA Trasmediterránea
Estació Marítima (Génova Ferry)
Moll Sant Bertran
Far
RONDA LITORAL
Estació del Morrot
PG. CAN TUNIS
Moll de la Costa
CTRA. DE CIRCUNVAL·LACIÓ TRAM 4
Moll de Ponent
Moll del Contradic

Très recommandés

CHÂTEAU DE MONTJUÏC
➔ (F2)
www.barcelona.cat/castelldemontjuic
Le château de Montjuïc domine Barcelone et sa côte depuis son sommet. Simple tour de guet à l'origine, il a été construit au cours des XVIIe et XVIIIe siècles. On remarquera sa cour d'armes intérieure et ses bastions. Il abrite une exposition permanente, Montjuïc : la construction d'un château et des expositions temporelles liées à son histoire et à celle de la ville.

ESTADI OLÍMPIC LLUÍS COMPANYS
Pg. Olímpic, 17-19 **➔ (F1)**
En 1929, Barcelone a construit son stade. En 1936, la guerre l'a frustrée des Jeux olympiques populaires qu'elle allait accueillir. En 1992, après avoir remodelé complètement cette gigantesque enceinte sportive, elle a enfin pu recevoir les Jeux. Le stade peut accueillir 55 000 spectateurs.

PALAU SANT JORDI
Pierre de Coubertin **➔ (E1)**
Ce pavillon, œuvre d'Arata Isozaki, est la grande installation couverte de l'anneau olympique. Il se distingue par une couverture qui évoque la carapace d'une tortue. Il peut accueillir 17 000 spectateurs, mais ce nombre peut encore augmenter jusqu'à 24 000 quand il reçoit des concerts ou d'autres événements culturels. + INFO : p. 126

TRANSBORDEUR AÉRIEN DU PORT
➔ (H2)
Ce transbordeur aérien parcourt 1 300 mètres au-dessus des eaux du port. Il est soutenu par deux énormes tours – celle de Sant Sebastià, à la Barceloneta, et celle de Jaume I, à côté de l'immeuble du World Trade Center –, et sa troisième station se trouve à Miramar.

Château de Montjuïc **➔ (F2)**

Estadi Olímpic **➔ (F1)**

Palau Sant Jordi **➔ (E1)**

Transbordeur Aérien **➔ (H2)**

La façade maritime

Sant Martí

Le district de Sant Martí s'étend de l'extrémité de Ciutat Vella et de l'Eixample jusqu'au fleuve Besós et témoigne de la dernière grande transformation de la ville et de sa façade maritime. La réforme de l'ancien quartier industriel de Poblenou en une zone technologique appelée 22@, la récupération des plages urbaines et la jonction de l'avenue Diagonal avec la mer, sont parmi les actions d'urbanisme qui définissent la modernité de Barcelone. Dans le district de Sant Martí sont résumés le passé et l'avenir de Barcelone : le passé agricole et industriel de la ville et l'avenir qui regarde vers la modernité avec la transformation des quartiers, la récupération des plages et l'exécution de grandes œuvres de l'architecture contemporaine.

Incontournable

*

TORRE AGBAR
Avinguda Diagonal, 209-211 **➔ (B2)**
La tour Agbar est l'un des nouveaux symboles architecturaux de Barcelone. Jean Nouvel l'a conçue en s'inspirant des montagnes de Montserrat et de la basilique de la Sagrada Família. Un plan circulaire et une élévation en forme de fuseau la caractérisent, et ses 144 mètres de hauteur la rendent visible depuis de nombreux endroits, et tout spécialement de nuit, quand elle devient une énorme lampe de couleur. + INFO : p. 127

PARC DEL FÒRUM
➔ (D4)
La grande esplanade qui accueillit le Forum Universel des Cultures en 2004 est, avec ses 320 000 m^2, un des espaces publics d'usage ludique et culturel les plus grands du monde. Ici se trouvent certains des édifices d'architecture la plus moderne de la ville, comme le Centre de Conventions International de Barcelone, œuvre de Josep Lluís Mateo, l'emblématique bloc triangulaire de l'Édifice Fòrum, des architectes Jacques Herzog et Pierre de Meuron, la Pergola photovoltaïque d'Elies Torres et José Antonio Martínez Lapeña, ou l'Édifice Telefónica, d'Enric Massip-Bosch. On y trouve aussi une zone de baignade innovante et une énorme place (plus de 100 000 m^2) où se tiennent de nombreux évènements comme le festival Primavera Sound ou la Feria de Abril de Catalogne.

LES NOUVELLES PLAGES DE BARCELONE
➔ (B4, B5)
À l'occasion des XXVe Jeux olympiques célébrés à Barcelone en 1992, la ville récupéra plus de deux kilomètres de façade maritime, jusqu'alors occupés par un environnement industriel dégradé et isolé de la ville, avec la barrière infranchissable des voies de chemin de fer qui empêchaient d'accéder à la mer (on pouvait même la sentir, mais ne pas la voir). Actuellement, cinq plages urbaines entourées de parcs et unies par la promenade maritime constituent un des espaces de loisir le plus fréquenté par les Barcelonais et les visiteurs. Il s'agit des plages de Nova Icària, Bogatell, Mar Bella, Nova Mar Bella et Llevant.

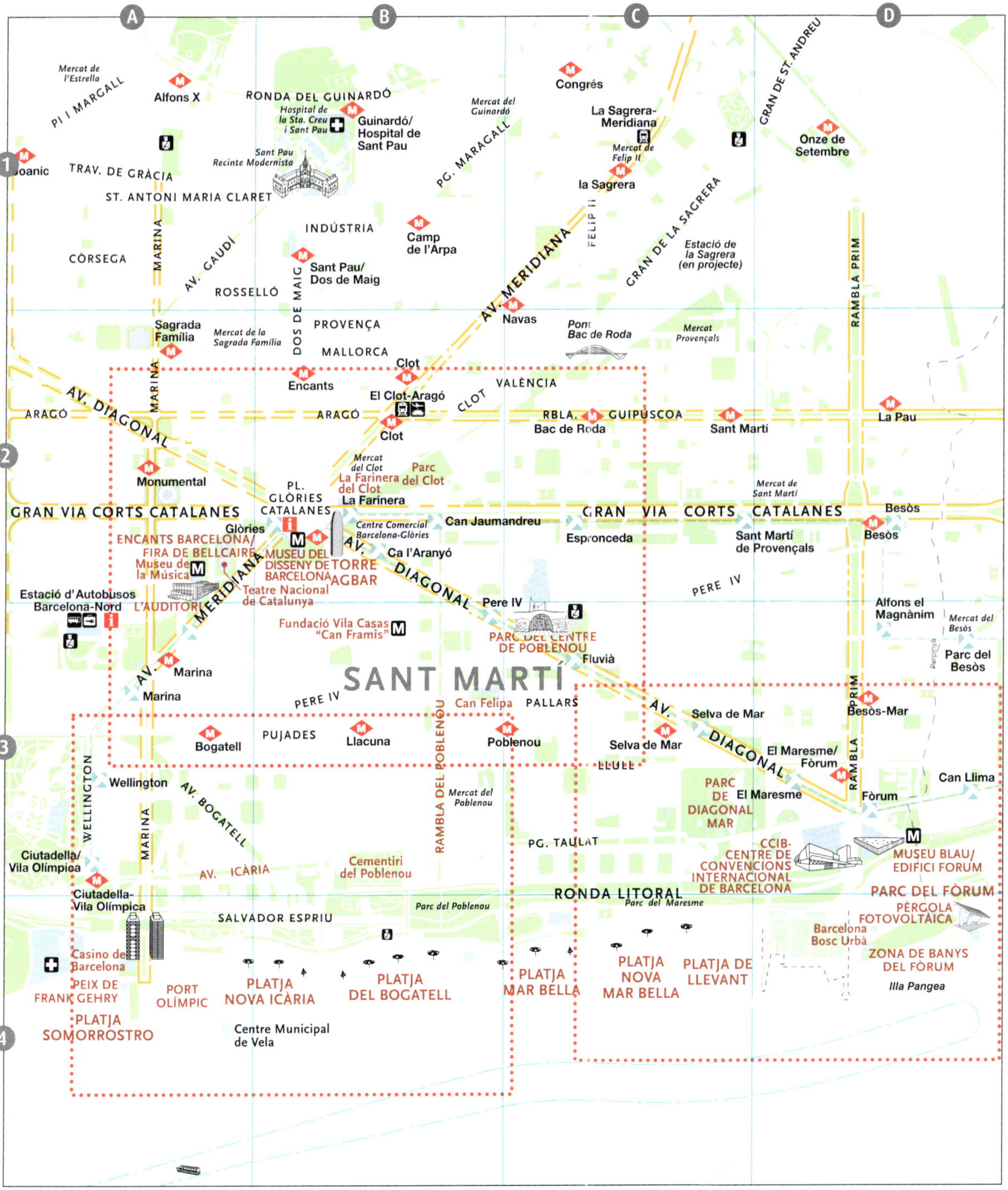

A
B
C
D
1
2
3
4
SANT MARTÍ
Mercat de l'Estrella
PI I MARGALL
Alfons X
RONDA DEL GUINARDÓ
Hospital de la Sta. Creu i Sant Pau
Guinardó/ Hospital de Sant Pau
Mercat del Guinardó
PG. MARAGALL
Congrés
La Sagrera-Meridiana
Mercat de Felip II
la Sagrera
GRAN DE ST. ANDREU
Onze de Setembre
Joanic
TRAV. DE GRÀCIA
Sant Pau Recinte Modernista
ST. ANTONI MARIA CLARET
INDÚSTRIA
Camp de l'Arpa
FELIP II
GRAN DE LA SAGRERA
Estació de la Sagrera (en projecte)
CÒRSEGA
MARINA
AV. GAUDÍ
Sant Pau/ Dos de Maig
ROSSELLÓ
DOS DE MAIG
AV. MERIDIANA
Navas
RAMBLA PRIM
Sagrada Família
Mercat de la Sagrada Família
PROVENÇA
MALLORCA
Pont Bac de Roda
Mercat Provençals
Encants
Clot
El Clot-Aragó
VALÈNCIA
CLOT
AV. DIAGONAL
ARAGÓ
RBLA. GUIPÚSCOA
Bac de Roda
Sant Martí
La Pau
Monumental
Mercat del Clot
Parc del Clot
La Farinera del Clot
PL. GLÒRIES CATALANES
La Farinera
Mercat de Sant Martí
GRAN VIA CORTS CATALANES
Besòs
Glòries
Centre Comercial Barcelona-Glòries
Can Jaumandreu
Espronceda
Sant Martí de Provençals
ENCANTS BARCELONA/ FIRA DE BELLCAIRE
MUSEU DEL DISSENY DE BARCELONA
TORRE AGBAR
Ca l'Aranyó
Museu de la Música
Teatre Nacional de Catalunya
L'AUDITORI
Estació d'Autobusos Barcelona-Nord
PERE IV
Pere IV
Alfons el Magnànim
Mercat del Besòs
Fundació Vila Casas "Can Framis"
PARC DEL CENTRE DE POBLENOU
Fluvià
Perpinyà
Parc del Besòs
Marina
Can Felipa
PALLARS
Selva de Mar
Besòs-Mar
Bogatell
PUJADES
Llacuna
Poblenou
LLULL
El Maresme/ Fòrum
WELLINGTON
Wellington
AV. BOGATELL
RAMBLA DEL POBLENOU
Mercat del Poblenou
PARC DE DIAGONAL MAR
El Maresme
Fòrum
Can Llima
PG. TAULAT
Ciutadella/ Vila Olímpica
AV. ICÀRIA
Cementiri del Poblenou
CCIB-CENTRE DE CONVENCIONS INTERNACIONAL DE BARCELONA
MUSEU BLAU/ EDIFICI FORUM
Ciutadella-Vila Olímpica
RONDA LITORAL
Parc del Poblenou
Parc del Maresme
PARC DEL FÒRUM
SALVADOR ESPRIU
PÈRGOLA FOTOVOLTAICA
Barcelona Bosc Urbà
Casino de Barcelona
PLATJA NOVA ICÀRIA
PLATJA DEL BOGATELL
PLATJA MAR BELLA
PLATJA NOVA MAR BELLA
PLATJA DE LLEVANT
ZONA DE BANYS DEL FÒRUM
Illa Pangea
PEIX DE FRANK GEHRY
PORT OLÍMPIC
PLATJA SOMORROSTRO
Centre Municipal de Vela

Torre Agbar ➜ (B2)

Parc del Fòrum ➜ (D4)

Les nouvelles plages de Barcelone ➜ (B4, B5)

Poblenou
et Vila Olímpica

Le Poblenou est un des quartiers dotés de plus de personnalité de Barcelone. À la fin du XIXe siècle, c'était le territoire le plus industriel du pays et on le désigna comme le « Manchester catalan ». Ce passé a laissé un héritage de fabriques admirable, qui a su s'adapter aux nouveaux usages sociaux et culturels, ainsi qu'un tissu associatif populaire qui aujourd'hui montre sa vitalité dans les Athénées et centres civiques. La ville olympique, construite face à la mer comme résidence des athlètes des Jeux olympiques de 1992, fut la première pierre de la transformation que vit tout le quartier.

Restaurants

Étoiles Michelin

ENOTECA ** ➜ 1(E2)
Marina, 19-21
T 93 221 10 00
(> 60 €)
Cuisine d'auteur du chef Paco Pérez. « La fraîcheur de la mer et l'essence du produit ».

BESTIAL
Ramon Trias Fargas, 2-4
➜ 2(E2)
T 93 224 04 07
(30-50 €) + MENU DE MIDI
Terrasse et jardin en bordure de plage. Cuisine de base italienne.

ELS PESCADORS
Plaça Prim, 1 ➜ 3(H2)
T 93 225 20 18
(+ de 50 €)
Rafa Medrán et son équipe élaborent des plats frais de la cuisine traditionnelle et de produits de la mer.

ELS « POLLOS » DE LLULL
Ramon Turró, 13 ➜ 4(E1)
T 93 221 32 06
(10-20 €) + MENU DE GROUPES
Spécialistes en poulets rôtis. Économique.

LA FONDA DEL PORT OLÍMPIC
Moll de Gregal, 7 ➜ 5(F3)
T 93 221 22 10
(30-50 €) + MENU DE MIDI
Carte variée basée sur la cuisine méditerranéenne.

XIRINGUITO ESCRIBÀ
Av. Litoral, 62 ➜ 6(F2)
T 93 221 07 29
(30-50 €)
Cuisine marinière et vue sur la mer. N'oubliez pas de savourer ses desserts.

Cafés et bars

EL 58
Rambla del Poblenou, 58
➜ 7(H1)
Bar de tapas et plats de qualité, ambiance décontractée.

EL TIO CHE
Rambla del Poblenou, 44
➜ 8(H1)
Depuis 1912, *orxateria* artisanale, granités et lait meringué.

Commerce

PATINALIA
Av. d'Icària, 180 ➜ 10(F2)
T 93 221 17 78
Boutique spécialisée en *rollers* en ligne. On peut aussi les louer.

Et aussi...

CASINO DE BARCELONA
Marina, 19-21 ➜ (E2)
www.casino-barcelona.com
Un casino en bordure de mer avec un restaurant, des bars, et discothèque.

CIMETIÈRE DU POBLENOU
Taulat, 2 ➜ (G2)
Inauguré en 1775, il a été le premier cimetière de Barcelone construit hors des murailles. Détruit par les troupes de Napoléon en 1813, il fut rénové en 1849 avec en son enceinte des panthéons, réalisés par des architectes connus et des sculpteurs *modernistes* et *noucentistes*.

RAMBLA DEL POBLENOU
➜ (H1)
Cette rue naît pratiquement sur la plage de Bogatell, elle est jalonnée de magasins et de bars de toujours qui mettent leurs terrasses sur la promenade centrale, et constitue l'axe de la vie culturelle, sociale et commerciale du quartier de Poble Nou depuis plus de 100 ans.

Centre Municipal de Voile ➜ (F3)

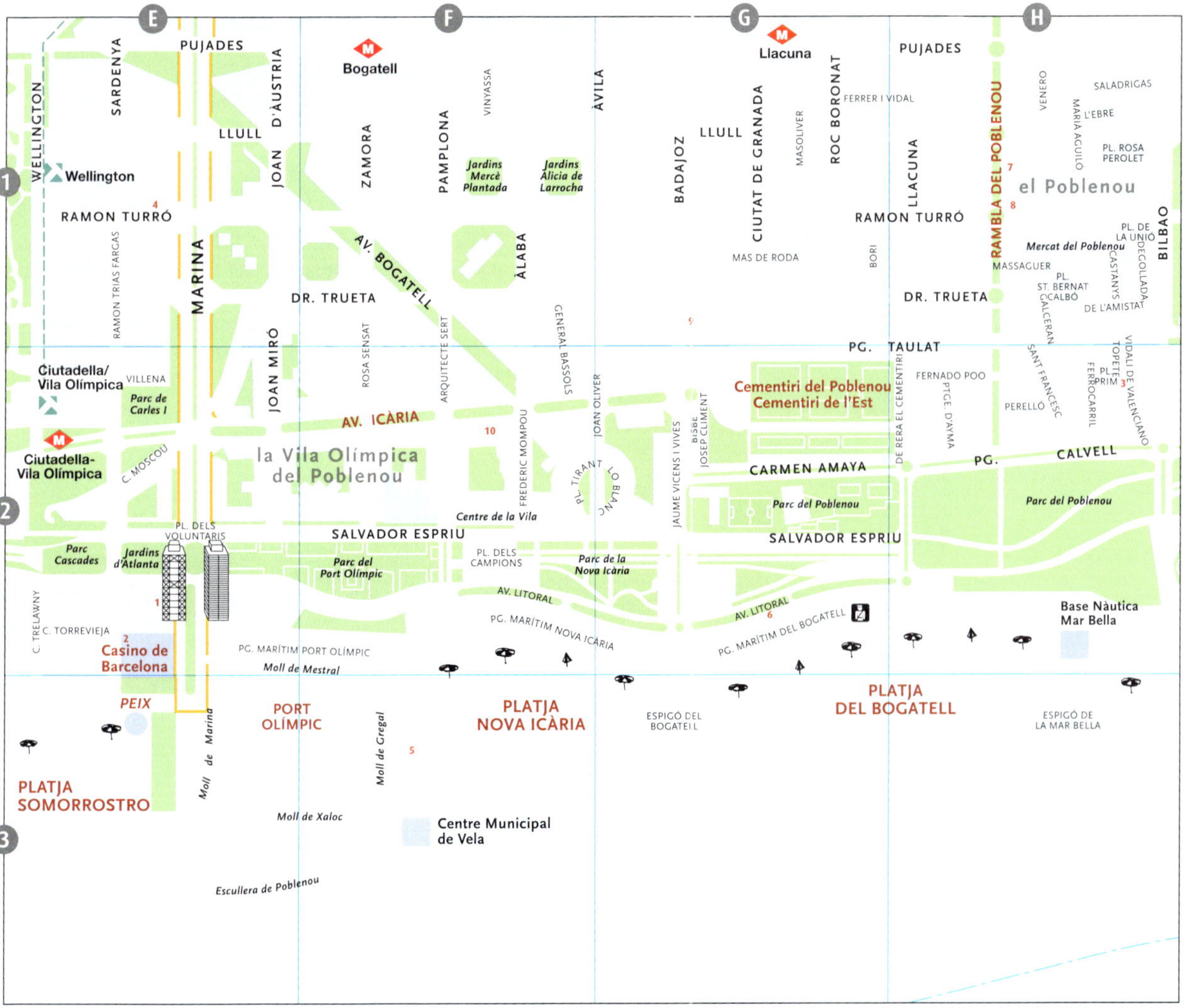

Port Olímpic ➜ **(E3, F3)**

Plage de la Nova Icària ➜ **(F3)**

Très recommandés

PORT OLÍMPIC
➔ (E3, F3)
www.pobasa.es
Le Port Olímpic, face à la Vila Olímpica, occupe environ vingt-cinq hectares gagnés sur la mer et combine des usages nautiques et de loisirs. Doté de services et d'écoles pour les apprentis navigateurs, il réunit aussi des dizaines de restaurants et de bars.

POISSON
Avinguda Litoral, 12-14
➔ (E3)
Au pied des tours du Port Olímpic, face à la mer, s'élève le poisson conçu par Frank Gehry, une sorte d'énorme jalousie – 35 mètres de hauteur – tressée avec des bandes d'acier de tonalités cuivrées, qui brille au soleil depuis sa construction en 1992.
+ INFO : p. 127

AVINGUDA D'ICÀRIA
➔ (F2)
L'avinguda d'Icària est l'artère centrale de la Vila Olímpica, sa voie la plus urbaine. Elle est ombragée par d'expressives pergolas, de singuliers arbres de métal et de bois, avec des formes abstraites, conçues par Enric Miralles.

ZONE DE BAIGNADE DU PARC DEL FÒRUM
Plaça del Fòrum, 1
➔ (K3, L3)
Les bains du Fòrum constituent une zone ouverte sur le littoral et ressemblent à une véritable plage, mais sans sable. Ce sont de véritables piscines d'eau de mer tranquille, idéales pour les enfants.

Port Olímpic **➔ (E3, F3)**

Poisson. Frank Gehry **➔ (E3)**

Avinguda d'Icària **➔ (F2)**

Zone de baignade du Fòrum **➔ (K3)**

Diagonal Mar
Fòrum

La célébration du Forum des Cultures, en 2004, a donné l'occasion de réaliser un ensemble de travaux qui ont transformé la façade maritime de Sant Martí et complété celle de Barcelone.
Au Fòrum, en suivant des modèles innovateurs, la ville a érigé un équipement pour les congrès (le CCIB) pouvant accueillir jusqu'à 15 000 personnes, et elle l'a située sur une énorme installation qui régule et traite ses eaux, préfigurant un espace d'avenir durable et respectueux de l'environnement.

Parc del Fòrum
Il s'agit de l'un des derniers projets d'urbanisme répondant au « modèle » Barcelone (qui consiste à profiter d'un évènement international pour améliorer les services et infrastructures existants). Ses 320 000 m^2 font de cet endroit l'un des plus grands espaces publics de la planète destinés aux loisirs et à la culture. En plus de l'**Edifici Fòrum**, du **Centre de Conventions International de Barcelone** (CCIB) et de la **Pergola Photovoltaïque**, on y trouve un port de plaisance avec 170 postes d'amarrage pour les embarcations de 10 a 25 mètres de longueur, et 31 postes d'amarrage pour les grands yachts de jusqu'à 80 mètres de longueur. Il offre aussi une zone de baignade innovante et une immense place (plus de 100 000 m^2) où sont célébrés de nombreux évènements, tels que le festival **Primavera Sound** ou la **Fira d'Abril de Catalunya.**

Restaurants
EL COMEDOR
Passeig Garcia Fària, 37-47
➔ 1(I2)
T 93 531 60 40
(30-50 €) + MENU DE GROUPES
Cuisine méditerranéenne sur la façade maritime avec des saveurs maison.

ELS PEIXATERS DE LA MEDITERRÀNIA
Passeig de Garcia Fària, 33
➔ 2(I2)
T 93 266 38 84
(30-40 €) + MENU DE MIDI
Spécialité de poisson frais et de fruits de mer.

ÉCOLE HÔTELIÈRE
Passeig del Taulat, 243
➔ 3(I2)
T 93 453 29 04
(20-40 €) + MENU DE MIDI
Pour savoir ce que cuisinent de nos jours à BCN les grands chefs de l'avenir.

INDIGO
Pg. Taulat, 262
➔ 4(J2)
T 93 507 00 90
(30-50 €)
Cuisine internationale et incroyables vues sur la mer.

LA CANTINA DE PALO ALTO
Pellaires, 30-38
➔ 5(I2)
T 93 307 09 74
(20-40 €) + MENU DE MIDI
Cuisine traditionnelle et métisse dans un ancien complexe industriel.

SAGARDI EUSKAL TABERNA
Av. Diagonal, 3
➔ 6(K1)
T 93 356 04 76
(20-40 €)
Cuisine basque avec *pintxos* et une rôtissoire de viandes et de poissons.

Cafés et bars
Dans les hôtels d'avant-garde de la zone : **Pistaccio Lobby Bar** et **Purobeach Barcelona** (Pg. del Taulat, 262) **➔ 7(K2) ; The Corner Bar** et **The Gym Bar** (Diagonal, 1) **➔ 8(K2)**. Dans le centre commercial Diagonal Mar : tapas et bières (**Kurz & Gut**) ; cafés et glaces (**Häagen-Dazs**) ; jus de fruits (**Passion Fruits**).

Commerce

Centre commercial : DIAGONAL MAR ➔ (K1)
+ INFO : p. 131

Et aussi...
BARCELONA BOSC URBÀ
Pl. del Fòrum, s/n **➔ (K2)**
www.barcelonaboscurba.com
Parc d'aventure au milieu de la ville avec des tyroliennes, des ponts, des filets, des lianes, du puenting et des troncs situés sur des plateformes pouvant aller jusqu'à 6 m de

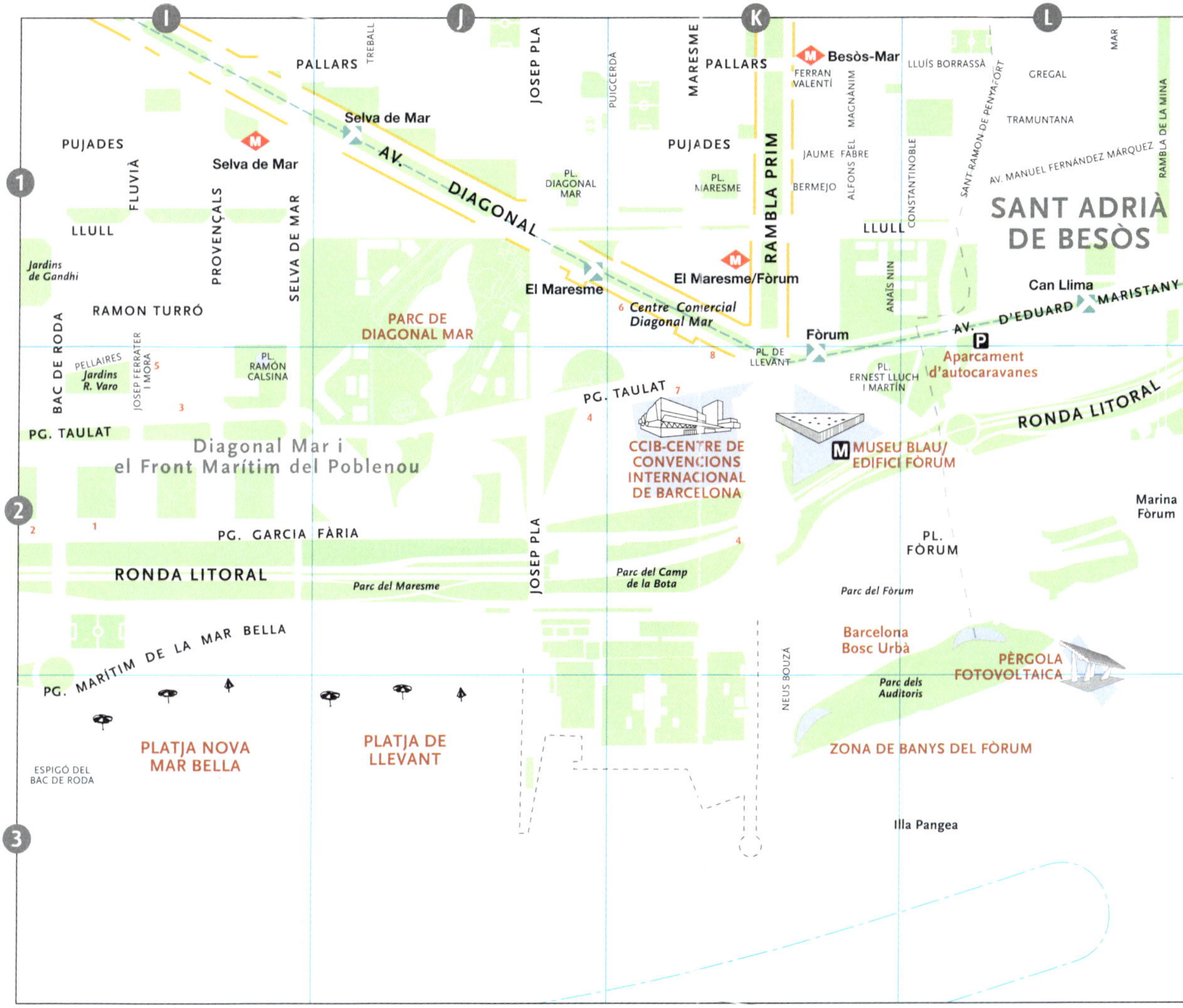

hauteur. Le parc propose aussi un circuit pour les enfants de 3 à 8 ans, et de plus de 8 ans. Sauf en été, ouvert les week-ends.

PARK & RIDE

Av. Eduard Maristany, s/n **→(L2)**

Parking de camping-cars. 30 € par jour. Séjour minimum : 72 h.

Parc del Fòrum. Primavera Sound **→(K2, L2)**

Diagonal Mar **→(K1)**

Très recommandés

CENTRE DE CONVENCIONS INTERNACIONAL DE BARCELONA CCIB
Parc dels Auditoris → **(K2)**
L'édifice du CCIB, œuvre de Josep Lluís Mateo, est le grand centre de conventions de Barcelone. Il offre cinq étages, quarante-cinq salles, dont certaines de dimensions absolument énormes, et une capacité totale suffisante pour accueillir cent-cinquante-mille congressistes.

PARC DIAGONAL MAR
→ **(J1, J2)**
Quatorze hectares où alternent les ondulations vertes douces et les lacs, où la terre va à la rencontre de la mer, et *vice versa*. Ce parc se caractérise aussi par ses pergolas métalliques, ses mille arbres et ses gratte-ciel qui offrent des vues absolument spectaculaires.

MUSEU BLAU EDIFICI FÒRUM
Pl. Leonardo da Vinci, 4-5
→ **(K2)**
T 93 256 60 02
www.museuciencies.cat
Herzog & De Meuron sont les auteurs de l'œuvre la plus spectaculaire du Fòrum : un immeuble triangulaire à la peau bleue et rugueuse qui semble flotter. Le siège du Museu Blau (Musée des Sciences Naturelles de Barcelone) abrite l'exposition permanente Planeta Vida.
+ INFO : P. 128

PÈRGOLA FOTOVOLTAICA
Plaça Fòrum → **(L2)**
Cette source d'énergie solaire, œuvre de Torres et Lapeña – d'une superficie de 10 500 m² – exhibe la puissance formelle d'un énorme ombrage technologique, tout en rappelant un humble abri fait de bambous. C'est aussi un lieu unique pour la promenade et la contemplation de la mer.

CCIB → **(K2)**

Parc Diagonal Mar → **(J1, J2)**

Museu Blau → **(K2)**

Pèrgola Fotovoltaica → **(L2)**

Sant Martí

El Clot, 22@ et Plaça de les Glòries

El Clot existait déjà au Moyen Âge, sous le nom de Clotum Melis (Clot du Miel) à cause de ses riches terres de labour. Pendant le XIXᵉ siècle s'y installèrent les premières farinières, ateliers de tissage, etc. Aujourd'hui les anciennes usines ont cédé la place à des espaces d'usage citoyen, comme le Parc del Clot ou La Farinera del Clot. Le **22@**, vertébré par l'avenue Diagonal dans son tronçon compris entre la **Plaça de les Glòries Catalanes** (un nouvel espace de centralité de la ville) et la mer, est le nouveau district technologique de Barcelone: une destination obligatoire pour ceux qui souhaitent connaître le futur visage de la ville. Certains des plus célèbres architectes contemporains ont participé dans la conception des bâtiments du 22@.

Musées

MUSEU DE LA MÚSICA
Padilla, 155 → **(M2)**
www.museumusica.bcn.cat
Sa collection se présente à travers des itinéraires thématiques (*Orpheus*, pour le public général et *Petit Orpheus*, pour les familles) pour découvrir de quelle manière la musique a été un véhicule d'expression et de communication des êtres humains tout au long de l'histoire.

FUNDACIÓ VILA CASAS - MUSEU CAN FRAMIS
Roc Boronat, 116 → **(02)**
www.fundaciovilacasas.com
Abrite le fond de peinture contemporaine catalane situé dans les deux halls d'une ancienne manufacture de laine du XVIIIᵉ.

Restaurants

Étoiles Michelin

DOS CIELOS ∗
Pere IV, 272-286 → **1(P3)**
T 93 367 20 70 (> 60 €)
Au 24ème étage de l'hôtel Me et avec une vue imprenable, la haute cuisine design des frères Javier et Sergio Torres.

CASA PEPE 22 ARROBA
Tànger, 98 → **2(N2)**
T 93 356 96 80 (20-40 €)
Magasin reconnu depuis 1947, il propose des charcuteries, des fromages et des *tapas*.

ELS TRES PORQUETS
Rambla Poblenou, 165
→ **3(02)**
+ MENU DE MIDI
T 93 300 87 50 (20-40 €)
Nouvelle taverne-œnothèque servant *tapas* et assiettes de la meilleure qualité.

FLORETA
Marià Aguiló, 50 → **4(03)**
T 93 380 47 99 (20-40 €)
Bon restaurant de tapas et plats de saison avec une touche additionnelle de haute gastronomie.

Cafés et bars

CELLER CA LA PAQUI
Sant Joan de Malta, 53
→ **5(02)**
Agréable bodega avec un bon choix de *tapas*.

MEGATAVERNA DEL POBLENOU L'OVELLA NEGRA
Zamora, 78 → **6(M3)**
Dans un entrepôt industriel de 1908, une mégataverne pour boire une bière et déguster des *tapas*.

PEPE'S BAR
Pamplona, 91 → **7(M3)**
Le sanctuaire du rock & roll à Barcelone. Authentique.

Commerce

Centre commercial : BARCELONA-GLÒRIES
→ **(N2, 02)**
+ INFO : p. 148

On peut aussi se rendre à l'**Outlet Leather Factory** (Àvila, 105) → **8(N3)** pour acheter des vêtements en cuir à bon prix, ou à la **Bodega Sopena** (Clot, 55) → **10(01)** pour ses vins, ses *caves* et ses *tapes*.

Et aussi...

TEATRE NACIONAL DE CATALUNYA
Plaça de les Arts, 1 → **(M2)**
www.tnc.cat
Inauguré en 1996, il occupe un édifice d'inspiration classique, œuvre de Ricardo Bofill. Dans son programme coïncident les œuvres du grand répertoire et celles de nouveaux auteurs.

CAN FELIPA
Pallars, 277 → **(03)**
Centre civique ou maison de quartier situé dans une

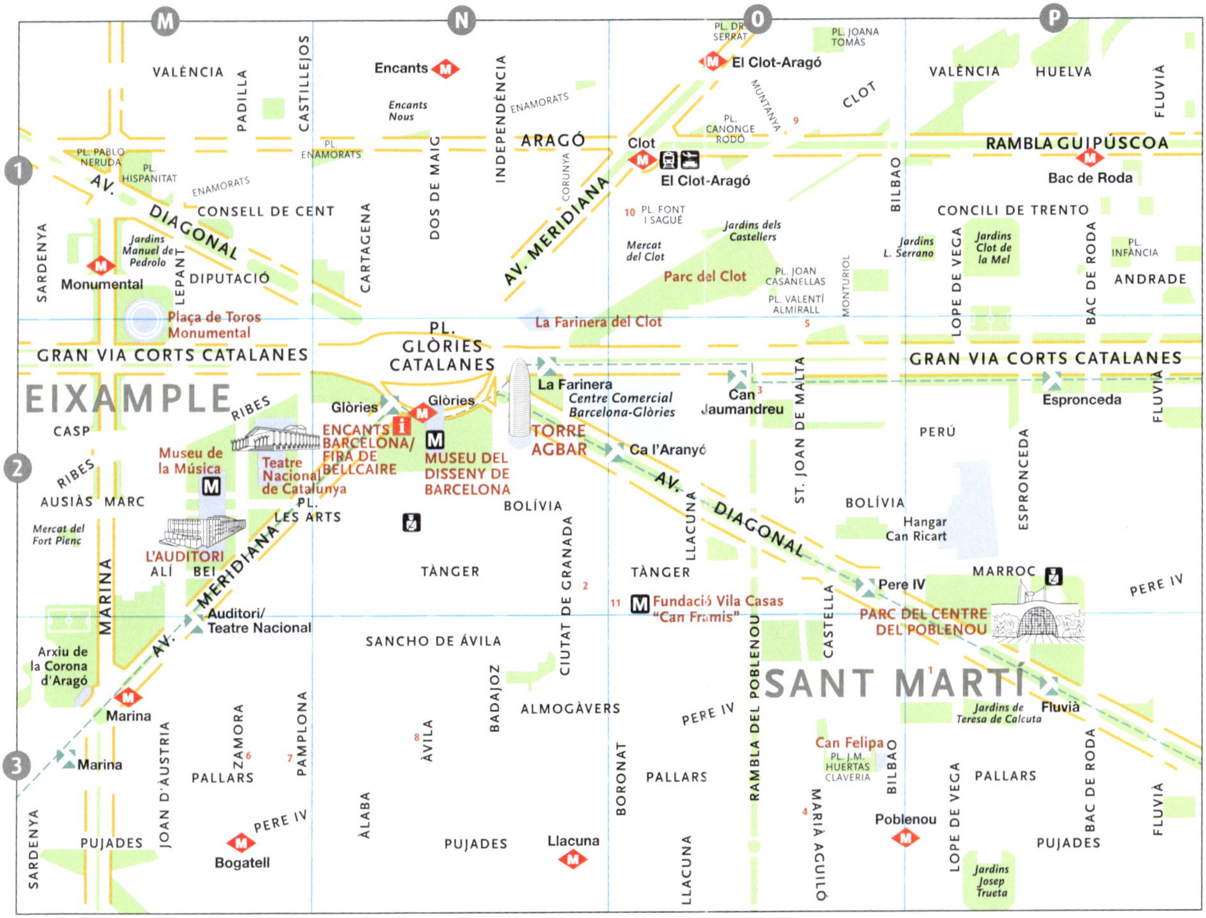

ancienne usine.

PARC DEL CLOT
Escultors Claperós, 55-63
➜ (01)
Situé sur des terrains occupés jadis par des industries. Les éléments d'architecture acquièrent une grande importance: une ancienne façade configure un aqueduc d'environ 25 mètres de longueur situé dans un lac qui culmine par une cascade.

LA FARINERA DEL CLOT
Gran Via, 837 **➜ (N2)**
L'ancienne fabrique moderniste de farine *San Jaime* est aujourd'hui un centre culturel spécialisé dans trois lignes de travail: les nouvelles technologies de la communication et de l'information, le mouvement associatif et la mémoire historique.

EDIFICE MEDIA-TIC
Roc Boronat, 117 **➜ 11(02)**
Une création très personnelle d'Enric Ruiz-Geli. Il possède une forme cubique avec différentes façades différentes en fonction de son orientation et recouvertes d'un revêtement translucide et innovateur en éthylène-tétrafluor-éthylène qui règle la lumière et la température pour obtenir une efficacité maximum et des économies d'énergie.

Teatre Nacional **➜ (M2)**

Encants Barcelona **➜ (N2)**

Très recommandés

L'AUDITORI
Lepant, 150 → **(M2)**
www.auditori.cat
Depuis 1999, la ville dispose de L'Auditori, son équipement musical le plus complet, projeté par l'architecte Rafael Moneo. Il possède quatre salles d'une capacité de 2 200, 600, 400 et 152 places.

MUSEU DEL DISSENY DE BARCELONA
Pl. de les Glòries, 37 → **(N2)**
www.museudeldisseny.cat
Situé dans un édifice d'avant-garde de l'architecte Bohigas, il comprend les collections des anciens Musée des Arts décoratifs, du Musée textile et du Vêtement, du Musée de la Céramique et du Cabinet des Arts graphiques, qui constituent des fonds très importants de l'Antiquité à nos jours.

ENCANTS BARCELONA FIRA DE BELLCAIRE
Pl. de les Glòries, 18 → **(N2)**
Le marché aux puces le plus ancien d'Europe (il remonte au XIVe siècle). Une atmosphère unique, situé sous un auvent futuriste spectaculaire. Lundi, mercredi, vendredi et samedi, de 9 à 20 h.

PARC DEL CENTRE DEL POBLENOU
→ **(P2, P3)**
C'est le dernier parc inauguré à Barcelone. Il a ouvert ses portes au printemps 2008 et porte, comme la tour Agbar, la signature de Jean Nouvel. Ce parc, en bordure de l'avinguda Diagonal, propose des espaces ombragés, un havre de tranquillité dans la ville, une expérience novatrice pour l'usager. On remarquera les divers rendez-vous picturaux et sculpturaux qui jalonnent le parcours de son enceinte, et la fabrique Oliva Artés, convertie en espace d'exposition sur la ville, son histoire et son avenir.

L'Auditori → **(M2)**

Museu del Disseny → **(N2)**

Encants Barcelona → **(N2)**

Parc del Centre del Poblenou → **(P3)**

Sur les pentes de Collserola

Sarrià - Sant Gervasi

Le district de Sarrià-Sant Gervasi, situé au-dessus de la Diagonal, aux pieds de la montagne de Collserola, le poumon vert le plus important de la ville, est constitué par la somme d'anciennes communes qui se sont ajoutées à Barcelone. Sa proximité de Collserola et ses conditions naturelles particulières, sur des terrains pleins de fontaines et de zones vertes, firent de ces zones rurales un espace résidentiel pour les bourgeois de la deuxième moitié du XIXe siècle. C'est pourquoi à l'architecture traditionnelle des anciennes localités s'ajoute la typologie de résidence estivale moderniste. Les exemples les plus remarquables sont la Torre Bellesguard et le viaduc qui l'accompagne, conçu par Gaudí ainsi que les demeures de l'Avinguda del Tibidabo, avec son célèbre Tramvia Blau, un moyen de transport centenaire.

Incontournable

*

COSMOCAIXA
Isaac Newton, 26 | T 93 212 60 50 | www.obrasocial.lacaixa.es → **(D1)**
CosmoCaixa est le siège du musée de la science de la ville: c'est un centre de divulgation innovateur qui incite à l'expérience scientifique à partir de la contemplation de phénomènes naturels. Il possède un bois inondé qui reproduit la flore et la faune amazoniennes, ainsi qu'un planétarium avec des projections en 3D.

TORRE BELLESGUARD
Bellesguard, 16-20 | T 93 250 40 93 | www.bellesguardgaudi.com → **(C1)**
Sur le terrain où le roi Martin l'Humain possédait sa résidence d'été au XVe siècle, Gaudí fit se dresser, au début du XXe siècle, la tour de Bellesguard, un bâtiment aux airs néogothiques, construit en brique et recouvert d'ardoise du lieu, si bien qu'on l'identifie pleinement avec son environnement naturel. À l'angle gauche de sa façade se dresse une tour couronnée d'une croix à quatre bras. Pour unir Bellesguard aux vestiges d'une tour médiévale, entre 1903 et 1905, Gaudí dévia un ancien chemin qui passait sur la propriété et l'appuya sur une voûte soutenue par des piliers inclinés, créant ainsi un viaduc ancêtre de ceux du Park Güell.

PARC D'ATTRACTIONS TIBIDABO
Pl. del Tibidabo, 3-4 | T 93 211 79 4 | www.tibidabo.cat → **(D1)**
À 500 m de hauteur se trouve le Parc d'Attractions du Tibidabo, un parc très moderne mais qui conserve à sa fois son caractère attachant, puisqu'il fut inauguré en 1899 et fait partie de l'éducation sentimentale des enfants barcelonais. Il conjugue des installations de sa première époque (comme l'Atalaya, qui date de 1921 ou le Château Mystérieux) avec d'autres à la technologie avancée qui ont été incorporées en suivant les tendances les plus actuelles (comme le super rapide Hurakan, avec des chutes à pic et des virages de 360° ou la nouvelle Montagne Russe).

A
B
C
D
1
2
3
4
PARC ATRACCIONS TIBIDABO
Plaça Funicular
PL. DR. ANDREU
PL. COMTE SERT
Parc del Castell de l'Oreneta
RONDA DE DALT
AV. VALLVIDRERA
PL. BORRÀS
MARTORELL I PEÑA
PLANTADA
TRES REIS
TORRE DE BELLESGUARD
COSMOCAIXA Museu de la Ciència
Parc Joan Reventós
MAJOR DE SARRIÀ
AV. J.V. FOIX
PL. PARE VICTÒRIA
Sarrià
ANGLÍ
IMMACULADA
QUATRE CAMINS
PL. CALVÓ
AV. TIBIDABO
PL. JAUME II
RAMON MIQUEL I PLANAS
PL. AMICH
MARGENAT
IRADIER
ESCOLES PIES
SANT JOAN DE LA SALLE
LLUÇANÈS
JESÚS I MARIA
CISTER
Reina Elisenda
MERCAT DE SARRIÀ
DOLORS MONSERDÀ
PG. REINA ELISENDA
DE MONTCADA
PL. SARRIÀ
VIA AUGUSTA
Sant Gervasi-Bonanova
Jardí de La Tamarita
PG. ST. GERVASI
TRAMVIA BLAU
PL. CONSELL DE LA VILA
PG. BONANOVA
PL. JOHN KENNEDY
CLOS DE SANT FRANCESC
DALMASES
PL. MARE DE DÉU DE LA PAU
PL. BONANOVA
ENRIC GIMÉNEZ
PLC. CAN GARRIGA
Sarrià
Jardins Roig i Raventós
Avinguda del Tibidabo
Club de Tennis Barcino
PL. XIPRER
DOCTOR ROUX
L'EMANCIPACIÓ
Jardins de Ca n'Altimira
TEODORA LAMADRID
PL. ROSA SABATER
PL. NARCISA FREIXAS
CORNET I MAS
PAU ALCOVER
Jardins Terapèutics de Vil·la Florida
SANT GERVASI
FONTCOBERTA
Jardins d'Oriol Martorell
GANDUXER
TORRAS I PUJALT
BISBE SIVILLA
BERTRAN
Jardins de Vil·la Cecília
CIUTAT DE BALAGUER
ARTESA DE SEGRE
MUNTANER
Mercat de Sant Gervasi
BALMES
PL. ARTÓS
PL. RAFAEL BENET
PL. ORIENT
VERGÓS
CALATRAVA
Mercat de les Tres Torres
PL. FERRAN CASABLANCAS
PL. CAMP
PL. FREDERIC SOLER
El Putxet
Parc Turó del Putxet
SANTA AMÈLIA
Jardins Dorotea Chopitea
PL. JOAQUIM PENA
MANDRI
PL. JOAQUIM FOLGUERA
Jardins de Vil·la Amèlia
BENET MATEU
les Tres Torres
Les Tres Torres
COL·LEGI DE LES TERESIANES
SANT MARIUS
el Putxet i Farró
MANUEL DE FALLA
PG. ST. JOAN BOSCO
RONDA GENERAL MITRE
HOMER
FRANCESC CARBONELL
ROSARI
COPÈRNIC
RAVELLA
PUTXET
CASTELLNOU
NENA CASAS
Jardí Tres Torres
HERCEGOVINA
PL. BOSTON
ESCIPIÓ
BALLESTER
MANUEL GIRONA
ARENAS
Porta Miralles
PL. MANUEL CORACHAN
DOCTOR ROUX
ANGEL GUIMERÀ
FREIXA
PL. ADRIÀ
Parc de Monterols
Casa Tosquella
La Bonanova
MODOLELL
PÀDUA
Pàdua
RASET
PL. MARTÍ LLAURADÓ
TRES
VALLMAJOR
SANTALÓ
CAPITÀ
PL. EGUILAZ
TORRES
COPÈRNIC
PL. ST. JOAQUIM
PL. PRAT DE LA RIBA
GRAN VIA DE CARLES III
RONDA GENERAL MITRE
Maria Cristina
Jardins Blanca Selva i Henry
REINA VICTÒRIA
Jardins Can Castelló
PLATÓ
Jardins Enric Sagnier
BRUSI
SARAGOSSA
VALLIRANA
PL. RICARD ZAMORA
Jardins del Camp de Sarrià
DR. FLEMING
PL. CASTELLÓ
MARC AURELI
DESCARTES
SANT ELIES
PL. MAÑÉ I FLAQUER
NUMÀNCIA
AV. SARRIÀ
CAN RÀBIA
Sant Gervasi-Galvany
Sant Gervasi
Maria Cristina
Jardins Can Batllori
CARAVEL·LA LA NIÑA
PL. ST. GREGORI TAUMATURG
JOHANN SEBASTIAN BACH
Muntaner
PL. MOLINA
Pl. Molina
Jardins Campoamor
Jardins d'Olga Sacharoff
Jardins Dr. Castelló
RECTOR UBACH
AV. PRINCEP D'ASTÚRIES
Casa Vicens
AV. DIAGONAL
BORI I FONTESTÀ
JOSEP BERTRAND
PÉREZ I CABRERO
FRANCESC
FERRAN AGULLÓ
Turó Parc
CALVET
Mercat de Galvany
CALAF
Jardins Moragas
L'Illa Diagonal
Jardins del Dr. Samuel Hahnemann
Jardins Poeta Eduard Marquina
MADRAZO
ARIBAU
MADRAZO
les Corts
CALLEU
PL. CONCÒRDIA
L'Illa
Jardins Sant Joan de Déu
PL. WAGNER
BRUSI
RBLA. PRAT
PL. JOAN LLONGUERAS
LAFORJA
PL. CARDONA
AMIGÓ
ALFONS XII
TAQUÍGRAF GARRIGA
ENTENÇA
AV. PAU CASALS
TRAVESSERA DE LES CORTS
AV. SARRIÀ
PL. FRANCESC MACIÀ
Francesc Macià
MUNTANER
TRAV. DE GRÀCIA
VIA AUGUSTA
GRAN DE GRÀCIA
Jardins de les Infantes
Jardins Can Cuiàs
Parc de les Corts
MARQUÈS DE SENTMENAT
VALLESPIR
MORALES
AV. JOSEP TARRADELLAS
COMTE D'URGELL
AV. DIAGONAL

Sant Gervasi + Itinéraire Gaudí (3)

L'ancienne commune de Sant Gervasi de Cassoles, dont l'origine remonte à la moitié du XIIIe siècle, fut incorporée à Barcelone en 1897. Le caractère résidentiel du quartier encouragea la construction de nombreuses demeures unifamiliales avec jardin, certaines de grande valeur architecturale qui définirent sa physionomie il y a plus d'un siècle, et celui-ci s'est lentement adapté à la trame de la ville.

CosmoCaixa → (D1)

Torre Bellesguard → (C1)

Parc d'Attractions Tibidabo → (D1)

Itinéraire Gaudí (3)

Deux œuvres du génial architecte se trouvent dans cette partie de la ville. Le **Col·legi de les Teresianes**, un édifice austère de pierre et de brique avec de belles et lumineuses solutions intérieures, et la **Torre de Bellesguard**, dans laquelle Gaudí devait rendre un hommage au gothique catalan. Les intérieurs ne sont pas visitables. Téléchargez l'Audio-guide La Barcelona de Gaudí dans votre MP3 (tickets.visitbarcelona.com) et aussi sur Apple Store (http://apps.barcelona turisme.com).

Restaurants

Étoiles Michelin

ÀBAC ★★
A.Tibidabo, 1 → **1(D2)**
T 93 319 66 00 (> 60 €)
Des salles revêtues de blanc dans toutes les tonalités accueillent la cuisine créative ainsi qu'une inégalable technique de Jordi Cruz.

CÉLERI ★
Passatge Marimon, 5
→ **22(C4)**
T 93 252 95 94 (30-50 €)
Le projet le plus personnel du chef Xavier Pellicer: huit légumes de saison en version végétalienne, végétarienne et avec des protéines animales.

HISOP ★
Passatge Marimón, 9
→ **2(C4)**
T 93 241 32 33 (> 60 €)
Deux jeunes chefs surprennent avec leur cuisine catalane contemporaine.

HOFFMANN ★
Granada del Penedès, 14
→ **3(D4)**
T 93 218 71 65 (> 60 €)
Mey Hofmann crée et recrée des plats dans lesquels se maintient toute la saveur et l'arôme des matières premières.

VIA VENETO ★
Ganduxer, 10 → **4(B4)**
T 93 200 72 44 (> 60 €)
Un service qui frôle la perfection. Depuis 1967, sa cuisine catalane classique satisfait par sa grande « touche » d'innovation.

CASA FERNÁNDEZ
Santaló, 46 → **5(C4)**
T 93 201 93 08
(40-50 €) + MENU DE GROUPES
Cuisine maison et *tapas* froides et chaudes jusqu'à 1 h du matin. Bonne sélection de bières.

COURE
Passatge Marimon, 20
→ **6(C4)**
T 93 200 75 32
(50-60 €)
Le chef Albert Ventura crée une cuisine raffinée et imaginative basée sur la tradition catalane.

FLASH-FLASH
Granada del Penedès, 25
→ **7(D4)**
T 93 237 09 90 (20-30 €)
Spécialité d'omelettes. Cuisine ininterrompue de 13 h à 1 h du matin dans un local d'esthétique *pop*.

FREIXA TRADICIÓ
Sant Elies, 22 → **8(D3)**
T 93 209 75 59
(> 60 €)
Cuisine méditerranéenne et traditionnelle avec le sceau personnel et unique du chef Josep M. Freixa.

IL GIARDINETTO
Granada del Penedès, 28
→ **9(D4)**
T 93 218 75 36
(40-50 €) + MENU DE MIDI
Décoré comme un jardin, il offre une excellente cuisine italienne.

L'OLIANA
Santaló, 54 → **10(C4)**
T 93 201 06 47
(45-55 €) + MENU DE GROUPES
Cuisine catalane dans un environnement élégant et plein de lumière.

Et aussi...

JARDINS DE LA TAMARITA
Pg. de Sant Gervasi, 47
→ **(D1)**
Parc d'une résidence du début du XXe siècle. Les splendides jardins de La Tamarita permettent de jouir du contraste entre un paysage ordonné et la nature spontanée.

Sarrià

Les origines du village de Sarrià remontent au XIIIe siècle et il s'agit de la dernière localité indépendante à avoir été annexée à Barcelone, en 1921. Cet ancien centre s'est construit autour de sa rue principale (Carrer Major de Sarrià) et il faut se promener tranquillement sur la Plaça del Consell de la Vila, la Plaça de Sarrià, la Plaça de Sant Vicenç ou dans le Passatge Mallofré pour admirer l'église paroissiale de Sant Vicenç, l'ancienne maison du consistoire, aujourd'hui siège du District, et en général apprécier cette atmosphère de quartier qui conserve l'essence de l'ancien village.

Restaurants

CASA JOANA
Major de Sarrià, 59
→ 11(A2)
T 93 203 10 36
(20-30 €) + MENU DE MIDI
Il conserve le style d'une ancienne auberge avec une cuisine maison.

EL CANALLA
Major de Sarrià, 95
→ 12(A2)
T 93 205 88 06
(20-30 €)
Restaurant-bar à vins avec une esthétique des années 50 qui propose des plats et assiettes à déguster.

LA BURG
Pg. St. Sant Joan Bosco, 55
→ 13(A2)
T 93 205 63 48
(20-30 €)
Hamburgers pour gourmets, y compris végétariens.

TRAM-TRAM
Major de Sarrià, 121
→ 14(A1)
T 93 204 85 18
(45-55 €) + MENU DE MIDI
Cuisine créative et d'auteur dans une maison au jardin typique de Sarrià.

VIVANDA
Major de Sarrià, 134
→ 15(B1)
T 93 203 19 18 (30-45 €)
Le prestigieux chef Jordi Vilà présente une excellente cuisine à base de tapas et d'assiettes dans un espace avec une terrasse intérieure.

Cafés et bars

BAR TOMÁS
Major de Sarrià, 49
→ 16(A2)
Bar de quartier qui a, pour beaucoup, les meilleures de la ville.

DOLE
Manuel de Falla, 16-18
→ 17(A3)
Très petit bar avec les omelettes pour spécialité et une clientèle fidèle de quartier.

Commerce

FUREST
Av. Pau Casals, 3
→ 18(C4)
Prestigieuse entreprise familiale de mode masculine depuis 1898.

JOFRÉ
Bori i Fontestà, 2-6
→ 19(B4)
Grandes marques internationales de mode pour femmes et pour enfants.

ORIOL BALAGUER
Pl. St. Gregori Taumaturg, 2
→ 20(B3)
Pâtissier de référence internationale pour ses chocolats et gâteaux au chocolat.

PASTISSERIA FOIX
Plaça de Sarrià, 12 **→ 21(B1)**
Depuis 1886, on y élabore des pâtisseries pour les fêtes royales, et elle dispose d'un service de livraison dans le monde entier.

Et aussi...

VIL·LA CECÍLIA ET VIL·LA AMÈLIA
Eduardo Conde, 22 **→ (A2)**
Jardins situés dans une vaste et ancienne propriété particulière qui constituent une oasis de tranquillité au milieu d'arbres centenaires.

PARC DEL CASTELL DE L'ORENETA
Montevideo, 45
→ (A1)
Un grand espace forestier qui connecte la ville avec la montagne de Collserola. Offre d'excellentes vues sur la ville, des balades à dos de poney et zones de pique-nique. Les dimanches entre 11 h et 14 h, on peut monter à bord de l'un des meilleurs trains miniaturisés d'Europe.

PORTA MIRALLES
Passeig Manuel Girona, 55
→ (A3)
Elle a été construite par Gaudí entre 1901 et 1902 comme fermeture pour la propriété de son ami Miralles. Même si c'est une œuvre mineure de l'architecte de génie, elle présente un couronnement serpentin intéressant et deux ouvertures : une porte pour les véhicules avec un arc lobulé et une pour les piétons, qui garde sa grille en fer originale.

Porta Miralles **→ (A3)**

Vil·la Cecília **→ (A2)**

Parc del Castell de l'Oreneta **→ (A1)**

Bar Tomás **→ 16(A2)**

Très recommandés

COL·LEGI DE LES TERESIANES
Ganduxer, 85-105 **→ (B2)**
L'austérité définit ce collège que Gaudí édifia pour les sœurs de la congrégation de sainte Thérèse en 1887. La brique est son matériau de référence, et elle donne forme à des fenêtres paraboliques. On remarquera, à l'intérieur, son couloir d'arcs caténaires.

TRAMVIA BLAU
→ (D2)
Le Tramvia Blau (tramway bleu) est une ligne centenaire. Ses véhicules originaux couvrent un trajet de 1 276 mètres pour un dénivelé de 93 mètres, depuis la plaça Kennedy jusqu'à celle du Dr. Andreu, où elle rejoint le funiculaire qui monte au Tibidabo.

PLAÇA DE SARRIÀ ET ESGLÉSIA DE SANT VICENÇ
Plaça de Sarrià, 1 **→ (B2)**
L'église de Sant Vicenç fut construite en 1781, à l'endroit où il y a mille ans se trouvait une autre église consacrée au même saint. L'intérieur abrite des retables du XVIIe siècle. Sur la place sont organisés régulièrement des marchés d'antiquités, de livres d'occasion, de produits d'artisanat et des expositions de peintres dans la rue.

MERCAT DE SARRIÀ
Pg. de la Reina Elisenda, 8
→ (A1)
www.mercatsarria.com
Le bâtiment est un projet des architectes Marcel·lí Coquillat et Arnau Calvet qui fut inauguré en 1911 et réformé en 2007. La façade principale conserve la décoration originale moderniste. L'intérieur abrite des stands en tout genre et certains disposent même d'un espace pour l'atelier et la dégustation de produits.

Col·legi de les Teresianes **→ (B2)**

Tramvia Blau **→ (D2)**

Plaça de Sarrià **→ (B2)**

Mercat de Sarrià **→ (A1)**

Sarrià-Sant Gervasi

Collserola

Le parc de Collserola est le grand poumon vert de Barcelone, une masse forestière qui serpente entre les deux fleuves qui délimitent Barcelone, le Besòs et le Llobregat, et sépare la ville de la région du Vallès. Partiellement urbanisé, ce parc est protégé depuis 1987, ce qui a permis de conserver l'essentiel de ses forêts méditerranéennes de pins, de chênes-lièges et de chênes rouvres, mais aussi sa faune, où abondent les lapins et les sangliers.

Musées

MUSEU D'AUTÒMATES DEL TIBIDABO
Plaça del Tibidabo, 3-4
→ 1(G1)
www.tibidabo.cat
Collection extraordinaire d'automates, dont certains datent du XIXe siècle.

Restaurants

BARCELONAS
Ctra. de Vallvidrera al Tibidabo, 83-93 **→ 2(H1)**
T 93 259 30 30
(+60 €) + MENU DE MIDI
Cuisine créative d'auteur. Vues spectaculaires sur la ville de Barcelone.

LA BALSA
Infanta Isabel, 4 **→ 3(G3)**
T 93 211 50 48
(45-60 €)
Cuisine de marché dans un local qui a reçu le prix FAD d'architecture.

LA VENTA
Plaça Doctor Andreu, s/n
→ 4(H3)
T 93 212 64 55
(35-45 €) + MENU DE GROUPES
Carte brève mais suggestive de base catalane dans un édifice *moderniste*.

Cafés et bars

Un groupe de classiques des loisirs tranquilles barcelonais avec des vues étonnantes sur la ville.

MERBEYÉ
Plaça Doctor Andreu, 2
→ 6(H3)
Sur une conception originale de Mariscal et peu de remodelages postérieurs, un lieu accueillant à toute heure.

MIRABLAU
Plaça Doctor Andreu, s/n
→ 7(H3)
Bar ouvert sur la ville. Deux ambiances et une terrasse bien servie.

Et aussi...

VALLVIDRERA
→ (F1)
Quartier situé au sommet de Collserola et auquel on accède par un funiculaire inauguré en 1906 et réformé en 1998. On y remarquera l'église de Santa Maria de Vallvidrera (987), dont le bâtiment actuel fut érigé entre 1570 et 1587 dans un style gothique tardif et l'étang de Vallvidrera.

DINER AVEC LES ÉTOILES
Observatori Fabra
→ (G2)
T 93 431 21 39
De juin à septembre, dîner dans le jardin de l'observatoire Fabra (1904). Avec visite guidée et observation astronomique.
www.observatorifabra.com

Hors de la carte :

LES PLANES
Lieu traditionnel de loisirs dominicaux populaires de Barcelone, avec ses buvettes et ses barbecues. À 20 minutes de la place Catalunya par train (FGC).

CENTRE D'INTERPRÉTATION DU PARC DE COLLSEROLA
Ctra. de l'Església, 92
(Ctra. Vallvidrera-Sant Cugat, km 4,7)
→ (E1)
Exposition sur la flore et la faune du parc naturel.

Funicular del Tibidabo **→ (G1, H3)**

Les Planes

E
F
G
H
1
2
3
4
Vallvidrera
MUHBA Vil·la Joana
Centre d'Interpretació del Parc de Collserola
Vallvidrera
Vallvidrera Superior
Funicular Vallvidrera
Passeig de les Aigües
Passeig de les Aigües
Peu Funicular
Túnel de Vallvidrera
TORRE DE COMUNICACIONS DE COLLSEROLA
Sagrat Cor
PARC D'ATRACCIONS TIBIDABO
TIBIDABO
CTRA. DE VISTA-RICA
Tibidabo
PL. TIBIDABO
Museu d'Autòmats del Tibidabo
Tibidabo
CAMÍ DE SANT CUGAT
CAMÍ DE CAL TOTXO
COLÒNIA DEL TIBIDABO
CTRA. DE VALLVIDRERA AL TIBIDABO
CTRA. DE VALLVIDRERA A BARCELONA
ESCALES FONT DEL MONT
FONT DEL MONT
CAMÍ DE CAN BORNI
CAMÍ DEL COMTES D'AGUDELLS
Parc de Collserola
SANTPEDOR
BOSC
PASSEIG DE LES AIGÜES
PASSEIG DE LES AIGÜES
OBSERVATORI FABRA
Funicular Tibidabo
PASSEIG DE LES AIGÜES
MONTCLAR
PALAFOLLS
CAMÍ DE VALLVIDRERA
BONAVISTA
AV. VALLVIDRERA
GRANADOS
SANT PERE CLAVER
SANTÍSSIMA TRINITAT DEL MONT
PLANTADA
POMARET
CARLES RIBA
MANUEL ARNÚS
L'ENCENYERIA
TRAMVIA BLAU
Parc Municipal Font del Racó
PL. DR. ANDREU
Plaça Funicular
PL. BORRÀS
MARTORELL I PEÑA
TRES REIS
BENEDATTI
RONDA DE DALT
PL. COMTE SERT
LLUÍS MUNTADAS
SERT
COLLSEROLA
TORRE DE BELLESGUARD
COSMOCAIXA Museu de la Ciència
VELETA D'ARQUER
ROURA
BELLESGUARD
INFANTA ISABEL
JAUME CÀNCER
MOSSEN VIVES
JOSEP GARÍ
MAJOR DE SARRIÀ
ANGLÍ
PL. PARE VICTÒRIA
INMACULADA
PL. ALFONS CARLES COMÍN
PLANELLA
PL. CALVÓ
QUATRE CAMINS
AV. TIBIDABO
ROMÁN MACAYA
IRADIER
CANÀRIES
MARQUESA DE VILLALONGA
Sarrià
PL. AMIC
MARGENAT
ESCOLES PIES
SANT JOAN DE LA SALLE
LLUÇANÈS
JESÚS I MARIA
CISTER
LLEÓ XIII
PG. ST. GERVASI
Mercat de Sarrià
VIA AUGUSTA
DOLORS MONSERDÀ
POMARET
Jardí de La Tamarita
AV. REP. ARGENTINA
PL. SARRIÀ
MUNNER
Sant Gervasi-Bonanova
MAS YEBRA
PL. CONSELL DE LA VILA
PG. BONANOVA
Tramvia Blau
Avinguda del Tibidabo
PL. JOHN KENNEDY
CRAYWINKEL
ANGLÍ
DR. ROUX
DALMASES
PG. ST. GERVASI
MAJOR DE SARRIÀ
VILANA
GANDUXER
PL. MARE DE DÉU DE LA PAU
MANDRI
PL. BONANOVA
FOLGUEROLES
PTGE. DE FORASTÉ
MARE DE DÉU DEL CARMEL
CORNET I MAS
Sarrià
PLC. CAN GARRIGA
Cementiri de Sarrià
Jardins Roig i Raventós
BIGAI

Très recommandés

TORRE DE COMUNICACIONS DE COLLSEROLA
Ctra. Vallvidrera Tibidabo
→ **(G1)**
T 93 406 93 54
www.torredecollserola.com
C'est, avec ses 288 mètres, l'édifice le plus haut de Barcelone. Cette tour de communications a été conçue par Norman Foster, elle dispose de treize étages, et le dixième est un mirador sur la ville ouvert au public, à 560 mètres au-dessus du niveau de la mer.

OBSERVATORI FABRA
Ctra. Vallvidrera Tibidabo
→ **(G2)**
www.observatorifabra.com
Il se trouve embusqué entre les pins sur le versant sud-est de la sierra de Collserola, juste en-dessous du parc du Tibidabo. Depuis 1904, ce centre se consacre aux études astronomiques, météorologiques et sismiques.

PASSEIG DE LES AIGÜES
→ **(E2, H2)**
Cet itinéraire qui parcourt le parc de Collserola, avec des vues à la fois impressionnantes et continues sur la ville et la mer, constitue un mirador unique et une scène idéale et toujours fréquentée pour la promenade, le jogging ou le cyclisme.

Torre de Collserola → **(G1)**

Observatori Fabra → **(G2)**

Passeig de les Aigües → **(E2, H2)**

Le district du couchant

Les Corts

Le district de Les Corts s'étend de chaque côté de l'Avenue Diagonal dans son tronçon le plus occidental ou éloigné de la mer et son territoire correspond à l'ancienne commune de Les Corts, qui fut ajoutée à Barcelone pendant le dernier tiers du XIXe siècle. Arrosé par les torrents qui descendaient de Collserola, il possédait un caractère agricole prononcé, transformé aujourd'hui en une zone fondamentalement résidentielle, avec d'importants centres commerciaux et des équipements sportifs et culturels remarquables, et il maintient le vert comme trait distinctif grâce à ses parcs et à la sierra de Collserola proche.

Incontournable

*

CAMP NOU - FC BARCELONA
Avinguda Joan XXIII, s/n | T 902 189 900 | www.fcbarcelona.cat → **(B3)**
Le stade du FC Barcelona, avec ses 99 000 places, est l'une des « cathédrales » du football mondial. Depuis 1957, année de son inauguration, il a été la scène des hauts faits du Barça. Il reçoit aussi un million de visiteurs par an pour son offre **Camp Nou Experience** : un tour dans le stade, le musée, l'espace Messi ou la zone multimédias entre autres espaces emblématiques. + INFO : p. 130

REIAL MONESTIR DE SANTA MARIA DE PEDRALBES
Baixada del Monestir, 9 | T 93 256 34 34 | monestirpedralbes.bcn.cat → **(B1)**
Le monastère de Pedralbes a été érigé il y a sept siècles. Son église et ses dépendances monastiques, organisées autour d'un beau cloître de trois étages, comprennent aussi l'un des meilleurs ensembles du gothique catalan. Siège de l'ordre de saint Clair depuis 1327, il a ouvert au public une partie de ses dépendances, converties en espace muséal en 1983. Le monastère héberge entre ses murs des collections de peinture, de céramique, d'orfèvrerie et de mobilier, en plus de la chapelle de Sant Miquel, qui offre au regard des peintures murales de Ferrer Bassa.
+ INFO : p. 128

PAVILLONS DE LA FINCA GÜELL
Avinguda de Pedralbes, 7 | T 93 204 52 50 → **(B2)**
La porte des pavillons Güell est l'un des travaux les plus imaginatifs de Gaudí. Elle représente un dragon ailé majestueux, à l'origine polychrome et doté d'un mécanisme qui lui donnait du mouvement. Cette grille de fer forgé donne accès aux pavillons du concierge et aux écuries de la propriété qu'Eusebi Güell, mécène de l'artiste, possédait à proximité de l'avenue Diagonal. Elle sera par la suite démantelée pour construire le Palau Reial. La chaire Gaudí, qui préserve l'héritage de l'architecte, a installé pendant des années son siège dans les anciennes écuries.

A
B
C
D
1
2
3
4
Reial Monestir de Santa Maria de Pedralbes
MONESTIR DE PEDRALBES
Parc del Castell de l'Oreneta
Sarrià
Pedralbes
RONDA DE DALT
VIA AUGUSTA
PG. BONANOVA
Reina Elisenda
Sarrià
Reial Club de Tennis Barcelona
Jardins Rubió i Tudurí
PARC DE CERVANTES
AV. DIAGONAL
Zona Universitària
Reial Club de Tennis Turó
Palau de Congressos de Catalunya
Reial Club de Polo
PALAU REIAL DE PEDRALBES
Jardins W. Shakespeare
PAVELLONS DE LA FINCA GÜELL
Parc del Palau Reial de Pedralbes
Jardins Vil-la Cecília
Jardins Vil-la Amèlia
les Tres Torres
Les Tres Torres
La Bonanova
Palau Reial
Ciutat Universitària
Pius XII
Jardins de la Font dels Ocellets
Porta de la Finca Miralles
Porta Finca Miralles
GRAN VIA CARLES III
RONDA GENERAL MITRE
Jardins del Camp de Sarrià
Maria Cristina
Parc de Bederrida
Jardins E. Lluch
Miniestadi
Hospital de la Maternitat
EDIFICIS TRADE
el Corte Inglés
Pedralbes Centre
Jardins Campoamor
Jardins Can Batllori
Institut Universitari Dexeus
Museu del F.C. Barcelona
ESTADI DEL F.C. BARCELONA
Palau Blaugrana
Numància
L'Illa Diagonal
L'Illa
Jardins Sant Joan de Déu
la Maternitat i Sant Ramon
les Corts
Les Corts
Mercat de les Corts
TRAV. DE LES CORTS
Collblanc
Jardins Bacardí
Jardins Doctors Dolsa
Jardins de les Infantes
Jardins Can Cuiàs
Parc de les Corts
AV. MADRID
Sants-Badal
AV. JOSEP TARRADELLAS
Jardins Joan Altisent
Jardins Can Mantega
Pl. del Centre
Jardins d'Elisard Sala
Jardins de Màlaga
Badal
Mercat de Sants
PL. SANTS
Estació d'Autobusos Sants
Estació de Sants
PL. PAÏSOS CATALANS
Sants-Estació
AV. ROMA
Entença
Jardins Montserrat
Universitat Industrial
LONDRES
PARÍS
CÒRSEGA
ROSSELLÓ
PROVENÇA
BERLÍN
COMTE BORRELL
VILADOMAT
CALÀBRIA
ROCAFORT
ENTENÇA
AV. SARRIÀ
CARDENAL REIG
AV. XILE
AV. DR. MARAÑÓN
AV. JOAN XXIII
AV. PEDRALBES
GRAN VIA DE CARLES III
SANTS
BRASIL
BADAL
NUMÀNCIA
PG. ST. JOAN BOSCO
MAJOR DE SARRIÀ

Camp Nou - FC Barcelona ➜ **(B3)**

Monestir de Pedralbes ➜ **(B1)**

Pavillons de la Finca Güell ➜ **(B2)**

Musées

MUSEU DEL FC BARCELONA
Av. Arístides Maillol
➜ **(B3)**
www.fcbarcelona.cat
C'est le pionnier des musées dans le monde du football et il reçoit déjà plus d'un million de visiteurs par an.

Restaurants

LA TERTÚLIA
Morales, 15 ➜ **1(D3)**
T 93 419 58 97
(20-40 €) + MENU DE MIDI
Cuisine de marché suggestive dans un immeuble plein de charme.

LEKU
Joan Güell, 189 ➜ **2(C3)**
T 93 490 38 10
(40-60 €) + MENU DE MIDI
Cuisine basque d'une jeune chef qui propose un produit très choisi et une réalisation élaborée.

MUSSOL PEDRALBES CENTRE
Av. Diagonal, 611
➜ **3(C3)**
T 93 410 13 17
(20-30 €) + MENU DE GROUPES
Spécialités de cuisine catalane typique à des prix raisonnables.

NEGRO-ROJO
Av. Diagonal, 640 ➜ **4(D3)**
T 93 405 94 44
(35-45 €) + MENU DE MIDI
Deux étages avec des ambiances différentes : en haut, des assiettes cosmopolites ; en bas, de la cuisine japonaise.

TRITÓN
Alfambra, 16 ➜ **6(A2)**
T 93 203 30 85
(45-60 €)
Un demi-siècle de cuisine de marché. Spécialité de poissons et de fruits de mer.

Cafés et bars

SALA BIKINI
Av. Diagonal, 547, ➜ **7(C3)**
Avec trois parties distinctes (Salles Dry Bikini, Autanga et la classique Salle Bikini) avec des musiques et des publics différents, le Bikini est un classique de la vie nocturne de la ville.

Commerce

Centre commercial :

EL CORTE INGLÉS ➜ (C3)
L'ILLA DIAGONAL ➜ (C3)
PEDRALBES CENTRE ➜ (C3)
+ INFO : p. 148

ESPACIO HARLEY-DAVIDSON BCN
Joan Güell, 207 ➜ **8(C3)**
L'espace de la moto mythique la plus grande d'Europe. Accessoires, vêtements techniques et mode urbaine également.

LA BOTIGA DEL BARÇA
Av. Arístides Maillol, s/n
➜ **9(B3)**
Équipements officiels, mode, pyjamas, bébés, accessoires, maison, etc.

NATCHA
Av. de Sarrià, 45 ➜ **10(D3)**
Pâtisserie fortement recommandée pour ses gâteaux et ses chocolats, des plus traditionnels aux créations propres.

THE WATCH GALLERY
Avi. Diagonal, 626 ➜ **11(D3)**
Magasin exclusivement consacré au monde de l'horlogerie. Offre variée de jusqu'à quarante marques de renom international.

Et aussi...

PLAÇA DE LA CONCÒRDIA
➜ **(C3)**
Cette place est le cœur de la partie ancienne du village de Les Corts, incorporé à Barcelone en 1897. Dans l'agitation urbaine, elle garde une atmosphère tranquille et on remarquera l'édifice de Can Déu, avec des éléments modernistes, qu'on peut visiter.

Museu del FC Barcelona ➜ **(B3)**

Pavillons Güell ➜ **(B2)**

Plaça de la Concòrdia ➜ **(C3)**

Monestir de Pedralbes ➜ **(B1)**

Très recommandés

PALAU REIAL DE PEDRALBES
Avinguda Diagonal, 686
➜ (B2)
L'ancienne propriété Güell a été transformée en Palau Reial durant le premier tiers du XXe siècle. Cette résidence est entourée de jardins et d'arbres de grande taille, et l'ensemble est à son tour entouré par les installations de la ville universitaire.

MATERNITAT
Travessera de les Corts, 159
➜ (B3)
Les pavillons de la Casa de la Maternitat, dont la construction a commencé à la fin du XIXe siècle, constituent un intéressant ensemble architectural dans lequel cohabitent *Modernisme* et *Noucentisme*. Les jardins méritent une visite.

EDIFICIS TRADE
Avinguda Carles III, 84-89
➜ (B3)
Un classique de la modernité architecturale barcelonaise au pied de l'avenue Carles III : quatre tours de bureaux de plan ondulant, revêtues d'un mur-rideau de verre noir, signées en 1968 par Coderch de Sentmenat.

PARC DE CERVANTES
Avinguda Diagonal, 706
➜ (A1)
Un parc doté de vues magnifiques de Barcelone et très apprécié par les promeneurs et les sportifs, surtout les cyclistes et les pratiquants de footing. De plus, il présente un espace singulier de quatre hectares, une roseraie avec une collection de plus 10 000 rosiers d'environ 2 000 espèces et variétés différentes.

Palau Reial de Pedralbes **➜ (B2)**

Maternitat **➜ (B3)**

Edificis Trade **➜ (B3)**

Parc de Cervantes **➜ (A1)**

Sur les collines et vallées

Horta-Guinardó

Entre Gràcia et Nou Barris, se juchant sur la sierra de Collserola, s'étend le district d'Horta-Guinardó, subdivisé en onze quartiers de diverses personnalités. Ce district frontalier, où l'ordre urbain borde la nature la plus libre, comporte une bonne proportion de zones vertes. C'est tout le secteur supérieur à la Ronda de Dalt, — la rocade —, qui s'enfonce dans Collserola, une partie de la zone de Vall d'Hebron et aussi du Carmel. Les dénivelés et les pentes sont présents dans une bonne partie du district, qui dispose d'importants équipements sanitaires et sportifs, avec aussi des zones au rythme vital reposant, telles que l'ancienne *vila* d'Horta.

Incontournable

RECINTE MODERNISTA DE SANT PAU
Sant Antoni M. Claret, 167 | www.www.santpaubarcelona.org
➜ (B5)
Domènech i Montaner réalisa ce grand ensemble hospitalier qui occupe une surface équivalente à neuf pâtés de maisons de l'Eixample, suivant un projet intégral conjuguant l'architecture et l'urbanisme et qui assimile certains postulats de la théorie utopique des villes-jardins. L'hôpital est vertébré autour de 46 pavillons — avec beaucoup d'espaces de jardins entre eux — et qui sont connectés par des galeries souterraines comptant un éclairage naturel zénithal. La plupart des pavillons sont en brique apparente, avec d'abondants éléments décoratifs de sculpture et de mosaïque, inspirés principalement de l'art gothique et mudéjar. +INFO : p. 130

Recinte Modernista de Sant Pau **➜ (B5)**

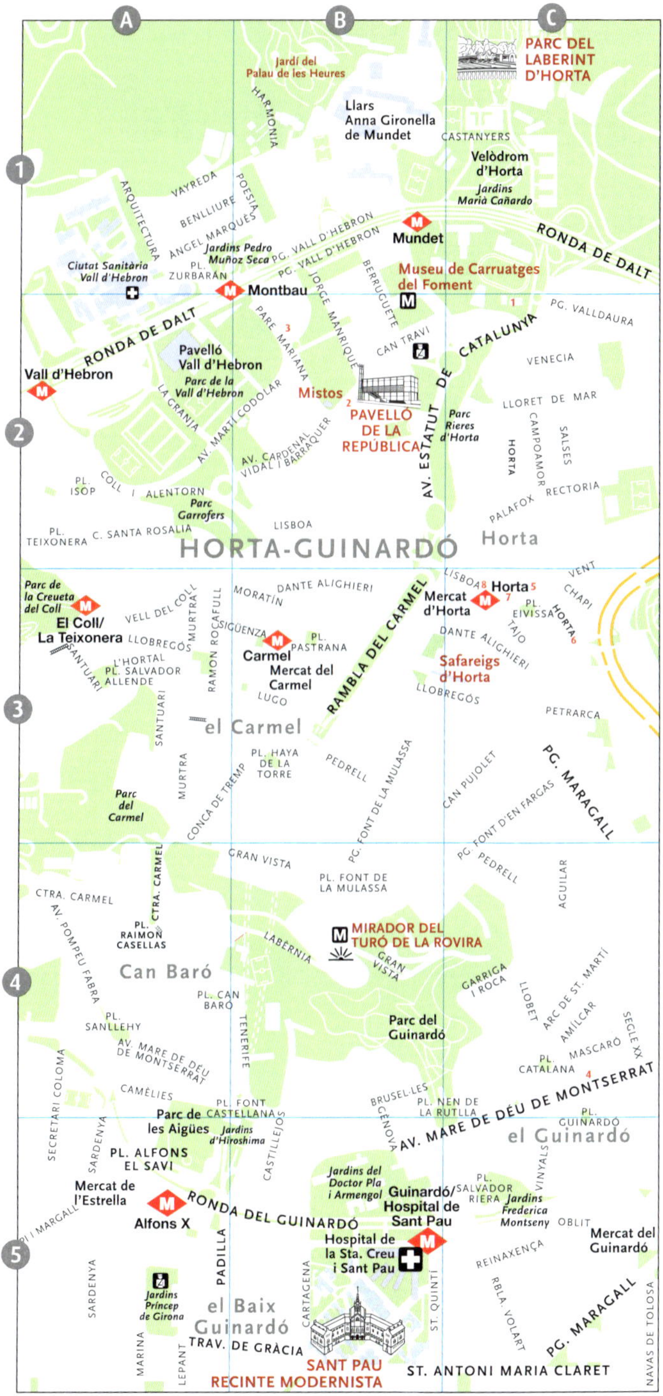

A
B
C
1
2
3
4
5
PARC DEL LABERINT D'HORTA
Jardí del Palau de les Heures
HARMONIA
Llars Anna Gironella de Mundet
CASTANYERS
Velòdrom d'Horta
Jardins Marià Cañardo
RONDA DE DALT
Mundet
VAYREDA
POESIA
ARQUITECTURA
BENLLIURE
ANGEL MARQUÈS
Jardins Pedro Muñoz Seca
PG. VALL D'HEBRON
Ciutat Sanitària Vall d'Hebron
PL. ZURBARÁN
Montbau
JORGE MANRIQUE
BERRUGUETE
Museu de Carruatges del Foment
PG. VALLDAURA
PARE MARIANA
CAN TRAVI
AV. ESTATUT DE CATALUNYA
VENECIA
Pavelló Vall d'Hebron
Parc de la Vall d'Hebron
Vall d'Hebron
LA GRANJA
AV. MARTÍ CODOLAR
Mistos
PAVELLÓ DE LA REPÚBLICA
Parc Rieres d'Horta
LLORET DE MAR
CAMPOAMOR
SALSES
HORTA
AV. CARDENAL VIDAL I BARRAQUER
PL. ISOP
COLL I ALENTORN
Parc Garrofers
RECTORIA
PALAFOX
PL. TEIXONERA
C. SANTA ROSALIA
LISBOA
HORTA-GUINARDÓ
Horta
Parc de la Creueta del Coll
VELL DEL COLL
MURTRA
RAMON ROCAFULL
MORATÍN
DANTE ALIGHIERI
RAMBLA DEL CARMEL
LISBOA
Horta
Mercat d'Horta
VENT
CHAPI
PL. EIVISSA
HORTA
TAJO
El Coll/ La Teixonera
LLOBREGÓS
SIGÜENZA
PL. PASTRANA
Carmel
Mercat del Carmel
DANTE ALIGHIERI
Safareigs d'Horta
SANTUARI
L'HORTAL
PL. SALVADOR ALLENDE
LUGO
LLOBREGÓS
PETRARCA
SANTUARI
el Carmel
PL. HAYA DE LA TORRE
PEDRELL
PG. FONT DE LA MULASSA
CAN PUJOLET
PG. MARAGALL
PG. FONT D'EN FARGAS
MURTRA
CONCA DE TREMP
Parc del Carmel
GRAN VISTA
PL. FONT DE LA MULASSA
PG. PEDRELL
AGUILAR
CTRA. CARMEL
CTRA. CARMEL
AV. POMPEU FABRA
PL. RAIMON CASELLAS
LABÈRNIA
MIRADOR DEL TURÓ DE LA ROVIRA
GRAN VISTA
Can Baró
GARRIGA I ROCA
LLOBET
ARC DE ST. MARTÍ
PL. CAN BARÓ
TENERIFE
PL. SANLLEHY
Parc del Guinardó
AMÍLCAR
SEGLE XX
AV. MARE DE DÉU DE MONTSERRAT
MASCARÓ
PL. CATALANA
SECRETARI COLOMA
CAMÈLIES
BRUSEL·LES
PL. FONT CASTELLANA
PL. NEN DE LA RUTLLA
AV. MARE DE DÉU DE MONTSERRAT
Parc de les Aigües
Jardins d'Hiroshima
GÈNOVA
CASTILLEJOS
PL. GUINARDÓ
el Guinardó
SARDENYA
PL. ALFONS EL SAVI
VINYALS
Jardins del Doctor Pla i Armengol
Guinardó/ Hospital de Sant Pau
PL. SALVADOR RIERA
Jardins Frederica Montseny
Mercat de l'Estrella
RONDA DEL GUINARDÓ
Alfons X
OBLIT
PI I MARGALL
Mercat del Guinardó
Hospital de la Sta. Creu i Sant Pau
REINAXENÇA
PADILLA
SARDENYA
Jardins Príncep de Girona
CARTAGENA
ST. QUINTÍ
RBLA. VOLART
PG. MARAGALL
el Baix Guinardó
MARINA
LEPANT
TRAV. DE GRÀCIA
SANT PAU RECINTE MODERNISTA
ST. ANTONI MARIA CLARET
NAVAS DE TOLOSA

Musées

MUSEU DE CARRUATGES DEL FOMENT
Pl. Josep Pallach, 8 → **(B1)**
Chariots, charrettes de travail, de promenade et de transport, et vêtements ainsi que compléments d'équitation et de cavalerie des XIXe et XXe siècles.

Restaurants

CAN CORTADA
Av. Estatut, s/n → **1(C2)**
T 93 427 23 15
(30-40 €) + MENU DE GROUPES
Cuisine méditerranéenne et traditionnelle catalane dans une grande maison à la campagne datant du XIe siècle avec un agréable jardin.

CAN TRAVI NOU
Jorge Manrique, s/n
→ **2(B2)**
T 93 428 04 34
(40-50 €) + MENU DE GROUPES
Cuisine catalane et de marché dans un environnement qui fleure bon le charme du passé rural d'Horta.

ELS MISTOS
Juan de Mena, 1-3
→ **3(B2)**
T 687 088 832
(25-40 €)
Excellente et simple cuisine réalisée avec des produits des terres galiciennes.

LA BÓTA DEL RACÓ
Av. Mare de Déu de Montserrat, 232
→ **4(C4)**
T 93 456 60 01
(25-40 €) + MENU DE GROUPES
Plats de la cuisine traditionnelle catalane élaborés suivant les méthodes de cuisson de toujours dans une carte complète.

Cafés et bars

BAR QUIMET
Pl. Eivissa, 10
→ **5(C3)**
Bar emblématique du quartier. Plus de 20 variétés d'omelettes. *Tapas*.

BODEGA MASSANA
Horta, 1
→ **6(C3)**
Fondée en 1930, elle conserve plus de 20 tonneaux de vins en vrac. Tapas du jour et sandwichs.

LA BODEGUETA D'HORTA
Pere Pau, 4
→ **7(C3)**
Vins, tapas et une bonne ambiance dans cette ancienne bodega de quartier.

Commerce

Au **Mercat d'Horta** (Tajo, 75) → **8(C3)** et sur l'axe commercial **Cor d'Horta** → **(C2, C3)**, plus de 270 établissements où il existe une relation personnalisée et aimable propre au commerce de quartier.

Et aussi...

JARDÍ DEL PALAU DE LES HEURES
→ **(B1)**
Jardin historique datant de 1893, organisé en trois terrasses orientées vers le sud. Sur la première, s'élève l'imposant Palau de les Heures de style français.

LAVOIRS D'HORTA
Aiguafreda, s/n
→ **(C3)**
Il s'agit d'un recoin mal connu. Ses maisons avec jardin potager et ses lavoirs rappellent l'origine rurale de la zone, dans laquelle étaient lavés les vêtements des quartiers riches de Barcelone.

MISTOS (MATCH COVER)
Av. Cardenal Vidal i Barraquer, s/n
→ **(B2)**
C'est une des sculptures les plus populaires de la ville. Son auteur, Claes Oldenburg, un des grands représentants du Pop Art, représente des objets de la vie quotidienne à une échelle gigantesque. Ici, de modestes allumettes, certaines dans leur boîte, d'autres répandues sur le sol.

PARC DE LES RIERES D'HORTA
→ **(C2)**
Situé sous le Pavillon de la République, ce parc est un connecteur de biodiversité entre la sierra de Collserola et les zones vertes urbaines. Constitué par différentes terrasses, un chemin accessible permet de le parcourir en longueur.

Recinte Modernista de Sant Pau → **(B5)**

Très recommandés

PARC DEL LABERINT D'HORTA
Germans Desvalls ➜ **(C1)**
Ce jardin au dessin néo-classique et à l'atmosphère romantique possède des fontaines, des étangs et des canaux et conjugue son architecture et ses sculptures avec des espèces végétales qui sont rares à Barcelone. Il est présidé par un labyrinthe de cyprès qui dessinent un circuit compliqué. D'origine noble, le jardin fut ouvert au public en 1971.

PAVELLÓ DE LA REPÚBLICA
Avinguda Cardenal Vidal i Barraquer ➜ **(B2)**
EEn 1937, en pleine Guerre civile, l'Espagne a inauguré son pavillon à l'Exposition internationale de Paris ; il s'agissait d'un édifice d'avant-garde signé par Josep Lluís Sert et Luis Lacasa, dans lequel fut présenté le *Guernica* de Pablo Picasso, conjointement à d'autres œuvres de Joan Miró, Juli González, Alberto Sánchez ou Alexander Calder. C'est, en fait, une réplique fidèle de cette construction qui est érigée depuis 1992 à Horta, comme siège du Centre d'Études historiques internationales.

MIRADOR DEL TURÓ DE LA ROVIRA
Marià Labèrnia ➜ **(B4)**
Un des lieux les plus singuliers de Barcelone. Cette éminence naturelle (262 m) offre une vue panoramique spectaculaire de 360° sur la ville. De plus, c'est un espace du patrimoine où cohabitent, entre autres, une batterie anti-aérienne qui défendit la ville contre l'aviation fasciste pendant la Guerre Civile, les vestiges d'un groupement de baraques datant d'entre 1950 et 1990 et un dépôt d'Aigües de Barcelona.

Parc del Laberint d'Horta ➜ **(C1)**

Pavelló de la República ➜ **(B2)**

Mirador del Turó de la Rovira ➜ **(B4)**

Sant Andreu

Sant Andreu est un noyau millénaire, une des traditionnelles portes d'accès de Barcelone et un district de tradition industrielle. C'est aussi une zone en pleine transformation, du fait de la pose des voies du TGV, qui aura dans la gare de la Sagrera un de ses deux arrêts dans la ville. Cette grande opération ferroviaire entraîne la réorganisation urbaine de Sant Andreu et lui permet de redéfinir sa centralité.

Restaurants

LA PARADETA
Pacific, 74 **➜ 1(B3)**
T 93 534 65 57
(20-30 €)
Fruits de mer et poisson que l'on choisit à l'entrée.

EL LAGAR
Llenguadoc, 6 **➜ 2(B2)**
T 93 346 82 70
(20-30 €)
Local accueillant avec une cuisine méditerranéenne créative.

MARISQUERIA DOPAZO
Borriana, 90 **➜ 3(B3)**
T 93 311 47 51
(35-50 €)
40 ans d'excellents fruits de mer de Galice.

RABASSEDA
Pl. Mercadal, 1 **➜ 4(B2)**
T 93 345 10 17
(25-35 €)
Cuisine de marché. Les gens du quartier ne cessent de le fréquenter.

TAVERNA CAN ROCA
Gran de Sant Andreu, 209 **➜ 5(B2)**
T 93 346 57 01
(20-30 €) + MENU DE MIDI
Excellents potages et ragoûts maison.

Cafés et bars

2D2DSPUMA
Manigua, 8 **➜ 6(A2)**
Bières artisanales avec plus de 200 références en bouteilles et 5 à la pression.

COLOMBIA
Rambla Fabra i Puig, 1 **➜ 7(B2)**
Bar qui propose des produits du commerce juste.

VERSALLES
Gran de Sant Andreu, 255 **➜ 8(B2)**
Centre social du quartier depuis 1928. *Tapas* classiques et menu de midi.

Commerce

C'est un énorme axe commercial qui passe par la Plaça del Mercadal, puis le carrer Gran de Sant Andreu et le Passeig Fabra i Puig **➜ (B2, B3)**. Il comprend le marché municipal et boutiques de mode, de culture, de loisirs, etc.

Centre commercials :

LA MAQUINISTA ➜ (C2)

+ INFO : p. 148

Et aussi...

ESGLÉSIA DE SANT PACIÀ
Monges, 27 **➜ (B2)**
Dans l'église néogothique de Sant Pacià (Joan Torras i Guardiola, 1880), un jeune architecte, Antoni Gaudí collabora à la décoration. De lui on conserve la mosaïque du sol de l'église, un antécédent de celles qu'il réaliserait plus tard dans la salle à manger de la Casa Vicens et dans la crypte de la Sagrada Família.

PARC DE LA MAQUINISTA
➜ (C2)
Un parc qui abrite le Musée historique de La Maquinista.

PLAÇA DEL MERCADAL
➜ (B2)
Située dans la partie ancienne du village indépendant de Sant Andreu, annexé par Barcelone en 1897, c'est une jolie place en arcades où le temps semble s'être arrêté.

PONT DE BAC DE RODA
➜ (A3)
Ce fut la première incursion dans la conception de ponts de Santiago Calatrava, le célèbre ingénieur-architecte. Il fut bâti entre 1985 et 1987 et possède des courbes inspirées des lignes du corps humain.

Plaça del Mercadal **➜ (B2)**

Très recommandés

CASA BLOC
Almirall Pròixida, 1-5
Pg. de Torras i Bages, 103
→ **(C2)**
La Casa Bloc est une œuvre emblématique du rationalisme le plus engagé : le premier grand projet de logement ouvrier, où deux-cent habitacles privés duplex se conjuguent avec des espaces communs jardinés. Il fut conçu par les architectes du GATCPAC – Sert, Torres Clavé et Subirana – en 1932 et devint un modèle de référence progressiste. Le logement 1/11 est un appartement-musée géré par le Museu del Disseny de Barcelone. Les visites sont guidées et sur réservation préalable.
(T 93 256 34 63)

FABRA I COATS
Sant Adrià, 20 → **(B2)**
La politique municipale de reconversion des vieilles usines en installations culturelles trouve une de ses manifestations dans le projet de Fabra i Coats. L'enseignement et la création dans des domaines tels que l'art pictural, la musique, le théâtre, la danse ou l'audiovisuel prendront la relève, au cours de la décennie qui vient, des processus industriels développés dans cette usine de la fin du XIXe siècle au milieu du XXe.

CANÒDROM MERIDIANA
Concepció Arenal, 165
→ **(B2)**
L'ancien cynodrome, une impressionnante structure en fer inaugurée en 1964 et qui obtint le Prix FAD de design, est aujourd'hui un équipement public : le flambant Parc de Recerca Creativa (Parc de recherche créative).

Casa Bloc → **(C2)**

Fabra i Coats → **(B2)**

Canòdrom Meridiana → **(B2)**

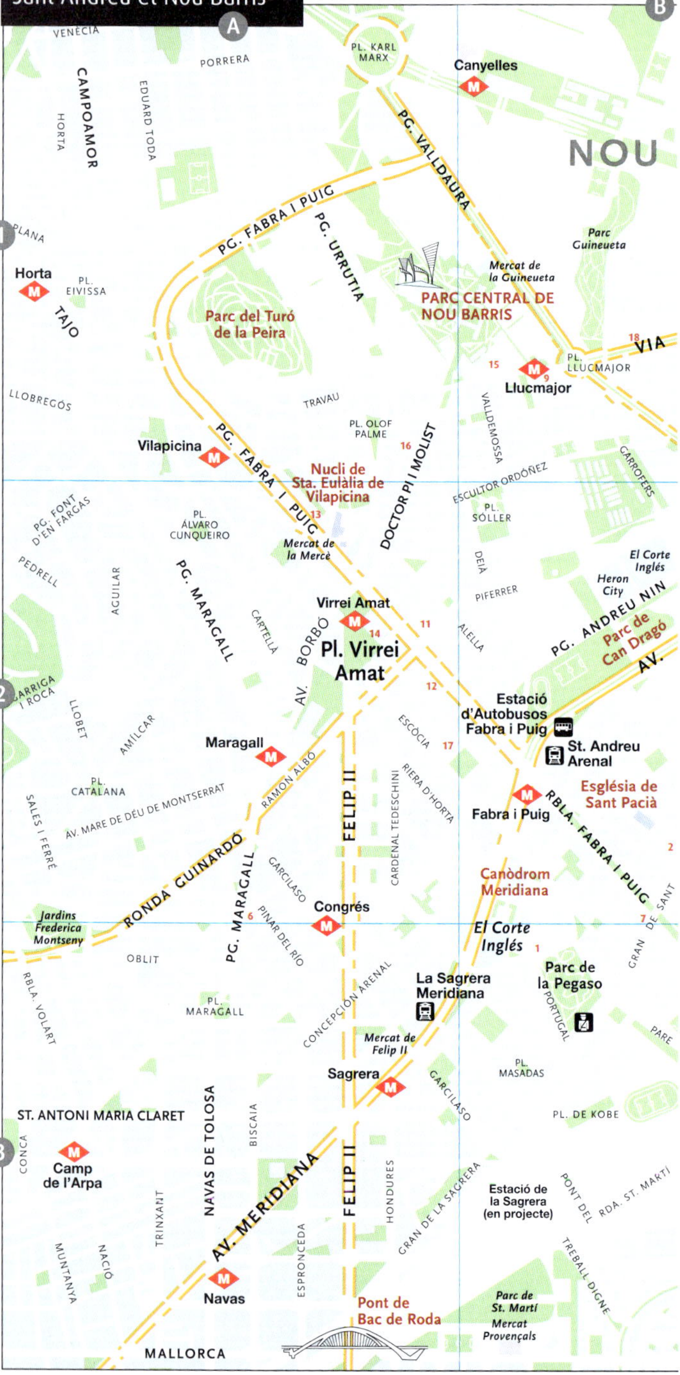
A
B
1
2
3
VENÈCIA
PORRERA
PL. KARL MARX
Canyelles
CAMPOAMOR
HORTA
EDUARD TODA
PG. VALLDAURA
NOU
PG. FABRA I PUIG
PG. URRUTIA
PLANA
Horta
PL. EIVISSA
TAJO
Parc del Turó de la Peira
PARC CENTRAL DE NOU BARRIS
Parc Guineueta
Mercat de la Guineueta
18
VIA
PL. LLUCMAJOR
15
9
Llucmajor
LLOBREGÓS
TRAVAU
PL. OLOF PALME
16
DOCTOR PI I MOLIST
VALLDEMOSSA
CARROFERS
Vilapicina
Nucli de Sta. Eulàlia de Vilapicina
13
ESCULTOR ORDÓÑEZ
PL. SÓLLER
PG. FONT D'EN FARGAS
PL. ÁLVARO CUNQUEIRO
Mercat de la Mercè
DEIÀ
El Corte Inglés
Heron City
PEDRELL
AGUILAR
PG. MARAGALL
CARTELLA
Virrei Amat
14
11
PIFERRER
ALELLA
PG. ANDREU NIN
Parc de Can Dragó
AV.
AV. BORBÓ
Pl. Virrei Amat
12
GARRIGA I ROCA
LLOBET
AMÍLCAR
ESCÒCIA
Estació d'Autobusos Fabra i Puig
St. Andreu Arenal
17
Maragall
RAMON ALBÓ
PL. CATALANA
FELIP II
CARDENAL TEDESCHINI
RIERA D'HORTA
Fabra i Puig
RBLA. FABRA I PUIG
Església de Sant Pacià
SALES I FERRÉ
AV. MARE DE DÉU DE MONTSERRAT
2
RONDA GUINARDÓ
GARCILASO
Canòdrom Meridiana
PG. MARAGALL
6
PINAR DEL RÍO
Congrés
El Corte Inglés
1
7
GRAN DE SANT
Jardins Frederica Montseny
OBLIT
RBLA. VOLART
PL. MARAGALL
CONCEPCIÓN ARENAL
La Sagrera Meridiana
Parc de la Pegaso
PORTUGAL
PARE
Mercat de Felip II
Sagrera
GARCILASO
PL. MASADAS
PL. DE KOBE
ST. ANTONI MARIA CLARET
NAVAS DE TOLOSA
BISCAIA
CONCA
Camp de l'Arpa
AV. MERIDIANA
FELIP II
HONDURES
GRAN DE LA SAGRERA
Estació de la Sagrera (en projecte)
PONT DEL
RDA. ST. MARTÍ
TRINXANT
MUNTANYA
NACIÓ
ESPRONCEDA
Navas
TREBALL
DIGNE
Pont de Bac de Roda
Parc de St. Martí
Mercat Provençals
MALLORCA

C
Castell de la Torre del Baró
MIRADOR DE TORRE BARÓ
ARTESANIA
TORRES
PL. ROQUETES
BARRIS
Mercat de Montserrat
Trinitat Nova
Casa de l'Aigua
Parc Aigües de Montcada
PL. VERDUM
ALMANSA
Mercat de la Trinitat
RONDA DE DALT
TISSÓ
JÚLIA
10 Via Júlia
PABLO IGLESIAS
FLOR DE NEU
PL. ÀNGEL PESTAÑA
PL. NOU BARRIS
PL. TRINITAT
BARCINO
VIA
ARCULLÓS
PL. HARRY WALKER
Trinitat Vella
Nus de la Trinitat
Parc de la Trinitat
AV. RIO DE JANEIRO
PG. SANTA COLOMA
4
CASA BLOC
Torras i Bages
MERIDIANA
PL. BARÓ DE VIVER
MALATS
PG. TORRAS I BAGES
FERRAN JUNOY
TUCUMÁN
ST. ANDREU
Pl. Mercadal
4 8
St. Andreu
Centre Comercial La Maquinista
5
St. Andreu Comtal
CARACAS
ANDREU
Parc de la Maquinista de Sant Andreu
SAO PAULO
POTOSÍ
FABRA I COATS
CIUTAT D'ASUNCIÓN
BORRIANA 3
SEGRE
JOSEP SOLDEVILA
PL. FRA JUNÍPER SERRA
CUZCO
ST. ADRIÀ
LIMA
Onze de Setembre
MANYANET
FRA JUNÍPER SERRA
PL. FÉLIX R. DE LA FUENTE
RONDA LITORAL
Riu Besòs
VIA TRAJANA
CANEM
PL. MN. JOAN CORTINAS
PONT DEL MOLINET
RAMBLA PRIM
SANTANDER
CANTÀBRIA
PG. VERNEDA
PL. VERNEDA
Verneda

Le district le plus jeune

Nou Barris

De l'autre côté de l'avenue Meridiana qui marque la limite avec Sant Andreu, s'étend le district de Nou Barris, en direction des contreforts de Collserola –avec des attractions comme le Passeig de les Aigües ou le Parc de Font Magués. C'est le district qui a le plus grand nombre de quartiers de Barcelone — il y en a treize —, et l'un des plus jeunes, consolidé grâce aux vagues migratoires successives, et tout particulièrement celles du milieu du XXe siècle.

Restaurants

LA BODEGUETA D'EN MIQUEL
Pl. Jardins d'Alfàbia, 3 **➔9(B1)**
T 93 354 45 83
(< 20 €)
Tapas froides classiques et d'autres originales créées à partir d'une savante combinaison d'exquises conserves.

LA FREIDU
Via Julia, 94 **➔10(B1)**
T 93 353 44 02 (< 20 €)
Établissement simple avec terrasse où l'on peut manger à base de bonnes tapas.

MESÓN CAN MELI
Arnau d'Oms, 45 **➔11(A2)**
T 93 408 08 16
(20-30 €) + MENU DE MIDI
Spécialisé dans la charcuterie et les fromages, avec une bonne bière ou du vin.

TXAPELDUN - EGARRI
Pg. Fabra i Puig, 159
➔12(A2)
T 93 352 91 01
(20-30 €) + MENU DE MIDI
Cuisine basque. Des tapas et de bons poissons.

Cafés et bars

LA ESQUINICA
Pg. Fabra i Puig, 296
➔13(A2)
Tapas régionales. Il y a toujours la queue mais le service est rapide.

ECHA PAYÁ
Pl. del Virrei Amat, 12
➔14(A2)
Pour prendre un bon apéritif avec des amuse-gueule et des bonnes *tapas* de conserve.

LA BOTIGUETA DEL BON MENJAR
Pg. Verdum, 37 **➔15(B1)**
Cafétéria où l'on peut déjeuner et dîner. Également à emporter.

LOS PINCHITOS
Pi i Molist, 67 **➔16(A1)**
Bar de tapas et de brochettes à bon prix et avec une terrasse.

Commerce

Un des axes commerciaux les plus importants du district est constitué par la rue Via Júlia **➔(B1)**, connue comme la rambla de Nou Barris, qui accueille des commerces, des bars et de petits magasins.

Centre commercials :
EL CORTE INGLÉS ➔(B2)
HERON CITY ➔(B2)

+ INFO : p. 148

PANES CREATIVOS
Plaça Garrigó, 5
➔17(A2)
Le maître boulanger Daniel Jordà travaille avec les meilleurs ingrédients, tant dans les pains traditionnels que dans ses créations, avec de l'encre de calamar, de la tomate ou des olives.

VÍA 33 & ARIS
Via Júlia, 33 **➔18(B1)**
Produits de maroquinerie, ceintures, sacs et articles en cuir et de voyage.

Et aussi...

PARC DEL TURÓ DE LA PEIRA
Pg. Fabra i Puig, 396 **➔(A1)**
Ce parc garde une atmosphère presque forestière et sa hauteur privilégiée le rendent remarquable. En plus de vues de la ville dans n'importe quelle aire de repos, on y trouve des zones de jeux pour enfants et des tables pour les pique-niques.

CASA DE L'AIGUA
Garbí, 2 **➔(C1)**
Ensemble moderniste de 1917 de pavillons pour la chloration et réservoir d'eau. Aujourd'hui c'est un centre de référence environnemental.

NOYAU DE SANTA EULÀLIA DE VILAPICINA
Pere d'Artés **➔(A2)**
Un fragment du passé historique millénaire qui conserve les vestiges de l'ancienne localité rurale, comme un sanctuaire et deux mas.

Parc del Turó de la Peira **➔(A1)**

Très recommandés

PARC CENTRAL DE NOU BARRIS
Plaça de Karl Marx
➜(A1)
Avec ses 16 hectares, le Parc Central de Nou Barris est le deuxième le plus grand en surface de Barcelone, après celui de la Ciutadella. Sa construction commença à la fin du XXe siècle. Il comprend les équipements de la municipalité du district, tels la bibliothèque, et il est remarquable de par le traitement de l'eau et la végétation. Il dispose de deux étangs, dont un avec des cascades.

MIRADOR DE TORRE BARÓ
Carretera Alta de les Roquetes, 328 **➜(C1)**
De ce mirador, on jouit des vues panoramiques sur la Barcelone la plus populaire et méconnue. Le nom de Torre Baró provient de deux anciennes tours du même nom, la première du XVIe siècle et la deuxième du XVIIIe. Cependant, l'édifice que préside le mirador, appelé *Castell* (château) de Torre Baró allait être un hôtel construit pendant la première décennie du XXe siècle qui ne fut jamais terminé.

PARC DE CAN DRAGÓ
Avinguda Meridiana, 390
➜(B2)
Plus qu'un parc, il s'agit d'un énorme boulevard qui, à l'intérieur, abrite des zones vertes, des espaces de jeu, des installations sportives, des piscines et des zones de promenade. Conçu par Enric Penyes, on remarquera entre ses attraits touristiques, la réplique d'une sculpture de Pablo Gargallo, Auriges olympiques, située au centre du parc.

Parc Central de Nou Barris **➜(A1)**

Mirador de Torre Baró **➜(C1)**

Parc de Can Dragó **➜(B2)**

Barcelone, c'est bien plus

Barcelona c'est bien plus | Diputació Barcelona

À moins d'une heure de Barcelone dans la plupart des cas, les communes barcelonaises s'étendent entre les Pyrénées et la Méditerranée avec une grande variété d'offres de loisirs, de sports, d'activités artistiques, culturelles et gastronomiques, pour tous les âges et tous les goûts. Vous découvrirez un paysage captivant, avec des montagnes spectaculaires qui vous invitent à visiter des chapelles, des monastères et des vestiges historiques de différentes époques. Vous pourrez parcourir plus de 100 km de côtes pour pratiquer les sports nautiques, profiter tranquillement du soleil et de la plage ou encore déguster la gastronomie locale sur une terrasse en bord de mer. C'est un territoire riche en légendes, avec un patrimoine Moderniste singulier, des espaces naturels impressionnants et une longue tradition d'œnotourisme. Des activités qui vous passionneront, quel que soit votre choix.

www.barcelonacestbienplus.com

BarcelonaEsMoltMes

@bcnmoltmes

BCNmoltmes

1 Bagà et Pedraforca
La ville de Bagà se trouve dans les Pré-Pyrénées catalanes, au pied de l'un des massifs les plus impressionnants, les plus beaux et les plus mythiques de Catalogne, le Pedraforca, qui culmine à plus de 2 500 m. Construit sous le palais des barons de Pinós et protégé par ses anciennes murailles, le centre historique de la ville conserve la beauté de ses origines médiévales.

2 Parcs naturels
Le réseau de parcs naturels qui entoure Barcelone renferme des sites d'une grande beauté. En tout, il s'agit de douze espaces naturels protégés, avec un total de plus de 100 000 hectares ! Une mosaïque de paysages méditerranéens et d'Europe centrale si particuliers que l'UNESCO en a déclaré certains Réserve de la biosphère.

3 Monastère de Sant Cugat
Il était le monastère le plus important du comté de Barcelone au Moyen Âge. Il est constitué d'une église, d'un cloître, d'une salle capitulaire et d'un palais abbatial. L'ensemble était totalement fortifié à l'époque. Une partie importante des murs et des tours, construits au XIVe et XVIe siècles, a été conservée.
+ INF : p. 132

4 Granollers
Avec le Montseny et les chaînes montagneuses du Montnegre et du Corredor au loin, Granollers est la capitale du Vallès Oriental. Le bâtiment le plus emblématique est La Porxada, construit en 1586 en tant que marché au grain. Nous vous recommandons de visiter le musée de Granollers, la mairie ou l'église de Sant Esteve.

5 Colonies industrielles du Llobregat
À la fin du XVIIIe siècle, les territoires éloignés de la grande ville et disposant d'une rivière furent choisis par de nombreux entrepreneurs pour y installer des industries textiles. Désormais, ce patrimoine industriel peut être visité à pied ou à vélo par des circuits signalisés dans des sites tels que Cal Rosal, L'Ametlla de Merola, Casserres ou Viladomiu Nou.

6 Rupit, Tavertet et Vall de Sau
Situé dans la région d'Osona, l'ancien village médiéval de Rupit, déclaré Ensemble historique et artistique, offre une vue superbe sur Les Guilleries, le Montseny et les rochers escarpés de Tavertet, d'Avenc et d'El Far. Les rues et les maisons de Rupit, du XVIe et XVIIe siècles, lui confèrent une atmosphère ancienne et rustique qui le rendent unique.

Près de la ville

7 Cardona et la montagne de sel

L'exploitation de sel et de la vallée saline constituent la raison d'être de Cardona et l'origine de la splendeur de son passé depuis le XIe siècle. L'ensemble monumental du château est classé Monument national depuis 1949. La montagne de sel de Cardona est une visite idéale pour toute la famille, afin de découvrir des stalactites et des stalagmites spectaculaires. +INFO : p. 133

8 Vic

Vic est un vrai marché : celui du samedi, le marché médiéval... un véritable festival pour les sens ! Vic a tiré son épingle du jeu grâce à ses activités commerciales et gastronomiques. Une ville active où la modernité s'allie à l'histoire et à des espaces tels que le musée épiscopal de Vic, qui présente une magnifique collection de peintures et de sculptures romanes et gothiques. +INFO : p. 134

9 Món Sant Benet

Un centre culturel très spécial, le Món Sant Benet, se trouve à Sant Fruitós de Bages. Il s'agit d'un monastère roman, d'une maison Moderniste et d'un potager bio, réunis dans un site jadis occupé par les moines bénédictins. Il dispose également d'un hôtel et d'un restaurant étoilé au guide Michelin.

10 Montserrat

Montserrat est l'un des symboles culturels, spirituels et religieux de Catalogne. On y visite le sanctuaire, on y rend hommage à la *Moreneta* (Vierge noire) et on y écoute la manécanterie chanter le Virolai. Montserrat est aussi un parc naturel très particulier, avec des rochers en forme d'aiguilles arrondies qui lui donnent des caractéristiques uniques. +INFO : p. 135

11 Terrassa et le Modernisme

Terrassa possède un riche patrimoine culturel. Les lieux à visiter sont nombreux : des vestiges préhistoriques et du Moyen Âge aux empreintes du Modernisme et de l'architecture industrielle. Du festival de jazz et de la saison de danse, musique et théâtre aux démonstrations de *castells* (tours humaines) ou au tourisme sportif. +INFO : p. 136

12 Circuit de Barcelona-Catalunya

Inauguré en 1991, le Circuit de Barcelone-Catalogne est un lieu de pèlerinage pour tous les passionnés d'odeur de carburant et de courses automobiles. Les grands prix des championnats du monde de Moto GP et de Formule I y sont organisés, outre des épreuves de résistance et des rencontres de RallyCross.

13 Plages de la côte barcelonaise
Ces plages allient à la perfection la Méditerranée, la culture et la nature. Plus de cent kilomètres de plages facilement accessibles depuis la ville. Vous pourrez y pratiquer de nombreux sports nautiques, grâce à leurs 9 ports de plaisance et aux nombreux clubs nautiques consacrés à la pratique d'activités en mer.

14 Œnotourisme à Barcelone
Le terroir de la région de Barcelone est un vrai paradis pour les passionnés du vin. L'étude des différentes appellations d'origine vous permettra de distinguer les vins jeunes et les vins d'élevage (crianza), de participer aux activités quotidiennes d'une cave, de dormir dans une propriété viticole ou de vous promener parmi les vignes le long de chemins signalisés.

15 Sitges
L'ancienne Blanca Subur est synonyme de culture, berceau du Modernisme et ville de cinéma. Ses traditions se mêlent aux musées et aux palais. Un lieu idéal pour découvrir des sites d'une beauté incomparable, pour se promener et se détendre au bord de la mer et déguster une gastronomie riche en traditions maritimes. + INFO : p. 137

16 Crypte Gaudí de la Colònia Güell
La crypte de la Colònia Güell (1908-1918) est un monument indispensable pour comprendre non seulement Gaudí mais aussi l'histoire de l'architecture, puisque Gaudí testa ici des processus de construction totalement innovants. Elle a été inscrite au patrimoine mondial de l'UNESCO en 2005. + INFO : p. 138

17 Delta du Llobregat
Il est considéré comme une zone d'importance globale puisqu'il accueille des espèces dont la conservation est prioritaire sur notre continent. Pour cette raison, il a été déclaré Zone de protection spéciale pour les oiseaux (ZEPA). Plusieurs itinéraires sont à la disposition des visiteurs. Ils sont équipés d'observatoires pour découvrir la vie secrète de la faune.

18 Sant Miquel del Fai
Un paysage singulier, constitué de grottes ornées de stalactites et de stalagmites, de petits étangs et de belles cascades. Il faut ajouter à cela la beauté du patrimoine architectural, héritage d'un ancien monastère construit autour de l'église de Sant Miquel (Xe siècle). Le monastère a été construit au XVe siècle. C'est un bon exemple du gothique catalan.

Près de la ville

BCN+ Pirineus Barcelona
C-37
Osona
6 Rupit, Tavertet et Vall de Sau
C-17
8
Vic
C-25
C-25
Moià
Moianès
Aéroport de
Gérone-Costa Brava
28 km
AP-7
18 Sant Miquel del Fai
Vallès Oriental
Vallès
Occidental
C-59
4
Granollers
C-32
C-61
13
Terrassa
el le Modernisme
Maresme
11
12 Circuit de
C-60
Barcelona-Catalunya
13
Sabadell
C-58
Mataró
C-33
14 Œnotourisme à Barcelone
C-16
13
Plages de la côte barcelonaise
3 Monestir de Sant Cugat
Barcelonès
BCN+ Costa Barcelona
Sant Feliu
de Llobregat
AP-2
BARCELONE
AVE
16
Baix
Llobregat
Crypte Gaudí de la Colònia Güell
Aéroport de Barcelone-El Prat
17
13
Delta del Llobregat
Mer Méditerranée
Plages de la côte barcelonaise

Les monuments, les musées ...

*

..., les édifices emblématiques et les attractions touristiques que vous ne pouvez pas manquer, avec leur histoires et caractéristiques les plus remarquables, avec les informations pratiques dont vous avez besoin : les horaires de visite et les prix d'accès.

Ciutat Vella

Cathédrale de Barcelone

Horaires : église et cloître (gratuit), de lundi à vendredi, de 8,30 à 12.30h et de 17.45 à 19h; samedis et veilles de fête, de 8.30 à 12.30 h et de 17.15 à 19 h; Dimanches et jours fériés: de 8 à 13.45h et de 17.15 à 19h.
Visites touristiques : Inclut la visite de l'église, du cloître, du chœur, du toit et du musée (entrée générale : 7 €; groupe avec guide officiel : 5 € par personne). Du lundi au samedi et veilles de jours fériés : de 13h à 17h.
Dimanches et jours fériés : de 14h à 17h.

Construite à partir de 1298, la cathédrale de la Santa Creu est l'un des exemples les plus brillants du style gothique catalan, caractérisé par l'austérité de la décoration et l'équilibre entre les différentes proportions de l'édifice. Cette cathédrale aux grandes dimensions (90 m de longueur sur 40 m de largeur) a été érigée près des murailles, à l'une des extrémités de la Barcelone médiévale, à l'endroit même où furent érigées la première cathédrale, une basilique paléochrétienne du IVe s, et la deuxième, de style roman, construite entre 1046 et 1058. Ce fut un travail ardu. Afin de ne pas interrompre le culte, la construction romane était démolie au fur et à mesure que l'on bâtissait l'édifice gothique, terminé au milieu du XVe s. Cependant la façade resta inachevée, sans pinacles ni décorations sculpturales.

Ce n'est que quatre siècles plus tard, lors de la célébration de l'Exposition Universelle de 1888 à Barcelone, que les conditions sociales et économiques permirent son achèvement. Inspirée du projet original que le maître français Carli avait dessiné au XVe s. la façade néogothique (à laquelle furent par la suite ajoutées deux tours latérales) tranche par sa sveltesse et la profusion de sa décoration sur les sobres lignes horizontales du reste de l'édifice. Le chevet de la cathédrale comporte une unique abside avec neuf chapelles radiales pouvant être parcourues à travers un vaste déambulatoire. Sous le maître-autel se trouve la crypte, protégée par une voûte presque plate de 12 secteurs qui abrite le tombeau de sainte Eulalie, une des patronnes de la ville dont la dépouille repose dans un sarcophage d'albâtre taillé par des sculpteurs pisans du XIVe s.

Cathédrale de Barcelone

Cathédrale de Barcelone

Les nefs de la basilique sont séparées du chevet par une partie dépourvue de chapelles jouant le rôle de croisée du transept. Aux extrémités de cette partie, à l'extérieur, se trouvent les deux clochers octogonaux de l'ensemble. Les trois nefs possèdent une hauteur semblable et forment donc ce que l'on appelle une église-halle, configuration typique du gothique catalan. Intégrées par quatre travées, les nefs ont des voûtes ogivales nervées aux clés polychromes richement élaborées.

Grâce à la projection habile des architectes, en levant les yeux vers le plafond, on a l'impression que l'édifice possède sept nefs au lieu de trois, et ce grâce aux deux petites voûtes divisant le plafond des chapelles latérales, qui s'incrustent entre les contreforts. Cette utilisation judicieuse de l'espace permet en plus de mieux profiter de la lumière naturelle, tout en créant une atmosphère très suggestive à l'intérieur.

Sur la partie la plus proche de la façade du vaisseau central de la nef – un emplacement original, peu fréquent dans le gothique catalan – s'élève la coupole au tambour octogonal. La svelte flèche qui la coiffe, point culminant de l'ensemble, a été construite entre 1906 et 1913, constituant ainsi la dernière grande œuvre de la cathédrale. Au centre de la plus grande des nefs, construit sur deux travées, se trouve le chœur de pierre, minutieusement sculpté entre la fin du XIVe s. et le milieu du XVIe s. À l'intérieur, on remarquera les stalles en bois, chef-d'œuvre de la sculpture gothique.

Adossé au mur occidental de la cathédrale, auquel on accède à travers la croisée du transept, se trouve le grand cloître construit entre la seconde moitié du XIVe s. et la première moitié du XVe. Rectangulaire, il possède quatre galeries qui apparaissent couvertes de voûtes nervées soutenues par des arcs ogivaux – tout comme les nefs de l'intérieur. Au centre, un jardin arboré avec un bassin où demeurent treize oies, l'âge exact de sainte Eulalie lorsqu'elle fut martyrisée.

Chaque année, le jour de la Fête Dieu, on place un œuf préalablement vidé sur le jet de la fontaine gothique du cloître, suivant l'une des traditions les plus enracinées et populaires de la ville. On raconte que si l'œuf maintient toute la journée sa danse sur le jet d'eau sans tomber, l'année portera chance.

Près de l'une des ailes du cloître, se trouve la chapelle du Très Saint ou Salle Capitulaire, qui compte une voûte octogonale étoilée extraordinaire, construite durant la première moitié du XVe s.

Museu Picasso

Horaires : Du mardi au dimanche (jours fériés inclus) : de 9 h à 19 h (jeudi jusqu'à 21.30 h). Accès aux salles jusqu'à 30 minutes avant la fermeture.
Lundis non fériés : fermé.
Fermeture annuelle : 1er janvier, 1er mai, 24 juin et 25 décembre.
Tarifs : 11 € ; de 18 à 25 ans et plus de 65 ans, 7 € ; moins de 18 ans, gratuit.

Il est situé dans le quartier de la Ribera, rue Montcada, une des artères les plus importantes de la ville malgré une longueur et une largeur très modestes, car

Museu Picasso

elle fut le principal centre résidentiel de la noblesse barcelonaise durant un demi-millénaire, du XIIIe s. au XVIIIe s. La rue est donc une succession de palais gothiques d'une grande valeur architecturale.

Cinq de ces résidences seigneuriales, alignées sur la rive orientale de la rue, hébergent aujourd'hui les installations du Musée Picasso, l'un des équipements culturels les plus importants de la ville. Ces cinq palais – le Palau Aguilar, le Palau del Baró de Castellet, le Palau Meca, la Casa Mauri et le Palau Finestres – ont été construits entre le XIIIe s. et le XIVe s. dans le style gothique et ont successivement été remodelés avec des éléments de la Renaissance, baroques et néoclassiques. Tous ces palais ont une configuration identique : leurs dépendances sont structurées autour d'un patio qui abrite un escalier extérieur monumental donnant accès à l'étage noble ou bel étage.

Pablo Ruiz Picasso est arrivé à Barcelone avec sa famille – son père était professeur de collège – en 1895, à peine âgé de 14 ans. Son esprit artistique s'est formé dans l'ambiance moderniste de la capitale catalane où il vécut pendant neuf ans, jusqu'à son départ à Paris en 1904. Il maintint un fort lien sentimental avec la ville durant le restant de ses jours.

C'est pour cela qu'en 1960 l'artiste donna tout son soutien à l'idée de Jaume Sabartés, son secrétaire personnel, de créer un musée monographique à Barcelone. En 1963, le Museu Picasso était inauguré avec la collection personnelle de Sabartés et des œuvres de l'artiste de Malaga qui étaient exposées dans différentes pinacothèques barcelonaises. Le fonds du musée s'agrandit au fil des ans avec d'autres collections privées et des apports de Picasso lui même.

Parmi les œuvres exposées les plus remarquables, se trouvent *Desamparados* (Mère et enfant au fichu) (1903), *Retrato de la Señora Canals* (Portrait de Madame Canals) (1905), *Arlequín* (Arlequin) (1917) et la série *Las Meninas* (les Ménines) dans laquelle l'artiste réalise une dissection du célèbre tableau de Diego de Velázquez en 58 peintures à l'huile, allant d'une interprétation générale à une étude détaillée.

Palau de la Música Catalana

Visites guidées : Durée : 55 min. Tous les jours, de 10 à 15.30 h ; Pâques, de 10 à 18 h ; août, de 9 à 18 h. Langues : catalan, espagnol, français, anglais et italien.
Tarifs : 18 € (adultes); 11 € (étudiants, retraités et chômeurs). Groupes à partir de 25 personnes 20% réduction. Vente d'entrées au guichet, par téléphone (902 475 485) et courriel (visites@palaumusica.cat).

Érigé entre 1905 et 1908, en pleine éclosion constructive de l'architecture moderniste à Barcelone, le Palau de la Música Catalana est, avec l'Hospital de Sant Pau, l'œuvre majeure de Lluís Domènech i Montaner, une des figures fondamentales du Modernisme catalan.

Le Palau, déclaré Patrimoine de l'Humanité par l'Unesco, auditorium de concerts le plus populaire de Barcelone, a été bâti sur le terrain d'un ancien couvent du quartier de Sant Pere, à l'initiative de l'Orfeó Català, une association chorale fondée en 1891 qui serait appelée à réaliser un grand travail de diffusion de la musique chorale locale et internationale.

Financé grâce aux abonnements populaires, notamment d'industriels qui s'étaient enrichis au cours des décennies précédentes, le projet de Domènech i Montaner allie de manière géniale l'architecture – à base d'acier et de briques – à un emploi audacieux des arts appliqués, surtout des sculptures, des vitrages et des céramiques. Le Palau est essentiellement une grande structure réticulée dont la stabilité permet de libérer les sols et les murs afin de gagner de l'espace pour développer à la perfection ses finalités acoustiques et incorporer un nombre infini de détails décoratifs qui confèrent polychromie et dynamisme à l'ensemble.

À l'intérieur, le bâtiment est presque intégralement revêtu de céramique, avec une prédominance des motifs floraux. Dans ce contexte hautement coloré, plusieurs sculptures se détachent des murs grâce à une solution artistique très originale typique de la fantaisie moderniste : le buste de certaines de ces figures est sculptural, en relief, tandis que le reste du corps est représenté à plat et polychrome sur la mosaïque.

La scène, dominée par un grand orgue allemand datant de 1908, est flanquée de deux ensembles sculpturaux monumentaux de Pablo Gargallo : une allusion à la musique catalane – avec le buste du musicien Josep Anselm Clavé et une allégorie de l'une de ses œuvres: *Les flors de maig* (Les fleurs de mai), puis une autre allusion à la musique internationale, avec la sculpture de Ludwig Van Beethoven et une iconographie des Walkyries, de Richard Wagner.

Afin d'apporter la lumière naturelle à l'auditorium, d'une capacité de plus de 2 000 personnes, Domènech i Montaner l'a recouvert d'une grande lucarne rectangulaire de vitraux polychromes, de laquelle pend, telle une goutte sur le point de s'écraser, une immense cloche inversée.

En plus de l'auditorium, d'autres pièces remarquables du Palau de la Música sont le foyer ou hall d'entrée – une vaste salle voûtée à colonnes qui sépare l'entrée et l'auditorium – et la salle Lluís Millet ou du repos, au premier étage, illuminée par un grand vitrage.

L'extérieur partage la richesse décorative de l'intérieur. Domènech a employé la brique comme base pour la construction et a maintenu le recours à la céra-

Palau de la Música Catalana

mique colorée et à la sculpture pour les nombreux apports décoratifs. L'architecte a choisi d'arrondir l'angle des façades des rues de Sant Pere et d'Amadeu Vives et l'a achevé avec une petite coupole sur le toit, ainsi qu'avec un grand groupe de sculptures – une allégorie de la chanson populaire, œuvre de Miquel Blay – au niveau du premier étage.

La partie inférieure de la façade est marquée par les colonnes robustes qui soutiennent des arcs elliptiques très abaissés permettant d'accéder à l'intérieur. À partir du premier étage, un grand balcon continu marque le début d'une structure complexe qui donne une grande profondeur à la façade. Tout en haut de cet ensemble d'enfoncements et de saillies, on remarque les bustes de Palestrina, de Bach, de Beethoven et de Wagner, représentants des différentes époques de l'histoire de la musique.

Entre 1982 et 2008, année du centenaire de la construction du bâtiment, l'architecte Òscar Tusquets a dirigé les travaux de restauration et d'agrandissement qui ont permis l'ouverture d'une nouvelle perspective du Palau, grâce à la démolition de l'église de Sant Francesc de Paula, ainsi que l'urbanisation d'une nouvelle place qui aère l'édifice.

Museu d'Història de Barcelona MUHBA

Horaires : Du mardi au samedi : 10h-19h. Dimanche : 10h-20h (entrée gratuite à partir de 15h). Fermé le lundi. Fermeture annuelle : 1er janvier, 1er mai, 24 juin et 25 décembre.

Tarifs : 7 € ; 5 € pour les moins de 25 ans, plus de 65 ans et personnes handicapées ; entrée gratuite pour les moins de 16 ans.

Bien que son patrimoine soit distribué dans différents monuments de la ville, le siège principal et original du Museu d'Història de Barcelona se trouve sur la plaça del Rei. On y accède par la Casa Padellàs, un palais gothique de la fin du XVe s. déplacé pierre par pierre de la rue des Mercaders à l'occasion de l'ouverture de l'avenue Via Laietana, en 1931.

C'est justement au cours de ces travaux que les archéologues ont découvert dans le sous-sol de la place, en très bon état de conservation, les pavés des rues et les fondations des bâtiments de la Barcino romaine et médiévale, avec des vestiges allant du Ier s. av. J.-C. au XIIIe s. ap. J.-C.

Il s'agit-là de la principale attraction du musée inauguré en 1943 : se promener sous terre, à travers les rues de la ville romaine et médiévale, avec ses fontaines et ses égouts, toucher ses murailles cyclopéennes, admirer les vestiges de mosaïques de ses commerces et industries et se rendre compte du poids de l'Église dans cette société, à travers la dimension de son centre religieux. Une promenade qui permet de constater que les différentes époques de la ville restent enterrées par strates, à seulement quelques mètres au dessous de la Barcelone que nos pieds foulent aujourd'hui.

Le parcours à travers le MUHBA est complété par les deux principaux évènements architecturaux du Palau Reial Major : le Saló del Tinell et la Chapelle de Santa Àgata. Construit et réformé à

Museu d'Història de Barcelona

Santa Maria del Mar

plusieurs reprises depuis le XIe s. le Palau Reial Major fut la résidence officielle des comtes de Barcelone et, plus tard, des rois de la couronne d'Aragon.

Le Tinell, le plus grand salon du palais, fut construit entre 1359 et 1370, sous le royaume de Pierre le Cérémonieux. Sa construction signifia la démolition d'un grand nombre de dépendances, afin de compléter une surface libre de 33 × 18 mètres, couverte d'un toit plat soutenu par des arcs en diaphragme plein cintre.

La chapelle de Santa Àgata sépare aujourd'hui la plaça del Rei et la plaça de Ramon Berenguer III, sur la Via Laietana, et elle est située sur la muraille médiévale de la ville. C'est le roi Jacques II d'Aragon qui en commanda la construction, comme un oratoire du Palau Reial ; son édification commença en 1302.

Aux formes gothiques élégantes et gracieuses, la chapelle possède une seul nef, couverte par une structure en bois à double pente appuyée sur des arcs en diaphragme ogivaux et elle est renforcée, comme le Tinell, par de solides contreforts. La svelte tour octogonale en est la principale attraction vue de l'extérieur, et l'un des principaux symboles du *skyline* de la Barcelone médiévale.

Santa Maria del Mar

Horaires : Du lundi au samedi : 9 h-13 h et 17 h-20.30 h.
Dimanches et jours fériés : 10 h-14 h et 17 h-20 h.

À partir de la fin du Xe s. la population croissante de Barcelone commença à s'étendre au delà de l'étroite ceinture fortifiée de la ville romaine originale. À l'est, entre les murailles et la mer, s'installèrent les marchands, les armateurs, les dockers et tous les métiers liés à l'activité commerciale portuaire. D'ailleurs avant le changement de millénaire, les représentants de toutes ces corporations avaient déjà construit, tout près de la plage, la paroisse de Santa Maria de les Arenes, qui devait couvrir les besoins religieux de la Vila Nova del Mar (nouvelle ville de la mer), plus tard assimilée à Barcelone en tant que quartier de la Ribera (le quartier du rivage).

Icônes de Barcelone

Le développement économique spectaculaire de Barcelone et de la Couronne d'Aragon au cours des XIIIe s. et XIVe s., permit à la Ribera de vivre une période de grande splendeur, qui se traduisit par l'urbanisation de la rue Montcada, remplie de palais où résidait la nouvelle bourgeoisie marchande qui faisait la concurrence aux états italiens pour la domination du commerce méditerranéen, et par la construction d'une nouvelle église sur les fondations de celle des Arenes. Cette église s'appellerait Santa Maria del Mar, elle serait bâtie en style gothique qui marqua le Moyen Âge tardif dans toute l'Europe et aurait des dimensions suffisantes pour faire la concurrence à la cathédrale barcelonaise, afin de prouver la force de la nouvelle bourgeoisie qui la finançait.

Grâce à cette période économique, la construction de Santa Maria, qui serait bientôt connue comme la cathédrale de la mer fut terminée en un peu plus d'un demi-siècle, période extrêmement courte pour la construction d'une grande église gothique – entreprise très complexe qui normalement durait plusieurs siècles. En effet, les travaux de construction de Santa Maria del Mar commencèrent en 1329, au moment de la conquête de l'île de Sardaigne, qui complétait la domination catalane-aragonaise de la Méditerranée occidentale. Elle fut achevée en 1383, ne restant que la construction des deux clochers sur les flancs de la façade principale, l'un terminé en 1496 et l'autre en 1902.

Une telle vitesse dans l'exécution conféra à Santa Maria del Mar une grande uniformité dans le style, les maîtres de chantier étant intervenus ayant été peu nombreux. Aussi, l'église sert-elle comme exemple paradigmatique de l'art gothique catalan, caractérisé par la sobriété décorative – qui permet une meilleure perception des éléments purement architecturaux face aux éléments décoratifs –; par la prépondérance des lignes horizontales face à la verticalité radicale du gothique international; par la prédominance des espaces pleins par rapport aux ouvertures dans les murs et par le choix de constructions du type halle, dans lesquelles les nefs latérales égalent ou se rapprochent en hauteur de la nef centrale, en créant des espaces couverts sur les terrasses, un modèle radicalement différent du gothique français et européen en général. À Santa Maria del Mar, les contreforts qui aident à soutenir ces murs puissants créent douze petites chapelles dans chacun des vaisseaux latéraux.

Santa Maria del Mar

Autre caractéristique particulière de cette basilique: le très vaste espace de lumière existant entre les piliers : 13 mètres, le plus grand que l'on puisse trouver dans un édifice gothique. Par ailleurs, les plus de 50 mètres de nef ne sont divisés qu'en quatre parties, une ampleur qui rehausse la sveltesse des piliers octogonaux, presque dépourvus de décorations sur leurs 18 mètres de hauteur. La largeur des vaisseaux latéraux, exactement la moitié que la nef centrale, accentue la sensation d'équilibre transmise par l'ensemble.

Sur le chevet, par contre, la distance entre les piliers est réduite de manière radicale afin d'isoler le déambulatoire de l'autel, créant ainsi une forêt de colonnes très suggestive qui contraste avec la vacuité du reste du temple.

De la façade principale, dont le portail est flanqué des sculptures de saint Pierre et de saint Paul, se détache la rosace monumentale permettant l'illumination de l'église de midi jusqu'au soir. Les vitraux originaux de cette rosace se sont écroulés suite au tremblement de terre de 1428, provoquant la mort de 22 personnes, et ont été remplacés à la fin du XVe s. par des vitraux de style flamboyant que l'on peut encore admirer aujourd'hui.

La majeure partie des éléments artistiques qui décoraient l'église (parmi lesquels le chœur gothique, le grand autel baroque et un orgue monumental du XVIIIe s.) ont complètement disparu dans

El Born Centre de Cultura i Memòria

l'incendie qu'a subie l'église en en 1936, dans les jours qui ont suivi le début de la Guerre Civile.

El Born Centre de Cultura i Memòria

Horaires : De mardi à dimanche, de 10 à 20 h.
Tarifs : accès à l'enceinte gratuit; visites du gisement, 5,50 €; moins de 8 ans, gratuit.

Ce Centre Culturel est situé dans le bâtiment du Mercat del Born, anciennes halles de Barcelone, construit entre 1874 et 1878 sous la direction de l'architecte Josep Fontseré et considéré comme l'exemple le plus réussi de l'architecture du fer en Catalogne. Il possède un plan rectangulaire et deux grands corps de bâtiment avec un jeu de coupoles à leur intersection et deux corps plus petits. Il était en fonctionnement pendant un siècle et quand en 2002 on y effectua des travaux pour l'installation de la Bibliothèque Provinciale de Barcelone et qu'on y trouva des vestiges archéologiques de grande importance, on changea l'usage qui lui était destiné pour sa fonction actuelle.

El Born Centre de Cultura i Memòria

Il s'agit du site le mieux conservé en Europe d'une ville médiévale et moderne. Les vestiges correspondent à une zone qui fut démolie après la conquête de Barcelone par les troupes des Bourbons en 1714. La ville résista à plus d'une année de siège pendant la Guerre de Succession espagnole, mais avec la victoire du bourbon Philippe V, elle fut traitée comme une ville rebelle et fut obligée de démolir 1 262 maisons du quartier de La Ribera pour y construire la Ciutadella, la plus grande forteresse militaire d'Europe en forme d'étoile, qui avait pour fonction d'empêcher toute nouvelle tentative de rébellion contre la monarchie des Bourbons.

El Born présente le site archéologique, une exposition permanente sur la Barcelone de 1700, différentes expositions temporaires et un programme d'activités régulières à partir de différentes disciplines culturelles : langue, littérature, musique, cinéma, danse, marionnettes, etc. Et on y trouvera la librairie Bestiari consacrée à la ville et un espace singulier et exceptionnel, différent d'autres espaces similaires de par le monde, puisqu'il est complètement perméable et ouvert à tous ceux qui souhaitent le visiter ou le traverser, simplement, comme n'importe quelle rue du quartier.

Mercat de la Boqueria

Horaires : Ouvert au public du lundi au samedi, de 8h à 20.30h. Fermé le dimanche.

Barcelone se distingue de la plupart des grandes villes du monde occidental par son réseau de marchés d'aliments frais, vaste et soigné, capables de faire la concurrence aux grandes surfaces modernes. Sur les 39 installations de ce réseau, on remarquera surtout le marché de Sant Josep, plus connu sous le nom populaire de la Boqueria, le plus grand marché d'Espagne, avec plus de 6 000 mètres carrés de surface et un des principaux éléments du grand prestige gastronomique que la ville garde comme un trésor.

Son origine remonte au marché ambulant qui, dès la fin du XIIIe s. s'installait hors des murailles, face au portail de Santa Eulàlia ou de la Boqueria, sur la Rambla.

Cependant, ce n'est que vers le milieu du XIXe s. qu'un espace fixe fut construit pour la centaine de postes qui proposaient déjà de la viande, du poisson, des fruits, des légumes, des fleurs et beaucoup d'autres produits frais et articles alimentaires aux habitants de Barcelone, qui ne disposaient pas d'un espace assez vaste à l'intérieur de la muraille en raison de l'étroitesse des rues et des places. C'est en 1840 que le premier marché fixe et stable de la zone fut créé sur le terrain resté libre après la démolition de l'ancien couvent de Sant Josep – d'où le nom officiel de l'installation.

La structure de fer qui aujourd'hui encore couvre le marché a été construite en 1914. Elle repose sur la base de cinq corps identiques, sans murs ni fermetures métalliques autour. L'arc moderniste de l'entrée principale date de la même période. Il est aussi en fer et décoré avec des panneaux de cristal de couleurs sur deux bases solides recouvertes de *trencadís*, le revêtement à base de fragments de céramique inventé quelques années auparavant par Antoni Gaudí.

Palau Güell

Horaires : de mardi à dimanche, de 10 à 20 h (d'avril à octobre) et de 10 à 17.30 h (de novembre à mars). Jours de fermeture: lundi, 1 et 6 janvier, 25 et 26 décembre.
Tarifs : général, 12 € ; réduit (étudiants de moins de 18 ans et plus de 65 ans de l'UE), 9 € ; enfants de 10 à 17 ans, 5 € ; moins de 10 ans, 0 €.

Né en 1846, Eusebi Güell est un des patrons paradigmatiques qui a contribué à l'essor de l'industrie catalane durant la seconde moitié du XIXe s. et a donné naissance à un courant qui eut une influence notable dans la culture, la politique et la société du pays.

Mercat de la Boqueria

Palau Güell

Impressionné par les conceptions du jeune Antoni Gaudí, Güell tint très vite compte du brillant architecte pour réformer sa résidence d'été de Les Corts de Sarrià et, en 1885, il n'hésita pas à lui faire preuve de toute sa confiance en le chargeant de construire son nouveau palais près de la Rambla, dans le centre de la vieille ville.

À une période où toutes les grandes familles barcelonaises déplaçaient leur résidence vers le nouveau quartier de l'Eixample, conçu à peine 30 ans auparavant par Ildefons Cerdà et doté du confort qui faisait défaut aux rues étroites de la vieille ville, Güell continua de miser sur la Rambla et le Raval, un quartier dont les conditions sociales et sanitaires s'étaient beaucoup dégradées suite à l'arrivée d'une immigration massive.

C'est pour cette raison que l'homme d'affaires et mécène suggéra à Gaudí la projection d'un palais à l'architecture introspective, avec une façade très austère et un intérieur luxueux, organisé autour d'un hall central aux proportions clairement verticales qui traverse tous les niveaux du bâtiment, du premier étage jusqu'à la terrasse et qui s'achève avec une coupole parabolique percée par une grande lucarne centrale, avec de petits orifices qui ressemblent à des étoiles.

Cette orientation de l'architecture du palais vers l'intérieur permettait à Güell de s'isoler de l'ambiance bigarrée de la rue Nou de Rambla et d'organiser des concerts, des réunions et des rencontres culturelles dans les salles de sa résidence tandis qu'à l'extérieur, la classe ouvrière se distrayait avec des activités beaucoup plus terrestres.

En comparaison avec la plupart des travaux de Gaudí, la façade du Palau Güell est extrêmement retenue. Monopolisée par la couleur grise de la pierre calcaire, projetée à base de formes rectilignes et quasiment dépourvue d'ornements, on dit qu'avec cette austérité délibérée, Güell a voulu transmettre les valeurs du christianisme à la Barcelone décadente de la fin du XIXe s.

À l'intérieur, par contre, le bâtiment est un authentique palais seigneurial, avec le marbre comme principal matériau de revêtement, un rez-de-chaussée conçu pour l'entrée et la sortie de carrosses – le garage du sous-sol est l'un des espaces les plus attrayants de l'architecture de Gaudí –, un premier étage pour la vie sociale, un autre étage de résidence familiale et un dernier niveau pour le personnel de service, couvert par un toit sur lequel Gaudí se débarrasse de la sobriété générale qui imprègne le projet, grâce à une vingtaine de cheminées revêtues des couleurs et des textures les plus variées.

Museu d'Art Contemporani de Barcelona MACBA

Horaires : fermé les mardis non fériés. Lundi, mercredi, jeudi et vendredi, de 11 à 19.30 h ; samedi, de 10 à 21 h ; dimanches et jours fériés, de 10 à 15 h.
Tarifs : 10 € ; étudiants et groupes de plus de 15 personnes : 8 € ; plus de 65 ans, demandeurs d'emploi et moins de 14 ans : gratuit.

Depuis les années cinquante du XXe s. Barcelone aspirait à créer un musée d'art contemporain où l'on exposerait les œuvres des plus prestigieux artistes catalans de l'après-guerre. En 1995, après de nombreuses années de tentatives et vicissitudes, ce désir citoyen est devenu une réalité avec l'inauguration du MACBA, un grand équipement culturel construit sur les terrains de l'ancienne Casa de la Caritat.

Le prestigieux architecte nord-américain Richard Meier fut chargé du projet; il conçut un bâtiment aux proportions nettement longitudinales, avec une façade principale de 120 mètres. Les lignes droites qui prédominent dans l'ensemble contrastent avec un corps circulaire qui comprend les quatre étages et connecte les différents espaces d'exposition.

Lauréat du Prix Pritzker en 1984 (l'équivalent du Prix Nobel d'Architecture), Meier est un artiste rationaliste très influencé par Le Corbusier et dont la principale obsession est de réussir à faire inonder de lumière naturelle tous les recoins des bâtiments qu'il conçoit. Doté d'immenses fenêtres et lucarnes, le Macba n'est pas une exception. Même les galeries de l'étage inférieur jouissent d'une illumination naturelle zénithale grâce au système conçu par Meier, qui a fait séparer quelques hourdis de la façade afin de laisser filtrer la lumière à travers cet espace.

Le MACBA est également emblématique de par une caractéristique essentielle des bâtiments de Meier: son revêtement blanc, la couleur préférée de l'architecte nord-américain par sa pureté, sa capacité réfléchissante et ses changements de tonalité tout au long de la journée.

La collection exposée dans les salles du musée permet de se faire une idée précise des tendances artistiques apparues durant le XXe s. particulièrement au cours des dernières décennies, bien qu'on tente d'y éviter l'exposition purement chronologique des œuvres.

Bien évidemment, l'art catalan est très bien représenté, avec des œuvres de Joan Brossa, Antoni Clavé, Antoni Tàpies, Modest Cuixart, Josep Guinovart, Josep Maria de Sucre, Antoni Vila Arrufat, Albert Ràfols Casamada ou Joan Miró, parmi tant d'autres. Entre les artistes contemporains espagnols, on remarquera les œuvres de Miquel Barceló, Eduardo Chillida ou Jorge Oteiza, tandis que dans le domaine international, on peut trouver la production d'artistes aussi divers qu'Alexander Calder, Marcel Duchamp, Brassaï, Jean-Michel Basquiat ou John Cage.

Museu d'Història de Catalunya MHC

Horaires : du mardi au samedi : 10h-19h ; le mercredi : 10h-20h ; le dimanche et les jours fériés : 10h-14.30h ; fermé les lundis non fériés.
Tarifs : 4,50 € ; plus de 65 ans et moins de 25 ans 3,50 € ; moins de 8 ans gratuit.

Le Palau de Mar est un immense bâtiment d'un hectare – une surface plus importante que celle d'un terrain de football – qui à l'origine constituait les Almacenes Generales de Comercio

Museu d'Art Contemporani de Barcelona

Museu d'Història de Catalunya

(Magasins Généraux de Commerce) construits en 1881 pour garder les marchandises qui arrivaient au port de Barcelone. Depuis 1996, il abrite le Museu d'Història de Catalunya, le Musée d'Histoire de Catalogne, un équipement culturel destiné à diffuser les faits historiques du pays.

Faisant partie des quelques bâtiments que l'on conserve de l'ancien port de Barcelone, l'édifice des Almacenes Generales de Comercio se trouvent parmi les ensembles architecturaux les plus appréciés du riche patrimoine industriel catalan. Il a été construit pour garder les marchandises qui arrivaient au port mais qui n'étant pas destinées à la consommation interne, devaient être chargées sur un autre bateau pour être acheminées jusqu'à leur destination finale. C'est dans ce but que l'ingénieur Maurici Garrán conçut un édifice très spacieux et innovateur, doté d'une structure extérieure en brique recouverte de tuile plate – les meilleurs isolants pour protéger les marchandises du mauvais temps et du feu – et d'une armature intérieure en acier laminé, très efficace lorsqu'on a besoin d'un espace ouvert capable de supporter une lourde charge.

Inspirés des bâtiments portuaires anglais de l'époque – les célèbres docks, tels qu'ils étaient connus anciennement à Barcelone –, les Almacenes Generales de Comercio ont à peine rempli la fonction pour laquelle ils avaient été conçus, car ils étaient un peu éloignés de l'entrée du port. Le bâtiment a alors servi à des usages très divers, jusqu'à sa restauration à l'occasion des Jeux olympiques. Il est finalement devenu le siège du Museu d'Història de Catalunya, dont l'exposition permanente retrace les faits historiques et la vie quotidienne dans le pays au cours des différentes époques, du Paléolithique inférieur à nos jours : ses racines, la naissance de la nation, la conquête de la Méditerranée, la situation périphérique dans l'empire espagnol, l'industrialisation, la récupération de la conscience nationale, la répression franquiste et la restauration postérieure des institutions d'autonomie par la démocratie.

L'Aquàrium Barcelona

Horaires : ouverture, 10 h. Fermeture: janvier, février, mars, novembre et décembre, de lundi à vendredi, 19,30 h, week-end, 20 h; avril, mai et octobre, de lundi à vendredi, 20 h, week-end, 20,30 h; juin et septembre, 21 h; juillet, août et Pâques, 21,30 h.
Tarifs : 20 € ; de 5 à 10 ans, 15 € ; de 3 à 4 ans, 7 € ; plus de 65 ans, 18 €.

Situé dans le port de Barcelone, l'Aquarium est un des zoos marins les plus importants du monde, avec environ 11 000 exemplaires de 450 espèces différentes. Même s'il reproduit fidèlement les atmosphères propres de tous les océans de la planète – y compris des spectaculaires fonds des mers de corail – l'Aquarium est spécialisé dans les écosystèmes méditerranéens qui occupent 21 des 35 aquariums qu'abrite l'installation. Le plus grand de tous est l'Océanarium monumental, dont la principale attrac-

L'Aquàrium Barcelona

tion sont les nombreux requins qu'on peut observer d'un tunnel sous-marin en verre de 80 mètres de long. Il faut aussi souligner l'existence d'une exposition de petits aquariums appelée Planeta Aqua où l'on découvre de nombreuses créatures qui se sont adaptées aux plus diverses conditions du milieu aquatique : le froid glacial, l'obscurité des abîmes, les eaux tropicales chaudes... avec l'importance du milieu aquatique dans le développement de notre planète il y a plus de 3 500 millions d'années. Il y a un lieu important pour les familles avec des enfants, c'est l'espace ¡Explora!, un espace interactif de caractère ludique et éducatif. Conçu pour faire découvrir le monde marin aux enfants. Avec plus de 50 interactivités pour toucher, regarder, écouter, rechercher et découvrir la nature.

Reials Drassanes Museu Marítim

Horaires : du mardi au samedi : 10h-19h ; le mercredi : 10h-20h ; le dimanche et les jours fériés : 10h-14.30h ; fermé les lundis non fériés.
Tarifs : 7 € ; tarif réduit pour les retraités, 3,50 € ; gratuit pour les moins de 17 ans.

Là où la Rambla rejoint les eaux du port de Barcelone, se dressent les Reials Drassanes, les chantiers navals médiévaux les plus grands et les mieux conservés du monde, construits en plusieurs étapes à partir du XIIIe s. selon une unique méthode de construction caractérisée par la fonctionnalité et la rationalité.

En effet, en 1255, Pierre le Grand roi de Catalogne-Aragon, constatant que les chantiers navals originaux de Barcelone devenaient obsolètes, ordonna la construction de nouvelles installations navales au sud de la ville, en dehors des limites de la muraille. Au début, il s'agissait d'un simple patio entouré de murs à arcades avec de grandes tours aux angles, mais un siècle plus tard, en 1378, toute la surface des arsenaux fut recouverte de huit vaisseaux voûtés parallèles, soutenues par des arcs diaphragmes appuyées sur des piliers de section carrée, et recouvertes de bois.

Cette configuration à la fois fonctionnelle, sobre et spacieuse permettait de construire simultanément jusqu'à 30 galères, une capacité qui fut décisive pour que la Couronne d'Aragon devienne

Reials Drassanes - Museu Marítim

l'une des puissances militaires et commerciales de la Méditerranée, puisque la plupart des navires de la flotte catalane-aragonaise ont été construites dans ces nefs.

Au début du XVIIe s., la Generalitat décida d'ajouter trois nouveaux vaisseaux dans l'aile la plus proche de la Rambla, en s'inspirant strictement de la conception de la construction médiévale. Plus d'un siècle plus tard, au XVIIIe s., on rassembla les deux vaisseaux centraux de l'ensemble en une seule nef plus haute, conservée jusqu'à nos jours.

À cette époque, les Drassanes étant désormais propriété de l'armée espagnole, les chantiers navals furent entourés d'un bastion de défense et leur fonction changea : ils devinrent d'abord une caserne et plus tard, un arsenal d'artillerie. Les Drassanes ont été restaurées au milieu du XXe s., une fois abandonnées par l'armée et depuis 1941, elles abritent les installations du Museu Marítim, le Musée Maritime, un équipement culturel avec une exposition permanente et des expositions temporaires visant à diffuser tous les aspects de la vie en mer et montrer la relation intime existant entre la ville et le milieu marin.

L'Eixample

Basilique de la Sagrada Família

Horaires : de novembre à février, de 9 à 18 h ; octobre et mars, de 9 à 19 h ; d'avril à septembre, de 9 à 20 h.
Tarifs : basilique, 15 € ; visite avec audio-guide, 24 € ; visite avec audio-guide + tours, 29 € (retraités et étudiants, 22 €) ; moins de 10 ans et handicapés, entrée gratuite.

La basilique expiatoire de la Sagrada Família est l'un des symboles de Barcelone et une des églises les plus célèbres au monde, en partie par son architecture, œuvre du génial Antoni Gaudí, et en partie parce que son édification reproduit les délais habituels de construction de la période des grandes cathédrales, lorsque pour ériger une grande église gothique il fallait des siècles de travaux. Dans ce cas, le XXIe s. étant bien avancé, la Sagrada Família est toujours en travaux, alors que la première pierre a été posée en 1882 et que Gaudí, son grand artisan, est décédé en 1926.

Le génial architecte moderniste a consacré 43 années de sa carrière professionnelle, de l'âge de 31 ans à quelques jours avant sa mort, à diriger les travaux du temple. Toutes les connaissances techniques et artistiques employées lors de sa construction l'ont mené à affirmer que la meilleure inspiration pour son travail était la nature elle-même, de laquelle il empruntait les éléments nécessaires pour créer les structures et les ornements qui rendent ses édifications si singulières.

Curieusement, Gaudí ne fut pas le premier architecte de la Sagrada Família. Le temple, initiative d'un libraire dévot de Barcelone, avait originalement été projeté dans un style néogothique par Francesc de Paula Villar, qui à ce moment là était l'architecte officiel de l'évêché.

Cependant, les différends entre Villar et le promoteur des travaux permirent au jeune Gaudí – un artiste très prometteur qui avait à peine terminé deux ou trois projets – de prendre en charge la direction des travaux une année après ses débuts, alors que seule une partie de la crypte et de l'abside avaient été construites.

Bien qu'ayant assumé la partie construite afin de ne pas gaspiller l'argent investi, Gaudí n'hésita pas à modifier entièrement le projet en lui imprimant un caractère beaucoup plus ambitieux. Sur le plan technique, l'architecte fit mûrir une structure révolutionnaire, robuste, légère et à la fois capable d'atteindre des hauteurs extraordinaires – 45 mètres à l'intérieur de la nef centrale, 125 mètres pour les tours existantes et 170 mètres pour une coupole qui doit encore être construite – et sans nécessité de contreforts.

Basilique de la Sagrada Família

Basilique de la Sagrada Família

Sur le plan symbolique, Gaudí devint un véritable expert en liturgie catholique afin d'adapter le temple à tous les besoins du culte. Au fil des ans, les espaces très vastes, verticaux et horizontaux, de l'édifice qui occupe tout un pâté de maisons de l'Eixample, se transformèrent en une authentique Bible sur pierre, avec des références sculpturales relatives à une infinité de passages et de personnages bibliques.

Dans ce sens, la façade de la Nativité, orientée vers le nord-ouest, peut être considérée comme le plus grand héritage de Gaudí. Pendant les dernières années de sa vie, le grand architecte concentra ses efforts sur l'évolution du programme symbolique de cette façade, afin de léguer à ceux qui poursuivraient la direction des travaux une référence claire de ses idées concernant l'ornement de l'ensemble du temple. La façade montre les principaux faits de la nativité, l'enfance et l'adolescence de Jésus, à travers des groupes de sculptures pleins de dynamisme et de chaleur qui représentent des scènes très connues du Nouveau Testament, telles que l'Annonciation, l'Adoration des Rois, la Fuite en Égypte, le Massacre des Saints Innocents ou la Présentation au Temple.

À la mort de Gaudí, seules la crypte, l'abside, une partie du cloître et la façade de la Nativité avaient été achevées, les quatre tours de cette dernière étant presque terminées. Le décès de l'architecte, les problèmes financiers de l'entreprise et, dix ans après, la Guerre Civile, paralysèrent les travaux qui ne reprirent qu'en 1954, avec l'initiation de la façade de la Passion. Sur ses plans et ses schémas – disparus dans un incendie intentionnel pendant la Guerre Civile –, Gaudí avait conçu un temple avec cinq nefs et une croisée, un cloître singulier en guise de déambulatoire faisant le tour de quasiment toute la construction, trois grandes façades à arcades et un total de 18 tours : 12 clochers consacrés aux apôtres, quatre tours aux évangélistes, une consacrée à la Vierge Marie et la plus haute consacrée à Jésus, située sur la coupole du temple. Une fois achevé, ce devait être le plus haut bâtiment de la ville.

De ces 18 tours, seul huit sont terminées : celles qui correspondent aux façades de la Nativité et de la Passion. Le programme symbolique de cette dernière, œuvre du sculpteur Josep Maria Subirachs, tranche violemment avec la vitalité et la candeur que transmet la façade opposée, car elle raconte la souffrance et la mort de Jésus à travers des figures anguleuses et hiératiques, dans un contexte mural totalement démuni d'ornements, tel que Gaudí l'avait prévu dans ses schémas.

L'intérieur du temple est une nouvelle démonstration du génie créateur de Gaudí. Afin de couvrir un espace capable d'héberger 14 000 paroissiens et un chœur de 1 200 voix, l'architecte catalan s'est une fois de plus inspiré de la nature pour créer la colonne arborescente qui se ramifie jusqu'à une hauteur très élevée, où elle soutient de curieuses voûtes en forme de feuilles de palme, dont les lucarnes laissent en plus entrer la lumière naturelle dans l'enceinte. Gaudí avait prévu quatre types de colonnes en fonction du poids qu'elles devaient soutenir : les plus légères – de 1,05 m de diamètre – faites en pierre sablonneuse, celles de 1,40 m, en granit, celles de 1,75 m en basalte, tandis que les quatre colonnes devant supporter une charge plus importante, situées au point de rencontre entre la nef centrale et la croisée, atteignent une hauteur de 2,10 m de diamètre et sont construites en porphyre, une roche ignée d'une énorme résistance.

À quelques mètres seulement de toute cette grandeur et de cette richesse décorative, près de la façade de la Passion, un petit édifice d'un seul niveau, construit en simple brique rouge, attire l'attention du visiteur. Il s'agit des Écoles de la Sagrada Família, conçues par Gaudí pour que les enfants du quartier – à l'époque une banlieue ouvrière – et ceux des ouvriers qui travaillaient dans le temple, puissent recevoir une éducation. Le bâtiment se remarque par son apparente simplicité, bien que la forme ondulée de son toit et de ses murs manifestent une audace qui émerveilla l'architecte suisse Le Corbusier, père du rationalisme, lorsqu'il visita Barcelone en 1928.

La Pedrera

Horaires : du 3 mars au 1er novembre, de lundi à dimanche, de 9 à 20,30 h. A partir du 2 novembre, de lundi à dimanche, de 9 à 18,30 h.
Tarifs : 22 €; étudiants, 16,50 €; enfants de 7 à 12 ans, 11 €; moins de 7 ans, entrée gratuite. Le prix inclut l'audioguide.

En 1906, Antoni Gaudí avait déjà acquis une grande popularité à Barcelone, en tant qu'architecte de la Sagrada Família et créateur des résidences de certains des industriels les plus puissants de l'époque. Un de ces logements, la Casa Calvet, située rue de Casp à Barcelone, s'était vu décerner le prix au meilleur bâtiment construit au cours de l'année 1900, par la municipalité. Cinq ans plus tard, une autre œuvre de Gaudí, la réhabilitation intégrale de la Casa Batlló, suscita l'admiration des experts et des profanes par son audace et sa créativité.

Un des nouveaux admirateurs du style de Gaudí était l'homme d'affaires Pere Milà, dont le père était un associé de Batlló. S'étant marié récemment, Milà décida de charger Gaudí de construire sa nouvelle résidence à l'angle du Passeig de Gràcia et de la rue de Provença. Comme c'était la coutume à l'époque, le promoteur habiterait au premier étage et les étages supérieurs seraient mis en vente ou loués.

En pleine maturité créative, Gaudí projeta la plus personnelle de ses œuvres d'architecture civile, suscitant l'incompréhension des propriétaires de l'immeuble – avec lesquels il finirait par se brouiller – et de la société barcelonaise en général, qui donna au bâtiment le surnom péjoratif de *pedrera* (carrière) en raison des formes naturalistes de sa façade, une authentique sculpture architecturale aux volumes pierreux ondulants qui contrastent avec les audacieux assemblages de fer forgé formant les balustrades des balcons et des terrasses.

Contrairement à cette époque, la Pedrera est aujourd'hui considérée comme un projet clé dans l'œuvre de Gaudí. Au moment de commencer la conception de la Casa Milà, l'architecte avait acquis une telle assurance dans son approche structurale et esthétique, qu'il se permit le luxe de se détacher de toute soumission à la tradition constructive et d'emprunter techniquement et artistiquement des voies non explorées. Résultat de cette trajectoire, la Pedrera est un édifice d'une audace inhabituelle pour l'époque.

Sur un immense terrain d'angle, Gaudí osa imaginer un immeuble de six étages avec sous-sol et grenier, basé sur une structure révolutionnaire de piliers et de poutres en fonte grâce à laquelle il pouvait se passer de murs de soutien. Cela lui permettait d'adapter la distribution intérieure de chaque étage aux nécessités du voisin, en anticipant le concept du plan libre, une idée que les rationalistes présentèrent deux décennies plus tard.

La Pedrera

La Pedrera

Pour renforcer cette alliance idéale entre résistance et légèreté, l'architecte dessina une façade autoportante, c'est à dire qui se soutient seule grâce à une structure indépendante du reste du bâtiment, à laquelle elle est liée par le biais de poutrelles encastrées dans les blocs de pierre.

Une autre innovation que Gaudí réserva à la Casa Milà, est l'emplacement au sous-sol de l'un des premiers garages pour voitures d'Espagne, une décision qui obligea l'architecte à projeter un très vaste hall d'entrée dont les dimensions permettraient de manœuvrer aisément. De fait, l'architecte conçut un double hall, avec un accès à l'angle et un autre sur la rue de Provença, afin de faciliter la circulation des voitures.

Ce double hall permit de profiter de l'espace ouvert pratiqué par les deux cours intérieures, conçues pour garantir un maximum d'illumination naturelle dans la partie interne de l'immeuble, à certains endroits très éloignés des façades. La lumière était si importante pour Gaudí qu'il décida de se passer du noble escalier d'accès aux étages supérieurs pour ne pas ôter de luminosité aux cours, qui devenaient ainsi de véritables façades intérieures. À la place de cet escalier, l'architecte installa deux ascenseurs – une autre grande nouveauté à l'époque – et projeta trois cages d'escalier à des endroits plus discrets, toutes trois communiquant avec les zones de service des différents étages.

Le premier étage, qui était entièrement réservé à la famille Milà, possède une surface de 1 300 mètres carrés, équivalant à dix grands appartements de la zone. Il possède 35 pièces, ce qui inclut les salons, les salles de bain et les toilettes, et c'est le seul étage auquel on peut accéder directement à partir des halls, en passant par deux escaliers exclusifs. Chacun des étages supérieurs est divisé en trois ou quatre appartements, avec leurs propres portions de façade principale, de façade postérieure et de cour intérieure.

Cette grande quantité d'espace disponible permit à Gaudí de concevoir un vaste programme décoratif. L'architecte catalan mit sa grande créativité et la capacité professionnelle de ses collaborateurs à l'épreuve, afin de doter le bâtiment d'une infinité de détails ornementaux qui impliquaient la contribution de peintres, sculpteurs, plâtriers, céramistes, ébénistes, artisans du métal et vitriers. Parmi toutes ces apports artistiques et artisanaux, on remarquera surtout la dalle hexagonale aux motifs marins que Gaudí dessina pour la salle de jeux du premier étage, et qu'on a utilisés pour le pavement du Passeig de Gràcia, devenu un symbole de Barcelone.

En contraste avec toute cette richesse ornementale, le grenier de l'immeuble est pure architecture. Cet espace fut projeté par Gaudí en tant que régulateur thermique, pour protéger le reste du bâtiment des rigueurs de l'hiver et de l'été, en plus de servir pour les tâches domestiques, comme la lessive et le séchage du linge. Le grenier forme un étage continu couvert par 270 arcs caténaires – la configuration parabolique que Gaudí introduisit dans l'univers de la construction – faits exclusivement de brique.

Nue et évocatrice, cette structure soutient la terrasse du bâtiment, un espace invisible de la rue dont les architectes tiennent à peine compte habituellement et que Gaudí a transformé en une scène presque onirique, remplie de formes, de textures et de scintillements divers.

Casa Batlló

Horaires : tous les jours de l'année, 9h-21 h.
Tarifs : général, 23,50 € ; étudiants et retraités, 20,50 € ; enfants moins de 7 ans, 0 € (système d'audioguide inclus).

Casa Batlló

Avec l'urbanisation de l'Eixample, le Passeig de Gràcia, par sa largeur et sa centralité, devint le quartier préféré des grandes fortunes barcelonaises. Les industriels enrichis après plusieurs décennies d'activité économique fébrile, rivalisaient pour engager les meilleurs architectes du moment et construire la maison la plus confortable et luxueuse sur ce boulevard.

Le meilleur exemple de cette concurrence, connu sous le nom de « la pomme de discorde » (NDT: Il s'agit ici d'un jeu de mots car en espagnol, le mot *manzana*. pomme désigne également un pâté de maisons) est le tronçon du Passeig de Gràcia situé entre les rues Consell de Cent et Aragó, sur la rive ouest. En effet, sur un peu plus de cent mètres, on y construisit la Casa Lleó Morera, œuvre de Lluís Domènech i Montaner, auteur du Palau de la Música; puis la Casa Mulleras, d'Enric Sagnier Villavecchia, auteur du temple du Tibidabo; et la Casa Amatller, de Josep Puig i Cadafalch, auteur de la Casa de les Punxes; et enfin la Casa Batlló, d'Antoni Gaudí, commencée en 1904.

Pour le créateur de la Sagrada Família, la commande était singulière, car sur le terrain acquis par l'industriel Josep Batlló il y avait déjà un bâtiment aux lignes très sobres, construit 29 ans auparavant. Batlló suggéra la démolition de la maison, mais l'architecte le persuada de la conserver et de la réformer, en y ajoutant un étage et un grenier et en changeant radicalement son apparence, dedans comme dehors.

Bien que limité par le fait de travailler sur une structure déjà existante, Gaudí était à l'époque au summum de sa créativité et il transmit au bâtiment toute sa personnalité artistique. D'ailleurs, la Casa Batlló et le Park Güell sont considérées comme les premières œuvres où l'archi-

Casa Batlló

tecte s'est totalement détaché de l'influence des styles historiques – gothique, mudéjar, baroque... – et a commencé à appliquer avec une grande pureté ses propres convictions artistiques, basées sur les formes qu'il observait dans la nature.

En voulant augmenter la hauteur du bâtiment, Gaudí se heurta aux limites imposées par les normes municipales. Pour maintenir son projet tout en observant la loi, l'architecte dessina un toit très sinueux, avec des tuiles rhomboïdales simulant les écailles d'un dragon, et il disposa une terrasse à l'angle adjacent de la Casa Amatller, afin que de l'allée, on voie une continuité entre les deux bâtiments.

Bien qu'ayant conservé la configuration et la taille des fenêtres, Gaudí appliqua sur le substrat préexistant un revêtement de pierre, de céramique et de verre, faisant de la façade de la Casa Batlló une des plus grandes attractions de tout le Passeig de Gràcia, qui attire l'attention des passants malgré l'aspect spectaculaire des ses illustres voisins.

La tribune du premier étage et les balcons, taillés dans la pierre suivant de curieuses formes organiques évoquant des os, dominent la partie basse de la façade, tandis que sur le reste de l'espace, de minuscules pièces de céramique vitrée brillent au soleil sur une surface légèrement ondulée, en créant un effet semblable à celui d'un tableau impressionniste.

C'est dans le puits de lumière que Gaudí effectua la réforme structurelle la plus importante de l'immeuble, en élargissant considérablement sa surface afin d'améliorer l'illumination et la ventilation, sans sacrifier l'espace destiné à l'escalier commun. En plus, pour tirer un profit maximum de la lumière zénithale, l'architecte fit revêtir toute la cour intérieure de faïence extrêmement réfléchissante et couvrit de verre les petites terrasses intérieures des étages inférieurs.

A l'intérieur de l'immeuble, les deux espaces les plus singuliers sont le premier étage, destiné à être la résidence du propriétaire, et le grenier. Ce sont deux exemples du naturalisme qui imprégna l'œuvre de Gaudí dans sa période de maturité. Au premier étage, cette tendance est particulièrement visible dans la décoration, surtout grâce au travail de revêtement des murs, tandis qu'au grenier, c'est la structure de l'espace elle-même qui met en évidence la prédilection de Gaudí pour les formes organiques, car la succession d'arcs caténaires qui la composent donnent au visiteur la sensation d'être à l'intérieur de la cage thoracique d'un grand animal.

Casa Lleó i Morera

Visites : Actuellement fermée pour réforme.

Cet immeuble de logements de Lluís Domènech i Montaner construit entre 1902 et 1906, fait partie de la Route européenne de l'Art nouveau ; c'est un des plus emblématiques du Modernisme catalan et l'une des œuvres les plus représentatives de son auteur.

Il conjugue de manière harmonieuse différents éléments d'influence classique et médiévale sur une façade couronnée par un petit temple. Pour sa réalisation, l'architecte s'entoura d'artistes et d'artisans reconnus pour leur capacité créative. Les travaux de sculpture d'Eusebi Arnau dans le vestibule de l'étage principal méritent une mention spéciale : ils illustrent une chanson populaire (« La Dida de l'infant-rei » – la nourrice de l'enfant-roi) et ceux d'Antoni Jujol sur la façade (à la hauteur du premier étage, quatre figures féminines présentent les progrès de la technique de l'époque : respectivement le phonographe, l'électricité, le téléphone et la photographie) ; les vitraux d'Antoni Rigalt sur la baie vitrée monumentale de la partie postérieure de la maison ; les mosaïques et céramiques de l'escalier et de l'étage principal de Lluís Bru, Antoni Serra et Mario Maragliano ; et les tra-

Casa Lleó i Morera

Fundació Antoni Tàpies

vaux d'ébénisterie de Gaspar Homar sont également remarquables.

La Casa Lleó Morera occupe le coin sud du pâté de maisons connu sous le nom de « pomme de la discorde », appelé ainsi par les Barcelonais du début du XXe siècle à cause de la concurrent entre les deux autres bâtiments emblématiques du Modernisme qui s'y trouvent aussi : la Casa Amatller, de Puig i Cadafalch et la Casa Batlló d'Antoni Gaudí.

Fundació Antoni Tàpies

Horaires : du mardi au dimanche, 10h-19h. Lundi fermé.
Tarifs : 7 € ; étudiants et retraités, 5,60 €.

Lors de sa recherche d'un bâtiment pour abriter un musée comportant une partie de son œuvre, le peintre et sculpteur catalan Antoni Tàpies visita en 1984 l'ancien édifice de la maison d'édition Montaner i Simon, situé dans le centre de l'Eixample. Bien qu'il fût dans un état d'abandon après la fermeture de la maison d'édition, Tàpies constata qu'il était l'emplacement idéal pour sa fondation.

Montaner i Simon fut une des maisons d'édition les plus réputées d'Espagne lors des trois dernières décennies de la fin du XIXe siècle et du début du XXe siècle. En 1882, elle s'installa dans l'Eixample, dans un édifice constitué d'un sous-sol, d'un rez-de-chaussée et de trois étages, projet de Lluís Domènech i Montaner, alors jeune architecte et neveu d'un des propriétaires et qui serait l'auteur, bien plus tard, du Palau de la Música et de l'Hospital de Sant Pau.

L'édifice de Montaner i Simon est novateur à plusieurs titres : il dispute l'honneur d'être la première construction moderniste de Barcelone à l'édifice de la Casa Vicens de Gaudi et il est le premier édifice situé au centre ville avec une façade en briques apparentes et une structure en fer. L'utilisation de ces deux matériaux, très présents dans le processus d'industrialisation, attestent du caractère manufacturé de la construction, bien que Domènech i Montaner lui ait donné quelques traits structuraux et ornementaux de palais.

La façade, qui conjugue des éléments décoratifs classiques et des détails d'inspiration mudéjar, est surmontée de la sculpture *Nuage et siège*, œuvre de Tàpies, dont la réalisation coïncide avec l'inauguration du musée en 1990. Réalisée à base de tubes d'aluminium anodisés et de toiles d'acier inoxydable, cette œuvre permet de surélever la hauteur de l'édifice, situé entre deux blocs plus élevés et d'accentuer ainsi sa nouvelle fonction de musée.

A l'intérieur, en plus des expositions temporaires, on peut admirer plus de 300 œuvres de Tàpies, adepte de l'art informel et l'un des représentants les plus renommés de l'art contemporain espagnol. Au sous-sol – l'ancienne salle des machines de la maison d'édition – est exposée la collection privée de l'artiste comportant des œuvres de Goya, Zurbarán, Picasso, Miró, Georges Braque, Hans Arp, Paul Klee et Wassily Kandinski, entre autres.

Gràcia

Park Güell

Horaires : du 1er janvier au 25 mars et du 29 octobre au 31 décembre, de 8,30 à 18,30 h; du 1er mai au 27 août, de 8 à 21,30 h; du 26 mars au 30 avril et du 28 août au 28 octobre, de 8 à 20,30 h.
Tarifs : général, 8 € (7 € online) ; enfants de 7 à 12 ans et plus de 65 ans, 5,6 € (4,9 online) ; enfants jusqu'à 6 ans, gratuit.

Durant les années de transition du XIXe s. au XXe s., Barcelone était une ville en pleine ébullition constructive. L'urbanisation de l'Eixample – la vaste plaine dépeuplée qui entourait les murailles médiévales – multiplia la surface de la commune et agrandit la ville jusqu'aux limites des petits villages environnants, qui finirent par être absorbés.

Certains hommes d'affaires virent dans cette fièvre de construction une grande opportunité de négoce. L'industriel Eusebi Güell fut l'un d'entre eux. Ami et mécène d'Antoni Gaudí, Güell connaissait, de ses voyages en Angleterre, le mouvement des cités-jardins en urbanisme, projetées pour réunir en un seul espace le meilleur de la vie rurale et de la vie urbaine.

En 1900, il demanda à Gaudí de collaborer dans la conception d'une cité-jardin sur des terrains au nord de Barcelone. L'industriel souhaitait doter l'urbanisation, qui reçut le nom de Park Güell, d'un programme symbolique basé sur la revendication des valeurs chrétiennes et des traditions catalanes, comme un moyen de combattre l'aliénation de la nouvelle société industrielle.

Gaudí prit en charge la conception des zones communes de l'urbanisation, des pavillons de l'entrée au calvaire qui se trouve au sommet du parc, ce qui comprenait le marché, un perron monumental, la grande place et le réseau de sentiers. Totalement entourée d'un mur de sécurité, l'urbanisation disposait de 60 parcelles triangulaires sur lesquelles chaque propriétaire pouvait construire son logement en respectant certaines normes de base.

Face à l'énorme volume de travaux qu'il devait concevoir et diriger, Gaudí opta pour la conception de modules préfabriqués en ciment aux différentes formes et usages. En les revêtant de trencadís – fragments de céramique – aux couleurs et aux textures différentes, l'architecte put maintenir un rythme de construction efficace sans transmettre à l'observateur du Park Güell l'impression d'une œuvre faite « à la chaine ».

Situés des deux côtés de la grille d'entrée, les pavillons de l'administration et la conciergerie du parc, avec leurs formes oniriques, marquent la frontière

Park Güell

entre la ville sombre et une urbanisation pleine de joie et de couleurs.

Comme une prolongation du programme symbolique suggéré par Güell, Gaudí proposa de concevoir l'ascension des pavillons jusqu'au point le plus haut de l'urbanisation, comme un chemin de purification chrétienne. Les escaliers qui unissent l'entrée au marché sont la première étape de ce chemin. On y trouve le dragon revêtu de trencadís de couleurs, la pièce la plus connue du parc.

Le marché, conçu pour que les habitants ne soient pas obligés de quitter l'urbanisation pour s'approvisionner, est inspiré des temples de la Grèce antique. Son plafond voûté abrite un des joyaux du parc: les panneaux de soleils et de lunes dessinés par l'architecte et artiste Josep Maria Jujol, disciple et collaborateur de Gaudí.

Les colonnes doriques du marché soutiennent la structure de la grande place, une étendue de sable conçue comme point de rencontre pour les habitants et entourée d'un banc ondulé en ciment servant de siège, de balustrade et de belvédère surplombant la ville. Avec plus de cent mètres de longueur et totalement revêtu de trencadís céramique, ce banc conçu par Jujol – comme les panneaux du marché – peut être considéré comme l'une des premières œuvres d'art abstrait.

Pour Gaudí, un des plus grands défis du parc fut sans doute la conception de son réseau de sentiers, tâche qui allait au-delà de l'architecture pour entrer de plain-pied dans le domaine de l'urbanisme. Le dénivellement prononcé du versant sur lequel reposait l'urbanisation obligea l'architecte à projeter divers viaducs soutenus par des colonnes inclinées. Afin de donner un air naturel à l'ensemble, Gaudí revêtit ces structures avec de la pierre calcaire non dégrossie, extraite du terrain lui-même.

Malgré l'incontestable génie de toutes ces solutions structurelles et décoratives, le projet urbanistique du Park Güell fut un échec. En 1914, alors que toutes les zones communes étaient achevées, seulement deux des 60 parcelles avaient été vendues, ce qui décida Güell à suspendre la promotion. En 1922, la municipalité acheta le complexe et en fit un parc public. Au cours des dernières décennies, le Park Güell est devenu l'une des principales attractions touristiques de Barcelone, ce que confirma l'Unesco en 1984 après l'avoir déclaré Patrimoine de l'Humanité.

Casa Vicens

Considérée comme la première œuvre importante de Gaudí, il s'agit d'une maison unifamiliale pour les vacances d'été édifiée entre 1883 et 1888 et commandée par Manuel Vicens Montaner, un fabricant d'azulejos et de carreaux en céramique.

L'édifice a été résolu avec une grande simplicité constructive, la ligne droite dominant sur la courbe et avec une présence accusée de traits d'inspiration arabisante, comme les mocárabes en plâtre intérieurs et extérieurs en brique. Dans les angles de la façade, il disposa des tribunes en saillie qui provoquèrent le scepticisme du maître-d'œuvre qui après les avoir terminées, resta toute la nuit sur le chantier à attendre qu'elles s'écroulent.

Park Güell

Casa Vicens

Parmi les travaux décoratifs extérieurs, on remarquera le revêtement céramique coloriste des façades, dont l'ornementation s'inspire de la flore du lieu, une autre constante de l'œuvre postérieure de l'architecte. Ainsi, les azulejos qui couvrent la façade représentent des œillets d'Inde (Tagetes patula) qui poussaient sur le terrain, et la grille d'entrée, un chef-d'œuvre de forge, est faite de feuilles de palmier nain (Chamaerops humilis), qui abondaient également dans la propriété.

L'intérieur de la maison est comme un conte de fées, avec des plafonds aux poutres en bois polychromes, décorée avec des thèmes floraux, aux murs de pleins de sgraffites reproduisant des roseaux, des rosiers et d'autres plantes qu'on pouvait trouver dans le ravin voisin de Cassoles et avec un fumoir au faux plafond de mocárabes qui porte l'imagination du visiteur vers l'Alhambra de Grenade.

Sants-Montjuïc

Museu Nacional d'Art de Catalunya

Horaires : de mardi à samedi, de 10 à 18 h (d'octobre à avril) et de 10 à 20 h (de mai à septembre) ; dimanches et jours fériés, de 10 à 15 h. Lundis non fériés, 1er janvier, 1er mai et 25 décembre, fermé.
Tarifs : général, 12 € (valide pour deux jours pendant un moins à partir du jour d'achat) ; moins de 16 ans et plus de 65 ans, 0 € ; entrée libre, chaque premier dimanche du moins et tous les samedis à partir de 15 h.

En 1919, un marchand d'art et un antiquaire américain entreprirent une expédition dans les Pyrénées afin d'acheter des peintures murales romanes dans l'intention de les vendre ensuite à des musées américains. Dans ce but, ils engagèrent la famille Stefanoni, une saga de restaurateurs Italiens qui dominaient la technique du strappo (vol à l'arraché en italien), grâce à laquelle ils pouvaient détacher les fresques et les transporter sans qu'elles soient endommagées.

Alertée par le photographe de l'expédition, la Junta de Museus, organisme contrôlant les expositions artistiques en Catalogne, réagit en acquérant toutes les fresques et chargea les Stefanoni de leur décollage. Ces derniers parcoururent les départements pyrénéens à la recherche de toutes les peintures murales, référencées des années auparavant par plusieurs techniciens, dont l'architecte moderniste Lluís Domènech i Montaner.

Les fresques restèrent sous la protection de la Junta de Museos jusqu'en 1934, date à laquelle le Museu d'Art de Catalunya fut inauguré à Montjuic, avec pour principal attrait artistique cette collection de peintures romanes exceptionnelles. Depuis lors, le MNAC a ajouté à cette collection des fonds d'autres époques, du bas Moyen Âge au XXe siècle, et présente actuellement la collection d'art catalan la plus importante de tous les temps.

Le MNAC est situé dans le Palau Nacional de Montjuïc, un édifice monumental construit comme centre principal de l'Exposition Internationale de 1929. Conçu dans un style éclectique historiciste à la mode à cette époque, le Palau Nacional combine des éléments classiques de la Renaissance avec des éléments inspirés de l'art baroque et d'autres styles fortement implantés en Catalogne, en Espagne et en Europe. Ainsi, la coupole centrale rappelle les dômes de Saint-Pierre de Rome et de Saint-Paul de Londres, alors que les tours latérales s'inspirent de la Giralda de Séville.

La collection du Musée est exposée suivant un ordre chronologique. Elle commence par les peintures murales des Pyrénées citées préalablement, qui constituent la collection de peintures romanes la plus importante au monde. Elle continue avec un riche répertoire de peintures et de sculptures gothi-

Museu Nacional d'Art de Catalunya

ques, de la Renaissance, baroques et modernes, avec des œuvres d'artistes espagnols et internationaux de grande renommée comme Fra Angelico, Tiepolo, le Greco, Velázquez, Zurbarán, Rubens, Goya Rodin, Sorolla et Picasso et une très ample représentation de l'art catalan du XIXe siècle, du Modernisme et de l'avant-garde, avec des œuvres de Marià Fortuny, Ramon Casas, Joaquim Vayreda, Isidre Nonell, Santiago Rusiñol, Antoni Gaudí, Josep Llimona, Pablo Gargallo, Salvador Dalí et Julio González. Les fonds incluent également l'important héritage de l'homme politique catalan Francesc Cambó et une partie de la collection Thyssen-Bornemisza.

Fundació Joan Miró

Horaires : mardi, mercredi et vendredi jours ouvrables, de 10 à 18 h (du 1/11 au 31/3) et de 10 à 20 h (du 1/4 au 31/10); jeudi de 10 à 21 h; samedi de 10 à 20 h; dimanche et jours fériés de 10 à 15 h; fermé les lundis non fériés.
Tarifs : général, 12 € ; étudiants, 7 €, moins de 15 ans, 0 €.

En 1968, se tint la première grande exposition sur l'œuvre du peintre et sculpteur barcelonais Joan Miró, un des plus grands représentants du surréalisme, dans les salles de l'Hospital de la Santa Creu. Le succès de l'exposition encouragea les organisateurs et l'artiste lui-même à envisager la possibilité de créer dans la ville un musée permanent dédié à son œuvre. Miró confia la construction de l'édifice à son ami Josep Lluís Sert, cofondateur de l'influent GATCPAC, un groupe d'architectes dont l'objectif était de promouvoir l'architec-

Fundació Joan Miró

ture rationaliste et les œuvres de ses plus grands représentants : le Suisse Le Corbusier et les Allemands Walter Gropius, initiateur du Bauhaus, et Mies van der Rohe.

La Fundació Joan Miró fut fondée en 1975 afin d'approvisionner les salles de l'édifice projeté par Sert, avec des œuvres provenant principalement de l'artiste lui-même mais aussi des collections de Joan Prats, un des grands promoteurs de la fondation, de Pilar Juncosa, épouse de Miró, dont les fonds contiennent des œuvres de ses débuts en particulier, et d'autres collectionneurs.

Cette même année eut lieu l'inauguration du musée, construit sur des terrains de Montjuïc cédés par la mairie. En accord avec son idéologie esthétique, l'édifice de Sert est un exemple d'architecture rationaliste. Cet espace d'exposition s'organise autour d'une cour centrale, une disposition inspirée des traditions méditerranéennes les plus anciennes, alors que la présence d'une tour octogonale s'apparente à l'architecture médiévale.

Toutes les salles et pièces du musée, agrandi en 1987 et 2001 selon les idées originales de Sert, baignent dans la lumière naturelle grâce à l'installation de grandes lucarnes zénithales en forme de quart de cylindre et s'ouvrent sur la ville à travers d'amples baies vitrées panoramiques. De plus, afin de donner une dimension humaine à tous les espaces du musée, Sert utilise ce qu'on appelle le modulor, un système de mesures conçu à cet effet par Le Corbusier.

Le magnifique cadre créé par Sert est un décor pour l'exposition de plus de 200 peintures, de quelques 180 sculptures et d'environ 8 000 dessins de Miró, sans compter les œuvres de l'artiste sur des supports textiles et céramiques. Cette ample exposition anthologique de Miró est complétée par des créations d'artistes contemporains remarquables tels Marcel Duchamp, Max Ernst, Julio González, Fernand Léger, Henry Moore, Antoni Tàpies et Eduardo Chillida.

Pavillon Mies van der Rohe

Horaires : du 1er mars au 31 octobre, de 10 à 20 h. Du 1er novembre au 28 février, de 10 à 18 h.

Tarifs : 5 € ; étudiants, 2,60 € ; moins de 16 ans, gratuit ; Bus Turístic et Barcelona Card, 20 % de réduction.

Après le succès de l'Exposition Universelle de 1888, qui fut à l'origine d'une profonde transformation de la zone de Ciutadella, Barcelone misa sur l'organisation d'un événement qui lui permettrait de se projeter de nouveau sur l'extérieur. Le promoteur de cette idée fut l'architecte et politicien Josep Puig i Cadafalch, coauteur du projet de la foire-exposition, au côté de ses collègues modernistes Lluís Domènech i Montaner et Enric Sagnier i Villavecchia, entre autres. La zone de la montagne de Montjuïc fut urbanisée à cette occasion. Le Palau Nacional, la Fontaine magique, l'Estadi Olímpic, le Poble Espanyol, le Teatre Grec et plusieurs palais et pavillons destinés à devenir des lieux permanents de la foire-exposition furent construits sur ses flancs.

Curieusement, l'événement architectonique marquant de l'Exposition de 1929 ne fut constitué par aucun de ces édifices mais par le Pavillon allemand, une construction éphémère condamnée à disparaître quelques semaines après la fermeture de l'exposition. Œuvre de l'architecte rationaliste Ludwig Mies van der Rohe, cet édifice singulier, aux dimensions relativement petites et érigé sur un lieu périphérique de l'Exposition, est devenue une des constructions les plus influentes de l'architecture du XXe siècle.

Malgré cela, le Pavillon allemand fut démonté en 1930 et ses matériaux réutilisables vendus. Cinquante ans plus tard, en 1980, l'architecte catalan Oriol

Pavillon Mies van der Rohe

Bohigas eut l'idée de construire une réplique exacte à l'emplacement original. On peut l'admirer à nouveau depuis 1986 à l'ouest de la Fontaine magique, en face de la Fàbrica Casaramona, où il surprend toujours par la vigueur de sa proposition esthétique. Conçu en acier, en verre et avec quatre types de marbre, le Pavillon allemand marque le début du courant appelé Mouvement Moderne, une tendance architectonique d'avant-garde qui plaide pour la simplicité des formes, l'absence d'ornement et l'usage de l'acier et du béton armé comme matériaux structuraux de base. Mies van der Rohe fut un des pionniers de ce mouvement, né en réaction au Modernisme et en rupture avec les styles classiques, afin de rapprocher l'architecture de sa fonction primordiale, celle de créer des espaces vitaux, et de l'éloigner des conceptions esthétiques simples.

Symbole du talent démocratique de la République de Weimar, le régime adopté par l'Allemagne après la défaite de la Première Guerre mondiale, le pavillon conçu par Mies van der Rohe est un espace assez simple, réalisé selon une succession de plans orthogonaux. Il est fondé sur une large base de marbre travertin abritant deux bassins et un édifice à la toiture plate soutenue par 8 piliers d'acier de coupe en croix. Les murs de marbre, non porteurs, sont associés aux grandes superficies vitrées, permettant une importante interaction entre l'intérieur et l'extérieur. En complément de cette architecture fondamentale, Mies van der Rohe conçut la chaise *Barcelone*, une pièce majeure en matière de design et installa la sculpture de l'Allemand Gorg Kolbe *Le matin* au centre d'un des bassins.

CaixaForum Fàbrica Casaramona

Horaires : Du lundi au dimanche, de 10 à 20 h. Les mercredis de juillet et d'août, de 10 à 23 h. Jours de fermeture : 25 décembre, et 1er et 6 janvier.
Prix : 4 €.

L'éclosion et la splendeur du mouvement moderniste en Catalogne coïncide avec une époque de grand essor industriel. Il est donc logique que ces deux activités fusionnent pour donner cette intéressante architecture moderniste industrielle, dont la Fàbrica Casaramona est un des meilleurs exemples.

Après l'incendie de la fabrique de filage et de tissage de Montjuïc, l'entrepreneur textile Casimir Casaramona, pionnier dans l'introduction de l'électricité dans la production industrielle, chargea l'architecte Josep Puig i Cadafalch, auteur de la Casa Amatller et de la Casa de les Punxes de la conception de nouvelles installations plus modernes et plus sûres.

En 1911, Puig i Cadafalch conçut un grand complexe industriel de style carré combinant fonctionnalité et esthétique de manière très équilibrée. Inspiré des châteaux médiévaux, l'ensemble est formé par onze édifices de différentes hauteurs et superficies, construits à base de brique et de fer. Les nefs sont rectangulaires, avec une toiture plane et une

CaixaForum - Fàbrica Casaramona

Palau Sant Jordi

voûte catalane, et sont soutenues par des piliers en fonte. Les arcs reposent sur des contreforts qui dépassent des murs dans la rue et culminent par des pinacles s'opposant à l'horizontalité de l'édifice. Deux tours ayant une fonction de réservoirs d'eau marquent l'axe de l'ensemble.

Malgré sa conception et sa construction minutieuses, la nouvelle fabrique n'a pas fonctionné très longtemps. Casaramona décéda l'année même de l'inauguration (1913) et les installations furent définitivement abandonnées en 1919. Après la Guerre Civile, elles furent utilisées comme casernes de police jusqu'à ce que La Caixa, propriétaire depuis 1963, décida de les restaurer pour en faire le siège de Caixa-Forum, un grand centre d'expositions (2002), qui présente la vaste collection d'art contemporain de la Fundació « la Caixa » sous forme d'événements temporaires.

Palau Sant Jordi

Depuis un siècle et demi, l'organisation d'événements internationaux a été un des moteurs de la croissance urbaine de Barcelone : à l'Exposition Universelle de 1888 et à l'Exposition Internationale de 1929 se sont ajoutés, plus récemment, les Jeux Olympiques de 1992 et le Forum des Cultures en 2004.

De ces derniers, l'événement le plus décisif furent les Jeux olympiques qui projetèrent l'image d'une Barcelone dynamique et d'avant-garde dans le monde entier et permirent la réhabilitation du quartier de Poblenou, où est située la Villa Olímpica et de Montjuïc où ont eu lieu la plupart des compétitions. La construction la plus admirée de la montagne olympique fut sans doute le Palau Sant Jordi, le plus grand héritage architectonique de ce grand événement sportif.

Conçu par le Japonais Arata Isozaki, le Sant Jordi est un pavillon couvert multifonctionnel, pouvant accueillir des épreuves sportives très variées ainsi que des concerts et des pièces de théâtre. D'une capacité de 17 000 places assises, il peut atteindre facilement 24 000 places grâce à ses gradins modulables.

Cette flexibilité structurelle est une des principales particularités du Palau Sant Jordi, qui, depuis son inauguration en 1990, a abrité des pistes de tennis en terre battue, des compétitions de motos indoor et même une piscine de 50 × 25 mètres pour accueillir les championnats du monde de natation de 2003.

Cependant, le grand joyau de l'œuvre d'Isozaki est l'énorme toiture du pavillon, qui comprend un système d'éclairage de 128 × 106 mètres, bien supérieur à la superficie d'un terrain de football. Réalisé à base de toiles de céramique vitrées et soutenu par un réseau léger et résistant de tubes articulés en acier, il a été construit à même le sol et élevé une fois terminé grâce à un puissant système hydraulique, opération qui demanda 10 jours de travail. Sa partie extérieure à l'aspect organique, un des symboles de l'Anneau olympique de Montjuic, est complétée par de grandes lucarnes semi-sphériques situées au centre de la toiture et à la base extérieure du toit, entourant tout l'édifice, dont les formes ondulées s'inspirent de la Méditerranée.

Sant Martí

Torre Agbar

L'architecte français Jean Nouvel, lauréat du prestigieux prix Pritzker en 2008, fut chargé de la conception de la tour Agbar, un édifice de bureaux amené à devenir l'image de marque du district technologique 22@, un vaste espace industriel d'une superficie équivalente à 200 terrains de football, qui en l'an 2000 commença à se transformer en un important pôle attractif pour les entreprises spécialisées en recherche et en développement ainsi que pour les universités, les centres de recherche, les logements et les espaces verts.

Situé sur un terrain contigu à la place de Glòries, un des centres névralgiques de la ville selon le plan d'Ildefons Cerdà, la tour Agbar, baptisée selon le nom de l'entreprise propriétaire, Aguas de Barcelona, est un gratte-ciel de 34 étages et de quatre niveaux souterrains, dont les 144 mètres de hauteur en font le troisième édifice le plus haut de la ville. Selon son créateur, le tracé singulier en forme elliptique est un hommage à l'architecte moderniste Antoni Gaudí, qui proposa une forme très similaire pour un hypothétique projet non réalisé d'un hôtel à New York.

L'édifice possède une structure formée de deux cylindres avec un couronnement ovale : un cylindre interne abritant les ascenseurs, les escaliers et les installations et un cylindre externe revêtu de cristal et d'aluminium. Cette carcasse extérieure abrite un des principaux atouts de ce gratte-ciel : plus de 4 500 dispositifs lumineux dotés de technologie LED permettent de générer des dessins suggestifs de couleurs sur sa façade, un spectacle nocturne en général mis en place dans toute sa splendeur lors de festivités et de jours importants.

Poisson, de Frank Gehry

Pendant les travaux pour l'urbanisation du village olympique des Jeux de 1992, c'est l'Américain Frank Gehry, l'un des architectes les plus cotés au monde, qui fut chargé de concevoir une œuvre sculpturale devant être installée aux pieds des tours du Port Olímpic, le port olympique. Auteur du prestigieux Musée Guggenheim Bilbao, Gehry est l'un des plus grands représentants déconstructivistes et prône l'introduction dans l'architecture de formes organiques propres de la nature. Ainsi, plusieurs des bâtiments qu'il projette, modelés avec des formes courbes qui ne passent pas inaperçues, finissent par ressembler à d'énormes sculptures.

Il est donc normal que la conception de figures sculpturales soit l'une de ses passions, et que la suggestive configu-

Torre Agbar

Poisson

Museu Blau

ration conique des poissons associée à l'éclat de leurs écailles, ait attiré son attention comme objet artistique, dès son enfance. Rien d'étrange à ce que les poissons soient les protagonistes de certaines des œuvres de Gehry, telles que le Fishdance Restaurant à Kobe (Japon) ou le Poisson Doré du Port Olímpic, une grande structure faite avec des lames en acier entrecroisées qui reflètent les tonalités cuivrées et dorées du soleil.

Museu Blau MCNB

Horaires : d'octobre à février, de mardi à vendredi, de 10 à 18h, samedi de 10 à 19 h, dimanches et jours fériés, de 10 à 20 h. De mars à septembre, de mardi à samedi, de 10 à 19 h, dimanches et jours fériés, de 10 à 20 h.
Tarifs : 6 € ; plus de 65 ans et moins de 29 ans, 2,70 € ; moins de 16 ans, gratuit.

Le Museu Blau est le tout nouveau siège du Musée de Sciences Naturelles de Barcelone. Il a ouvert ses portes en 2011 dans l'Édifice Fòrum, édifice principal du Forum des Cultures célébré en 2004 à Barcelone, projeté par le prestigieux cabinet d'architecture suisse Herzog&De Meuron, auteurs, entre autres du Stade national de Pékin, de l'Allianz Arena de Munich et de la Tate Modern de Londres, et également responsables de l'adaptation de l'enceinte mentionnée du Fòrum à ses nouvelles finalités d'exposition.

Avec un plan immense en forme de triangle équilatéral de 180 mètres de côté et une hauteur de 25 mètres, l'Édifice Fòrum possède une surface de 9 000 mètres carrés avec un potentiel énorme pour un musée. *Planeta Vida* est le nom de l'exposition permanente de référence du Museu Blau. On y trouve exposées, suivant des critères contemporains intelligents, les 4 500 pièces les plus représentatives parmi les trois millions qui constituent le fonds des anciens musées de Géologie, Zoologie et Botanique de la ville, dont l'activité commença au XIXe siècle dans le but de faire découvrir le patrimoine naturel de la Catalogne, de la Méditerranée et des autres régions du monde. D'autres domaines remarquables du musée sont la Biographie de la Terre – un voyage à travers l'histoire de la vie sur la planète – et les Laboratoires de la vie – une série de petites expositions sur des thèmes concrets ayant trait à la biologie – en plus des expositions temporaires et de l'espace *Niu de Ciència*, créé dans l'intention d'éveiller la curiosité scientifique des enfants jusqu'à six ans.

Les Corts

Monestir de Pedralbes

Horaires : d'avril à octobre, du mardi au vendredi, de 10 à 17 h ; samedi, de 10 à 19 h ; dimanche, de 10 à 20 h. De novembre à avril, du mardi au samedi, de 10 à 14 h ; dimanche, de 10 à 17 h. Fermé le lundi.
Tarifs : général, 5 € ; moins de 30 ans et plus de 65 ans, 3,50 € ; moins de 16 ans, gratuit.

Situé à l'ouest de l'ancien village de Sarrià, le Reial Monestir de Pedralbes est, par sa pureté et son harmonie, un des plus beaux monuments de style gothique catalan qui ait été conservé. Ses caractéristiques sont dues à la rapidité de sa construction (le plus gros des travaux dura à peine 13 mois), aux rares aménagements réalisés au long de ses sept siècles d'existence et à son occupation durant cette longue période par un couvent de moines clarisses, qui prirent grand soin de sa conservation.

Le monastère, où sont exposés de nombreuses œuvres d'art et du mobilier liturgique, a été fondé en 1327 par la reine Elisenda de Montcada, quatrième épouse du roi Jacques II d'Aragon. A la mort du souverain, Elisenda s'installa dans un palais annexe au monastère. Ses

Monestir de Pedralbes

restes reposent dans un mausolée à double façade situé entre l'église et le cloître. Du côté visible par les fidèles, la statue gisante de la reine taillée dans le marbre apparaît couronnée et vêtue élégamment, alors que dans la partie opposée, que seul les religieuses cloîtrées pouvaient voir, la statue de la fondatrice du monastère, cette fois modelée dans de la terre cuite, revêt un austère habit franciscain.

L'ensemble monacal est agencé autour d'un cloître aux dimensions monumentales : il mesure 40 mètres de large et possède trois étages de galeries. Les deux premiers, construits au XVe siècle, sont soutenus grâce à des arcs pointus, alors que le troisième, ajouté en 1412, est de structure simple à architrave avec des colonnes à coupe octogonale et un toit en pente.

L'église, qui occupe une aile entière du cloître, se distingue par son austérité décorative et la prédominance de l'horizontalité, caractéristiques du style gothique catalan. Elle possède une seule nef, avec sept pans couverts par des voûtes ogivales et des chapelles latérales occupant les espaces situés entre les contreforts.

Le *Conventet* se situe hors de l'espace strict du monastère, en face de la place donnant accès à ce dernier. Il fut construit au XIVe siècle afin de loger les frères chargés de l'assistance spirituelle des religieuses. Cet édifice annexe a été restauré en 1920 par l'architecte moderniste et noucentiste Enric Sagnier i Villavecchia, qui ajouta à l'ensemble une tour de l'ancienne muraille qui entourait le monastère et le décora d'éléments romans provenant de l'église disparue de Santa Maria de Besalú.

Monestir de Pedralbes

Camp Nou F.C. Barcelona

Horaires : (visite du musée et tour du Camp Nou) du 8 avril au 15 octobre et du 18 au 31 décembre, tous les jours de 9,30 à 19,30 h. Du 16 octobre au 17 décembre et du 1er mars au 7 avril, de lundi à samedi, de 10 à 18,30 h et dimanches, de 10 à 14,30 h. Fermé: 1er janvier et 25 décembre.
Tarifs : général 25 € ; de 6 à 13 ans 20 € ; moins de 6 ans gratuit.

Le FC Barcelone, une des fiertés de la ville et du pays, connut son âge d'or dans les années 40 et 50 du XXe siècle, en grande partie grâce au leadership de l'extraordinaire footballeur hongrois Ladislao Kubala, dont la principale qualité fut de rendre l'ancien stade de Les Corts trop petit. Pour cette raison, en 1954, la construction d'un nouveau stade fut entreprise dans le même quartier, à moins d'un kilomètre de l'ancien terrain.

Inauguré en 1957, il fut tout de suite connu sous le nom de Camp Nou (Nouveau Stade) puisque personne ne put se mettre d'accord sur un nom officiel. Pouvant accueillir 93 000 spectateurs, il devint le stade avec la plus grande capacité d'Europe. Il renforça cette position grâce à son agrandissement à 120 000 places en 1981, et la maintint malgré qu'on dût revenir aux 99 000 places actuelles afin de respecter la norme de sécurité obligeant à ce que chaque spectateur ait un siège.

Œuvre originale de l'architecte Francesc Mitjans, le Camp Nou a accueilli des matchs du Championnat d'Europe de 1964, de la Coupe du Monde de 1982 pour laquelle a été construit le troisième étage de gradins, les Jeux olympiques de 1992 et les finales de Coupe d'Europe de 1989 et 1999, en plus des multiples concerts de chanteurs et de groupes aussi célèbres que Michael Jackson, Bruce Springsteen et U2.

Cependant, la grande renommée du Camp Nou vient du fait qu'il accueille les matchs du FC Barcelona, une des entités sportives les plus prestigieuses au monde, avec des titres internationaux en football, basketball, handball et hockey sur glace. C'est pour cela que le stade et le musée annexe, qui propose une ample rétrospective de l'histoire du club et expose tous ses trophées, se sont convertis en la deuxième attraction touristique la plus visitée de Barcelone, seulement devancés par la Sagrada Família.

Horta-Guinardó

Recinte Modernista de Sant Pau

Horaires : de lundi à samedi, de 10 à 16.30 h (de novembre à mars) et de 10 à 18.30 h (d'avril à octobre) ; dimanches et jours férié, de 10 à 14.30 h.
Tarifs : 13 € ; de 12 à 29 ans et plus de 65 ans, 9,10 € ; moins de 12 ans, gratuit.

L'Hospital de la Santa Creu, fondé en 1401 et situé dans le Raval, a été un centre de soins de référence pour les habitants de Barcelone durant plus de 400 ans. En raison des avancées expérimentales en matière sanitaire et d'hygiène tout au long du XIXe siècle, les autorités médicales et municipales décidèrent que l'hôpital, de style gothique, n'était plus un lieu adéquat pour la prise en charge des malades.

Après plusieurs décennies de controverses, des travaux furent entrepris en 1902 pour créer un nouvel hôpital, qui devait remplacer les anciennes installations du Raval. La construction débuta grâce au financement de Pau Gil i Serra, un banquier catalan installé à Paris, qui donna la moitié de son héritage pour permettre l'accomplissement de ce

Camp Nou - F.C. Barcelona

projet. En hommage à une aussi importante contribution, les responsables du nouveau centre ajoutèrent le patronyme du mécène au nom de l'hôpital, qui en quelques années devint simplement l'Hospital de Sant Pau.

Le projet fut attribué au grand architecte moderniste Lluís Domènech i Montaner, qui dirigea également la construction du Palau de la Música quelques années plus tard. Un grand terrain à la limite nord de l'Eixample fut acquis pour héberger le centre sanitaire. D'une superficie équivalente à neuf pâtés de maison, cette zone gigantesque permit la construction de la plus grande installation civile de l'époque moderniste en Catalogne, avec un total de 27 pavillons médicaux, sans compter les espaces dédiés à l'administration et aux autres services.

En 1911 cependant, l'héritage de Gil i Serra s'épuisa, ce qui impliqua la suspension des travaux alors que l'édifice principal et neufs pavillons médicaux avaient déjà été construits. Les travaux reprirent trois années plus tard, cette fois sous la direction de Pere Domènech i Roura, fils de l'auteur du projet, qui dirigea la construction de quatre pavillons supplémentaires en copiant fidèlement les canons modernistes prescrits par son père, même si ce mouvement esthétique était déjà considéré comme démodé.

A la fin des années 20, Domènech i Roura conçut les derniers édifices de ce complexe dans un style monumental proche du style baroque, dont les différences les plus notables avec le projet de son prédécesseur peuvent être observées dans l'église de l'hôpital et dans la Casa de Convalescència.

Dans ses plans originaux, Domènech i Montaner présenta un projet global joignant l'architecture et l'urbanisme et pouvant être comparé à certains postulats du concept utopique des cités-jardins. L'hôpital, en effet, s'agence autour d'une série de pavillons isolés, entrecoupés de grands jardins et communiquant par des galeries souterraines bénéficiant d'un éclairage zénithal. Curieusement, l'orientation du complexe, en diagonale par rapport à l'Eixample, rompt avec la discipline prescrite par l'urbaniste Ildefons Cerdà, dont les postulats ne furent jamais du goût de Domènech i Montaner.

La majeure partie des édifices sont en brique apparente, avec de multiples éléments décoratifs sculpturaux en céramique et en mosaïque, inspirés principalement de l'art gothique et mudéjar. Le bâtiment de l'administration, situé à la pointe nord de l'avenue Gaudí, propose au passant une vue impressionnante et atypique grâce à son orientation en diagonale et au couronnement en pointe de la tour de l'horloge, d'inspiration clairement nordique.

Les pavillons, disposés sur le terrain de manière aérée et régulière, sont composés d'une grande salle sans division architectonique dont la toiture est soutenue par 8 arcs pointus. Des deux côtés de cette salle se situent les dépendances complémentaires. A l'extérieur, Domènech i Montaner opta pour rompre les lignes quadrillées des pavillons en leur ajoutant des tours de forme circulaire dans les angles.

Actuellement et après avoir fonctionné pendant un siècle comme hôpital, l'Ensemble Moderniste de Sant Pau, après une restauration soignée, est devenu un centre de connaissance formé par des institutions de pointe dans les domaines de la durabilité, la santé et l'éducation, entre autres.

Recinte Modernista de Sant Pau

Barcelone, c'est bien plus

Monastère de Sant Cugat

Comment y arriver : Ferrocarrils de la Generalitat de Catalunya (FGC) : lignes S1, S2, S5 et S55 ; stations Plaça Catalunya-Sant Cugat (25 min) + 10 min à pied.
Horaire : (cloître) de mardi à samedi, de 10 à 13.30 h et de 15 à 19 h ; dimanches et jours fériés, de 10 à 14.30 h ; (église) de 9.30 à 12.30 h et de 18 à 20 h.
Tarifs : entrée gratuite.

Le monastère est le joyau de la ville de Sant Cugat del Vallès. Cet ensemble monastique fut le plus important de tout le comté de Barcelone au Moyen Âge. Il en reste aujourd'hui l'église et le cloître, qui accueille le siège central du musée de Sant Cugat et qui offre aux visiteurs une visite guidée (et gratuite le premier dimanche du mois).

La salle capitulaire et les anciennes dépendances monastiques sont réparties autour du cloître. Côté ouest, le palais abbatial. L'ensemble était totalement fortifié à l'époque. Il en reste une partie importante des murs et des tours, construits au XIVe et XVIe siècles.

Les origines du monastère remontent au IXe siècle lorsque l'église, qui préservait les restes de Saint Cugat, fut rattachée à une fortification annexe. Bien qu'il soit possible qu'il existait déjà une communauté de moines au ve siècle, les premières preuves documentaires remontent seulement à l'année 878. Des travaux de construction d'un nouveau monastère commencèrent à la moitié du XIIe siècle. L'église existante fut élargie, et le monastère fut fortifié en 1350. Pour améliorer l'approvisionnement en eau, un aqueduc fut érigé au XIVe siècle, dont le pont de Can Vernet est toujours visible actuellement.

Le cloître roman (XIIe siècle) est l'élément le plus remarquable en raison de la structure et de la qualité des chapiteaux. Un deuxième étage fut rajouté au XVIe siècle, et le portique d'entrée fut construit. D'une longueur de plus de trente mètres, le cloître a été réalisé par l'artiste Arnau Cadell. Son plan est presque carré et il possède des arcs en plein cintre, supportés sur des paires de colonnes. Chaque colonne est décorée de chapiteaux finement élaborés, avec des détails variés qui vont de la représentation d'animaux à des conseils d'hygiène adressés aux moines (par exemple, comment aider les frères à s'épouiller). Un autre élément remarquable est la basilique gothique. Le bâtiment, de 52 mètres de long par 23 mètres de large, est constitué de trois nefs recouvertes de voûtes soutenues par des colonnes. La rosace, de 8,2 mètres de diamètre, ressemble à celles des cathédrales de Barcelone et de Tarragone. L'église conserve en ses murs le Retable de tous les saints (1375), œuvre de Pere Serra, l'un des témoignages les plus brillants de l'école gothique catalane.

Monastère de Sant Cugat

Cardona et la montagne de sel

Comment y arriver : Bus; stations Estació del Nord - Cardona (1 h 50 min).
Horaire : Parc Cultural de la Muntanya de Sal (seulement visites guidées), dimanches, de 10.30 à 16.30 h ; samedis, de 10.30 à 13.30 h ; de mardi à vendredi, de 11.30 à 13.30 h. Château de Cardona, de mardi à vendredi sur demande préalable ; samedi et dimanche de 10.30 à 14.30 h et de 16 à 19 h.
Tarifs : Parc Cultural de la Muntanya de Sal, général, 11 € ; de 5 à 11 ans, 6 € ; retraités, 8,50 €. Château de Cardona, général, 6 € ; de 7 à 16 ans et retraités, 4 € ; moins de 6 ans, gratuit.

Intérieur de la montagne de sel

L'exploitation de sel et de la vallée saline constituent la raison d'être de Cardona et l'origine de la splendeur de son passé. Sa carte de population, l'une des plus anciennes d'Europe, octroyait aux habitants le droit d'obtenir du sel à vie. Le château de Cardona, une forteresse jamais vaincue, fut le siège de la puissante lignée des comtes-ducs de Cardona. La ville médiévale se développa autour des richesses du sel et de sa position géographique stratégique. Elle était animée par des marchands et des muletiers qui créèrent le centre historique de Cardona.

À Cardona, la situation géographique du château répondait au besoin de défendre l'accès à la vallée saline et à l'agrément de la vue privilégiée sur les vallées de la rivière Cardener. La ville fut, du XIe au XVe siècle, le centre résidentiel des seigneurs de Cardona : les « riches seigneurs du sel », rattachés aux principaux palais royaux européens, et tellement influents que le duc de Cardona était appelé « le roi sans couronne ».

L'ensemble monumental du château est classé Monument national depuis 1949. Il convient de mentionner la tour de la Miñona, la cour ducale, les bastions défensifs, les vues sur la vallée saline et en particulier la collégiale de Sant Vicenç, exemple d'art lombard catalan. La canonique ou collégiale de Sant Vicenç, consacrée entre 1029 et 1040, est l'un des grands joyaux de l'art roman en Catalogne. Elle présente un plan basilical de trois nefs surmontées d'un transept, où sont accolées trois absides semi-circulaires. La nef centrale est présidée par un vaste presbytère sous lequel se trouve une crypte. La nef

Château de Cardona

est recouverte d'une voûte en berceau en plein cintre. Il convient aussi de citer les tombeaux du duc Fernando I (vers 1539) et du comte Joan Ramon Folc I (1668). Les restes d'un cloître gothique et d'une cour (XIVe et XVe siècles) se trouvent à l'extérieur. Autour d'eux, les dépendances qui constituaient l'abbaye et le palais des comtes, sont désormais occupées par les installations du Parador de tourisme Duques de Cardona.

Le centre historique de Cardona a été déclaré Bien culturel d'intérêt national, dans la catégorie d'ensemble historique, en 1992. Ses origines remontent à la première moitié du XIe siècle, lorsqu'un petit hameau ou faubourg se forma autour du marché qui se tenait au pied de la montagne du château. Outre les petites places à porches du marché et de Santa Eulàlia, il convient de citer l'église romane de Sant Miquel, la chapelle de Santa Eulàlia ou le palais et le porche de Graells.

L'une des principales attractions de Cardona est la montagne de sel, un phénomène géologique unique au monde. Elle était exploitée depuis le néolithique et était déjà documentée au temps des Romains comme « une grande montagne de sel pur qui croît au fur et à mesure de son exploitation » (Aulu-Gelle, citant Caton, IIe siècle ap. J.-C.). Le Parc culturel de la montagne de sel a été inauguré en 2003, afin de faire connaître la montagne de sel au grand public.

La vallée saline de Cardona est une dépression du terrain en forme d'ellipse allongée, qui s'étend sur 1,8 km de long et 600 m de large, pour une superficie de 100 ha, avec des caractéristiques naturelles qui lui ont permis de s'intégrer au Plan d'espaces d'intérêt naturel de Catalogne. Les affleurements de sel sont situés dans cette dépression, qui était jadis appelée El salí. Elle est désormais appelée La vallée saline.

C'est une visite idéale pour toute la famille : des véhicules spéciaux descendent un dénivelé de 86 m, puis les visiteurs parcourent à pied 500 m de galeries pour découvrir des stalactites et des stalagmites spectaculaires, ainsi que des gisements de sel dotés de caractéristiques différentes : sodiques, potassiques et magnésiques.

Vic

Comment y arriver : Train Rodalies de Catalunya (RENFE), ligne R3 : stations Plaça de Catalunya - Vic (1 h 25 min).

Promenez-vous dans le centre historique de Vic et vous plongerez au cœur du passé et de l'histoire de la Catalogne. Les rues du centre-ville, à la structure médiévale, réunissent tous les styles architecturaux, de l'époque romaine au Modernisme. Un circuit signalisé permet d'observer 32 bâtiments, très intéressants d'un point de vue historique, architectural ou artistique. Il convient de citer le temple romain du IIe siècle ; la cathédrale, avec un mélange de styles architecturaux qui vont de la crypte et du clocher de style roman, aux cloîtres gothiques et aux éléments baroques et néoclassiques ; les murailles du XIVe

Vic

siècle ; plusieurs bâtiments baroques et modernistes, et la maison de la ville, dont le bâtiment originaire était de style gothique, et l'élargissement postérieur de l'époque baroque. Le circuit commence et s'achève sur la place du Mercadal, le cœur de la ville, une place qui rappelle celles de l'Italie Renaissance et qui se pare de belles couleurs tous les mardis et samedis, jours de marché hebdomadaire, inchangés depuis le Moyen Âge. Ce marché propose aux visiteurs les meilleurs produits de la gastronomie de Vic, aussi bien les produits du potager que les excellentes charcuteries, notamment le *fuet* (saucisson fin).

Une autre visite obligatoire est le musée Épiscopal de Vic. Il a été fondé en 1891, et le bâtiment actuel, conçu par Federico Correa et Alfons Milà, date de 2002. La collection de peintures et de sculptures romanes et gothiques est l'une des meilleures d'Europe.

Montserrat

Comment y arriver : Ferrocarrils de la Generalitat (FGC), ligne R5 : stations Plaça d'Espanya - Monistrol de Montserrat (1 h 5 min) + train crémaillère (20 min).

Montserrat est l'un des symboles culturels, spirituels et religieux de Catalogne. À seulement une demi-heure de Barcelone, le Parc naturel de Montserrat permet de découvrir les formes particulières créées par les caprices de la pierre et de l'érosion. Une pierre bien connue des grimpeurs du pays : le Montseny est l'école catalane de la randonnée, mais Montser-

Montserrat

rat est le lieu de formation idéal pour les apprentis grimpeurs. Les grandes difficultés associées aux roches des conglomérats et à la hauteur des aiguilles font de « la montagne aux cent sommets », selon la définition de Joan Maragall, un lieu mythique pour les passionnés d'escalade, de via ferrata et de canyons.

Ces montagnes accueillent la basilique de la Vierge de Montserrat, la sainte patronne de Catalogne, et une communauté bénédictine qui y réside depuis près de mille ans. La statue de la vierge située dans la basilique est en bois, elle date de l'époque romaine, de la fin du XIIe siècle. Sa couleur sombre caractéristique fait qu'elle soit communément appelée la *Moreneta* (la petite noire).

Le monastère bénédictin, fondé par l'abbé Oliva en 1205, outre un lieu de retraite religieuse, a toujours été un centre culturel important et actif en Catalogne : sa bibliothèque conserve le texte en catalan le plus ancien qui existe, daté du XIIe siècle, et un fonds documentaire important. Son musée présente des œuvres du Caravage, de Berruguete, Miró, Dalí, Picasso et El Greco. C'est le siège de la chorale d'enfants la plus ancienne d'europe, la mécanterie de Montserrat.

Terrassa et le Modernisme

Comment y arriver : Ferrocarrils de la Generalitat (FGC), ligne S1 : stations Plaça de Catalunya - Terrassa Rambla (42 min).

La ville de Terrassa partage avec Sabadell le rôle de capitale d'El Vallès Occidental, et accueille les visiteurs à bras ouverts. Cette ville moderne possède un riche patrimoine culturel et artistique, et tous les services nécessaires pour sa population. L'héritage médiéval est présent dans les jardins de l'ensemble monumental des églises romanes de Sant Pere, Sant Miquel et Santa Maria. Les traces du Modernisme sont visibles dans l'architecture de la ville. Les activités culturelles et artistiques sont constituées par le festival international de jazz et la saison de danse, musique et théâtre et les démonstrations de tours humaines (*castells*) ou le tourisme sportif.

Le secteur textile encouragea, à la fin du XIXe siècle, la création de bâtiments Modernistes uniques, aussi bien industriels, comme le Vapor Aymerich, Amat i Jover, siège actuel du musée de la Science et de la Technique de Catalogne, que résidentiels, comme la Masia Freixa o la Casa Alegre de Sagrera. D'autres sont destinés à des usages publics : le Marché de l'indépendance, le bâtiment de la mairie, l'École industrielle, le théâtre principal, le grand casino ou le parc de désinfection, entre autres. Le Modernisme fut une époque de splendeur qui est commémorée de nos jours par la Foire Moderniste, tenue tous les ans en mai, avec des marchés, des danses et des costumes qui rappellent l'ambiance de Terrassa en 1900.

Terrassa. Masia Freixa

Sitges

Comment y arriver : Train Rodalies de Catalunya (RENFE), ligne R2 : stations Barcelona-Sants - Sitges (42 min).

Le peintre et écrivain Santiago Rusiñol tomba amoureux de cette ville de pêcheurs et d'agriculteurs, de sa lumière et de ses plages. Il s'y installa en 1891, au Cau Ferrat. Cette maison-atelier se transforma par la suite en musée, en refuge d'artistes modernistes et en avant-gardistes de toute l'Europe, ce qui convertit ce village en une destination très bohème. Le Cau Ferrat est toujours un musée, et il présente des tableaux de Rusiñol, Casas, Picasso, Nonell et même d'El Greco. La maison est située dans le secteur de la colline du Baluard, au « Racó de la Calma » (Le coin du calme), dans l'une des ruelles du centre historique de la ville.

Outre le Cau Ferrat, vous pouvez également visiter plusieurs maisons seigneuriales et musées modernistes qui remémorent cette période de la fin du XIXe siècle, comme le Palais Maricel et le musée Maricel.

Sitges est située à environ 37 km au sud de Barcelone. Elle a conservé son charme, dont les rues et les plages ont inspiré de nombreux artistes. Elle dispose de nombreuses plages, terrasses en bord de mer et lieux nocturnes.

Deux célébrations uniques ont lieu tous les ans dans la ville : le Festival international de cinéma de Catalogne (le premier festival de cinéma fantastique du monde. Sa trajectoire solide en a fait un rendez-vous incontournable

Sitges. Palau de Maricel

Sitges. Racó de la Calma

pour les cinéphiles et tous les spectateurs souhaitant découvrir les nouvelles tendances et les nouvelles technologies appliquées au cinéma et à la production audiovisuelle), et le carnaval (l'un des plus anciens, célèbres et animés de Catalogne).

Crypte Gaudí de la Colònia Güell

Comment y arriver : Ferrocarrils de la Generalitat (FGC), lignes S4, S8 et S33 : stations Plaça d'Espanya - Colònia Güell (23 min).
Horaire : de lundi à vendredi, de 10 à 17 h (du 1er novembre au 30 avril) et de 10 à 19 h (du 1er mai au 31 octobre) ; samedis, dimanches et jours fériés, de 10 à 15 h.
Tarifs : général, 7 € (avec audio-guide, 9 €) ; retraités et moins de 16 ans, 5,5 € (avec audio-guide, 7,5 €).

En 1890, l'entrepreneur Eusebi Güell transféra son usine textile de Barcelone à Santa Coloma de Cervelló, à 23 km de Barcelone. Le transfert impliqua la conception et la création d'une nouvelle colonie industrielle pour accueillir les employés et leurs familles. Des logements familiaux furent construits, ainsi qu'un centre social, une salle de spectacles, une école, des commerces, des jardins et une église. En 1898, Antoni Gaudí reçut la proposition de construire l'église, mais la première pierre fut placée en 1908 seulement. Les travaux furent suspendus en 1918 en raison du décès de Güell. Gaudí put achever uniquement la crypte.

L'église de Santa Coloma devint le projet le plus important aux yeux de Gaudí, comme un laboratoire d'essais techniques, qui se matérialisèrent par la suite à la Sagrada Família.

Gaudí ne se limita pas à dessiner et à faire des croquis. Il mit en place un processus totalement novateur. En premier

Crypte Gaudí de la Colònia Güell

lieu, il réfléchissait sur la forme idéale de l'église ; à partir de cette ébauche, il composait une structure en suivant un processus extrêmement simple mais très ingénieux. Il déduisait le poids des charges qui devaient graviter sur les arcs et les piliers, et il confectionnait de petits sacs de toile remplis de plombs de chasse, avec des poids dix mille fois inférieurs à la charge finale estimée. Il suspendait des sacs par des cordelettes qui décrivaient les formes des arcs à l'échelle 1:10. Grâce à ce système et à une propriété géométrique de ce type d'arcs, une forme caténaire apparaissait. Gaudí obtenait donc une photographie, qu'il retournait pour trouver la forme adéquate et fonctionnelle des arcs. C'est-à-dire qu'il construisait l'arc grâce à la forme de la courbe des pressions.

La crypte de la Colònia Güell réunit tous les éléments constitutifs de la plénitude artistique de Gaudí. Un porche avec des voûtes en forme de paraboles permet d'accéder à l'église, où un autre porche est placé, comme une grotte, un élément constant dans l'architecture de Gaudí. Des piliers en briques à la section circulaire sont placés à l'intérieur, en alternance avec des colonnes inclinées en basalte de Castellfollit de la Roca (Garrotxa), à peine dégrossies, ce qui leur confère un aspect expressionniste fascinant. Gaudí expliqua que dans le Livre de l'exode, Dieu, dans les ronces en feu, dit à Moïse : « Si tu me crées un autel en pierre, ne le travaille pas au ciseau, parce que le métal rend la pierre impure ». Pour cette raison, les éléments en basalte furent travaillés à l'aide de maillets en bois.

La crypte de la Colònia Güell est un monument à visiter absolument pour comprendre non seulement le travail de Gaudí mais aussi l'histoire de l'architecture.

Sa restauration a commencé en 2002, et l'UNESCO l'a inscrite au patrimoine mondial de l'humanité en 2005.

La Catalogne, un pays très varié

La Catalogne, dont la capitale est Barcelone, est une destination méditerranéenne, avec une histoire millénaire, une culture et une langue bien spécifiques et de merveilleux monuments et paysages. Elle englobe des sommets pyrénéens de plus de 3 000 mètres, plus de 250 km de pistes de ski et des sites culturels admirables comme les églises romanes de la Vallée de Boí, inscrites au patrimoine mondial, les descentes aux flambeaux des Pyrénées, également inscrites au patrimoine immatériel de l'humanité. La région s'étend jusqu'à la mer, avec le Delta de l'Èbre, la plus grande zone humide de Catalogne. La Costa Brava, Figueres et Gérone sont également remarquables, avec le patrimoine surréaliste de Salvador Dalí. Tarragone se distingue par l'héritage de l'Empire romain, inscrit au patrimoine mondial. Lleida, avec sa cathédrale romaine du XIIIe siècle et le Circuit de l'art rupestre de l'arc méditerranéen, est également inscrite au patrimoine mondial.

Calella de Palafrugell

Gérone

Des expériences surréalistes, des témoignages exceptionnels sur les civilisations grecque et romaine, plus de 100 km de pistes de ski, des lacs de montagne, des cités médiévales, des paradis de la plongée, des volcans parmi des hêtraies magiques, des monastères bénédictins, des villages au bord de la mer et 200 km de littoral qui ont séduit de nombreux artistes européens d'avant-garde, vous attendent dans la région de Gérone. Profitez-en !

Vous aimez la Méditerranée ? Tout l'esprit de la Méditerranée est réuni sur la Costa Brava : des plages et des criques de rêve, d'anciens villages de pêcheurs comme Calella ou Cadaqués, des zones de plongée sous-marine comme les îles Medes, des zones humides — les Aiguamolls de l'Empordà — à la biodiversité magnifique, une côte sauvage et impressionnante comme le Cap de Creus, l'ensemble archéologique d'Empúries (VIe siècle av. J.-C. - VIe siècle ap. J.-C.), porte d'entrée de la Péninsule Ibérique pour les civilisations grecque et romaine, et la meilleure gastronomie méditerranéenne.

Théâtre-Musée Dalí de Figueres

Vous préférez la montagne ? Outre la zone volcanique de la Garrotxa avec sa magnifique hêtraie — la Fageda d'en Jordà —, vous disposez de dizaines de kilomètres de pistes de ski. Les principales pistes de ski sont La Molina, Masella et Vallter 2000. La Vall de Núria est une station située à proximité d'un sanctuaire qui est un lieu de culte depuis huit siècles, éloignée des voitures. On y accède par un train à crémaillère. En été, les stations se transforment en centres de loisirs et d'activités de montagne comme la randonnée, l'alpinisme, les circuits à VTT ou l'équitation, entre autres.

Pour les passionnés d'art et de culture, Figueres et Gérone sont des rendez-vous à ne pas manquer. Le théâtre-musée de Salvador Dalí, temple du surréalisme, se trouve à Figueres. La visite peut être complétée par celle du château Gala Dalí de Púbol, et par la maison-musée Salvador Dalí, à Portlligat. Ces trois bâtiments constituent le Triangle dalinien. À Gérone, vous pouvez visiter la cathédrale, dont la nef gothique est la plus large du monde. Vous pouvez également vous promener dans le Call, l'un des quartiers juifs du Moyen Âge les mieux conservés d'Europe, ou sur le pont en fer construit par Gustave Eiffel sur la rivière Onyar, avec une vue magnifique sur les maisons colorées du XIXe siècle.

Gérone

Ancienne cathédrale de Lleida

Lérida

Les terres de la province de Lérida présentent une grande diversité en matière de culture et de paysages. Ce territoire possède l'espace skiable le plus étendu de Catalogne ; d'excellentes rivières pour la pratique de sports d'aventure comme le rafting ; deux exemplaires extraordinaires du patrimoine mondial de l'UNESCO : l'ensemble d'églises romaines de la Vall de Boí et l'ensemble d'art rupestre préhistorique ; un parc national ; des cathédrales romaines et baroques ; le meilleur festival de théâtre de rue d'Europe et de nombreuses propositions gastronomiques. Passion, loisirs et plaisir !

Si vous aimez les paysages de haute montagne, le Vall d'Aran, dans les Pyrénées de Lérida, vous propose le plus grand espace skiable de Catalogne. La Vall de Boí, outre les stations de ski, vous fera vivre l'une des expériences artistiques les plus pures : neuf de ses églises romanes sont inscrites au patrimoine mondial de l'UNESCO. Si vous préférez les sports d'aventure, le Parc Olym-

Sant Climent de Taüll

Parc national de Aigüestortes

pique du Segre, avec des installations des Jeux Olympiques de Barcelone en 1992, vous permet de pratiquer le rafting, l'hydrospeed, l'open-kayak, etc. Le Parc national d'Aigüestortes et Estany de Sant Maurici, avec près de 200 lacs de haute montagne, vous fera plonger dans la majesté des paysages pyrénéens.

Dans la plaine, les activités sont aussi au rendez-vous, avec entre autres : le circuit rupestre de l'arc méditerranéen, également inscrit au patrimoine mondial ; des villages comme Agramunt, avec la tradition d'élaboration du nougat la plus ancienne d'Espagne ; Tàrrega, avec sa foire de théâtre de rue, l'un des festivals les plus dynamiques d'Europe ; Balaguer, avec sa place à porches du XIVe siècle, la plus grande de Catalogne ; ou Les Borges Blanques, la capitale de la communauté de communes, où l'on produit l'une des meilleures huiles d'olive du monde : l'AO Garrigues. De plus, si vous êtes passionné d'astronomie, n'hésitez pas à visiter le Parc astronomique du Montsec - Centre d'observation de l'univers.

La ville de Lérida, la capitale de cette région, vous fera découvrir son imposante Seu Vella, sa cathédrale romaine du XIIIe siècle tout en haut de la colline fortifiée, sa cathédrale baroque et sa forteresse musulmane, ou bien la mairie (Palais de la Paeria), d'origine médiévale. Ne ratez pas sa fête la plus populaire, l'Aplec del Cargol, où vous pourrez déguster les meilleurs plats à base d'escargots de Catalogne.

Tarragone

Des aventures en famille et des émotions fortes pour les plus audacieux dans le meilleur parc d'attractions du sud de l'Europe ; la ville où vécut l'empereur Augusto vécut pendant deux ans, et qu'il convertit en capitale de l'Hispanie ; le berceau des « castells », les tours humaines inscrites au patrimoine culturel immatériel par l'UNESCO ; le circuit cistercien avec trois monastères du Moyen Âge dont l'un es inscrit au patrimoine mondial ; des kilomètres de plages de sable fin et doré, idéales pour les familles en raison de la faible profondeur de l'eau, et quelques-unes des zones viticoles les plus réputées du monde. Venez vous amuser au parc d'attractions !

PortAventura Park est le meilleur parc thématique du sud de l'Europe, avec la montagne russe la plus haute du continent (Shambhala), un parc aquatique (Costa Caribe Aquatic Park), un espace familial (SésamoAventura) et

Amphithéâtre romain de Tarragone

plus de 30 atractions et 15 spectacles quotidiens. Ce parc est situé sur la Costa Daurada (Côte dorée). Ce nom est inspiré par la couleur du sable de ses plages, avec des villes côtières bien connues, comme Salou.

Si vous préférez le calme de l'intérieur, vous pouvez entreprendre le circuit cistercien et visiter les monastères de Santa Maria de Vallbona, Santes Creus et Santa Maria de Poblet. Ce dernier est inscrit au patrimoine mondial de l'UNESCO. Vous pouvez également visiter le village fortifié de Montblanc (du XIVe siècle). La légende raconte que l'affrontement entre Sant Jordi (Saint-Georges) et le dragon eut lieu ici. Une autre option est de visiter les caves d'appellation d'origine Montsant ou Priorat, qui produisent certains des vins les plus appréciés du monde. Si vous aimez le folklore traditionnel, vous ne pouvez pas rater Valls, à l'origine des *castells*, les tours humaines inscrites au patrimoine culturel immatériel.

Nous vous recommandons également de visiter la ville de Tarragone, avec un héritage romain très important : l'empereur Auguste y vécut, et convertit cette ville en la capitale de l'Hispanie citérieure. Elle comporte entre autres des murailles, un cirque, un prétoire et un amphithéâtre face à la mer. Elle a été inscrite au patrimoine mondial par l'UNESCO. Vous apprécierez également son quartier médiéval, avec la cathédrale gothique, et le quartier d'El Serrallo, le quartier de pêcheurs où vous pourrez déguster des plats traditionnels à base de poisson et de fruits de mer.

PortAventura Park

Tamarit

Musique, culture, traditions, shopping...

... et bien d'autres activités que vous pouvez faire à Barcelone et aux alentours. Profitez du sport, des spectacles, des sorties le soir, etc.

Barcelona Shopping City

Barcelona Shopping Line

Une grande vitrine à l'air libre de 5 km de continuum commercial qui partage le premier rôle avec l'environnement architectonique et culturel. L'axe va de Ciutat Vella passe par la place et la Rambla de Catalunya, le Passeig de Gràcia et monte par la Diagonal. La plupart des tronçons sont piétonniers, alors il est agréable d'aller de boutique en boutique sans se préoccuper de la circulation et profiter en même temps des endroits les plus intéressants et charismatiques de la ville. Sur la Barcelona Shopping Line se trouve un grand choix de magasins, qui va du commerce plus traditionnel aux marques de prestige, nationales et internationales.
Plus d'information sur barcelonashoppingline.com

Centres commerciaux

Dans chaque zone du guide, on remarquera les boutiques ayant le plus de caractère. C'est là que sont indiqués les grands centres commerciaux :

El Corte Inglés
Depuis 1935, les grands magasins espagnols.
Pl. de Catalunya, 23
Pl. de Catalunya, 14
Av. Portal de l'Àngel, 19
Av. Diagonal, 617
Av. Diagonal, 471-473
Passeig Andreu Nin, 51
www.elcorteingles.es

Pedralbes Centre
Av. Diagonal, 609-615
www.pedralbescentre.com

L'Illa Diagonal
Av. Diagonal, 545-565
www.lilla.com
Bulevard Rosa
Pg. de Gràcia, 53
www.bulevardrosa.com
El Triangle
Pl. de Catalunya, 1-4
www.eltriangle.es
Maremagnum
Moll d'Espanya, 5
www.maremagnum.es
Arenas de Barcelona
Gran Via, 373-385
www.arenasdebarcelona.com
Barcelona Glòries
Av. Diagonal, 208
www.lesglories.com
Diagonal Mar
www.diagonalmarcentre.es
Heron City
Av. Río de Janeiro, 42
www.heroncitybarcelona.com
La Maquinista
Pg. de Potosí, 2
www.lamaquinista.com

Zones commerciales

Les zones commerciales de la ville s'étendent dans tous les quartiers, où se mêlent des établissements modernes et des locaux traditionnels. Vous découvrirez des commerces au caractère méditerranéen, avec des professionnels expérimentés et aimables avec la clientèle.
Plus d'information sur barcelonashoppingline.com

Près de Barcelone

La Roca Village
Santa Agnès de Malanyanes, s/n
La Roca del Vallès
www.larocavillage.com
Des marques de mode prestigieuses, aussi bien nationales qu'internationales, à des prix affichant jusqu'à 60 %, dont les boutiques sont organisées comme une petite ville.
Huit villes tournées vers le shopping
C'est un plaisir de faire les magasins dans des centre-ville teintés d'histoire, de bâtiments emblématiques et de rues pleines de charme. Vous trouverez des magasins de mode internationaux et des établissements traditionnels à Granollers, Igualada, Mataró, Terrassa, Sitges, Vic, Vilafranca del Penedès et Vilanova i la Geltrú.

Tax-free

Les voyageurs résidents dans des pays hors UE ont droit au remboursement de la TVA (sauf pour les hôtels et les restaurants) des achats réalisés dans notre ville. Demandez votre chèque Tax-free (si vos achats sont supérieurs à 90,16 €) dans l'établissement et présentez-le avec les objets achetés à la douane quand vous quitterez l'UE. Percevez vos chèques selon les options proposées par l'entité collaboratrice à l'aéroport ou aux frontières de l'UE. Vous pouvez aussi les percevoir en liquide et par avance aux bureaux d'information de Turisme de Barcelona de la Plaça Catalunya et du Passatge de la Concepció, 7.

Plus d'information sur
www.barcelonashoppingline.com
et en
www.globalblue.com
www.premiertaxfree.com
www.traveltaxfree.com
www.innovataxfree.com

Fêtes et traditions

À Barcelone, en plus de Noël, du Nouvel An et des Rois, on célèbre d'autres fêtes avec la vitalité méditerranéenne, spéciale et typique. En hiver, le Carnaval, avec son grand défilé en ville, la Gran Rua.
Au printemps, Sant Jordi, célébration unique au monde de la passion pour les livres et les roses. En été, la Saint-Jean, avec ses feux de joie et ses feux artificiels, et, bien après la Saint-Jean, le 11 septembre (journée nationale de la Catalogne) et la Mercè, fête de Barcelone, saturée d'actes de culture populaire et de festivals d'avant-garde. En outre, de nombreux quartiers de la ville (Gràcia, Sants, Ciutat Vella, etc.) célèbrent leurs propres fêtes populaires (http://cultura popular.bcn.cat).

Culture populaire
Il ne faut pas rater les exemples de folklore traditionnel: la **sardane** (www.fed.sardanista.cat), la danse typique et autochtone catalane par excellence. Elle se danse en groupe et les participants se tiennent par la main et forment un grand cercle. Le cercle fait des mouvements latéraux tandis que les danseurs marquent la mesure de la musique avec la pointe des pieds. Il y a différents styles de sardanes, mais dans tous les cas les partitions sont interprétées par la cobla, formation instrumentale de onze musiciens dont la majorité est composée d'instruments à vent. À Barcelone, on danse la sardane devant la cathédrale tous les dimanches à 12 h. Une autre manifestation typique du folklore populaire catalan ce sont les ***diables*** (www.diables.cat), qui pendant les fêtes de la ville défilent au rythme des tambours et timbales, avec les dragons et d'autres exemplaires du bestiaire populaire qui lancent des étincelles de feu. Et il ne faut pas oublier les ***castells*** (www.castellersdebarcelona.cat et www.cccc.cat), véritables tours humaines de jusqu'à 10 étages de hauteur uniques au monde qui pour leurs valeurs plastiques, sociales et culturelles ont été inscrites au Patrimoine Intangible de l'Humanité par l'UNESCO en 2010.

Près de Barcelone

Carnaval
Le carnaval de **Vilanova i la Geltrú** est l'une des festivités les plus riches en symboles et en rituels grâce à ses 300 ans d'his-

Castells

Diables

toire. Le « jeudi gras » est particulièrement populaire, avec une bataille collective où la foule finit complètement décorée de meringue des pieds à la tête. Le défilé des comparses le dimanche matin réunit des milliers de personnes dans une célèbre bataille de bonbons. Les comparses les plus transgresseurs sont ceux de **Sitges** : lors du défilé de la *Disbauxa* (pagaille) et du défilé de l'extermination, des milliers de personnes parcourent les rues de la ville avec des déguisements très originaux, et démontrent ainsi que la tradition peut parfaitement s'allier à la modernité. Une autre ville qui vit la fête du carnaval avec une joyeuse intensité est **Torelló**, avec notamment la Guita Tita, un char en forme de grand pénis qui défile lors de la fête du Pullassu, ou la Nuit des Demoiselles et des Jeunes Hommes, un jeu de séduction et d'inversion des genres.

La Patum
Lors du Corpus, **Berga** célèbre la fête de La Patum, une représentation d'origine médiévale dans laquelle le feu, la musique, les démons et le bestiaire traditionnel jouent un rôle fondamental. Sa force et sa singularité ont fait de cette fête le chef d'oeuvre du patrimoine oral et immatériel de l'humanité par l'UNESCO en 2005.

Fête de Sant Fèlix
Une autre manifestation spectaculaire du patrimoine culturel immatériel de l'humanité, les *castells* ou tours humaines, est à son apogée tous les ans le 30 août à **Vilafranca del Penedès** : les quatre meilleurs groupes de tours humaines du moment présentent leurs impressionnantes constructions humaines de jusqu'à dix étages.

La Passió
La vie, la mort et la résurrection de Jésus sont représentés à l'époque de Pâques dans certaines villes comme **Olesa de Montserrat**, **Esparreguera** ou **Mataró**. Cette tradition remonte dans certains cas à plus de 500 ans. Tout le village y participe, il y a plus de 300 acteurs, un orchestre, une chorale et plus de cinq heures de représentation.

Corpus Christi
Le jour du Corpus Christi, les villes de **Sitges** et de **La Garriga** deviennent une véritable fête des couleurs et des odeurs. Les fleurs sont à l'honneur, et les habitants décorent le sol des rues avec des tapis de fleurs. **Foire du sapin**
L'une des foires de Noël les plus singulières de Catalogne a lieu les premiers jours de décembre à **Espinelves**. Il s'agit de la foire du sapin, qui propose en outre différents produits issus de l'artisanat et de la gastronomie locale.

Crèche vivante
À l'époque de Noël, la première crèche vivante de Catalogne est présentée à **Corbera de Llobregat**, sur un parcours de 700 m sous les spectaculaires formations rocheuses de la Penya del Corb, avec plus de 200 acteurs qui représentent les principales scènes bibliques de la naissance de Jésus.

La Fia-Faia
Le soir de la veille de Noël, à **Bagà** et **Sant Julià de Cerdanyola**, des centaines de porteurs de flambeaux (les faies) descendent de la montagne vers l'église, dans une procession impressionnante qui remonte à une tradition du XIVe siècle.

Sardane

Sport

La passion de Barcelone pour le sport remonte à la fin du XIXe alors qu'elle était pionnière dans l'introduction en Espagne de la plupart des spécialités sportives. Cette tradition a légué à la ville de nombreux clubs, dont certains centenaires, l'a conduit à organiser des Jeux olympiques et à être choisie comme siège du premier parc thématique consacré au sport : l'**Open Camp** (www.opencamp.com) situé dans l'Anneau olympique de Montjuïc (p. 63).
Le programme ***Barcelona Sports*** de Turisme de Barcelona publie un guide avec les principaux évènements de portée internationale. Barcelone est en forme : vivez notre ville de manière sportive.

Football

Champions League
Le F.C. Barcelona, comme presque tous les ans, participe à la plus grande compétition de clubs au niveau européen. Consulter les matchs sur la page www.uefa.com

Première division
Chaque week-end, deux équipes centenaires, le **F. C. Barcelona** et le **R. C. D. Espanyol**, jouent alternativement dans l'un des meilleurs championnats du monde.
Pour acheter les entrées, louer une loge ou un fauteuil VIP, voir les pages : www.fcbarcelona.cat ; www.rcdespanyol.com ; visitbarcelona.com

Tournois
Pendant la pause estivale se déroulent le **Trophée Joan Gamper** (www.fcbarcelona.cat) et le **Trophée Ciutat de Barcelona** (www.rcdespanyol.com).

Moteur

En mai, célébration du **Grand Prix d'Espagne de Formule 1** (www.circuitcat.com). En juin, le **Grand Prix de Catalogne du Mondial de moto** de moto 3, moto 2 et moto GP (www.circuitcat.com). En février, le **Trial Indoor Barcelona**, la première de sa spécialité (www.rpmracing.es).

Practique
Circuit de Catalogne
www.circuitcat.com
T 93 571 97 00
Toute l'année, des séries de 30 minutes en voiture ou en moto. Horaires et prix sur la page web.

Tennis

À la fin du mois d'avril se tient le **Barcelone Trophée Conde de Godó** (www.rctb1899.es), la compétition internationale doyenne du tennis espagnol. Catégorie ATP World Tour 500. Célébré au Real Club de Tenis Barcelona-1899, fondé en 1899.

Pratique
Club de Tennis Vall Parc (www.vallparc.com; T 93 212 67 89) ; **Nova Icària Esports** (Av. Icària, 167; T 93 221 25 80) **Tennis Pompeia** (Foixarda s/n, Montjuïc ; T 93 325 13 48) ; **Club Bonasport** (Vue Bella, 11 ; T 93 254 15 00).

Équitation

En septembre, a lieu le **Concours international de Sauts** (www.csiobarcelona.com). Il est organisé par le Real Club de Polo de Barcelona fondé en 1897.
www.rcpb.com

Pratique
Escola Municipal d'Hípica (Av. Muntanyans, 1; T 93 426 10 66); **Hípica Sant Pau d'Ordal** (www.hipicasantpau.com ; T 938 99 30 29).

Golf

Practique
À Montjuïc, location de l'équipement inclus. Les dimanches, Green Fee Pitch&Putt.

Régate de voile classique

Horaires et prix : www.golfmontjuic.com

Sports nautiques

En mai se tient le **Trophée Comte de Godó** de voile, et en juillet, la **Régate Puig Vela Clàssica**, les deux organisés par le Real Club Nàutic de Barcelona, et qui a plus de 130 années d'histoire (www.rcnb.com).

Practique

Centre Municipal de Vela (Moll de Gregal, s/n ; T 93 225 79 40); **Base Nàutica** (Av. Litoral, s/n ; T 93 221 04 32).

Cyclisme

En mars, aura lieu la **Volta Ciclista a Catalunya** (www.voltacatalunya.cat). En juin, a lieu la populaire **Festa de la Bici i els Patins**, un parcours dans le centre de la ville auquel participent plus de 15 000 personnes (www.bcn.cat/festadelabici).

Pratique

Dans le chapitre « Se déplacer en ville » de **visit barcelona.com** vous avez plus de 30 options pour louer des bicyclettes ou réserver des tours guidés pour tous les besoins.

Athlétisme

Le **semi-marathon de Barcelone** a lieu tous les ans en février (www.edreamsmitjabarcelona.com). En mars, le **Marathon de Barcelone** (www.maratobarcelona.com), avec plus de 20 000 participants. En novembre, c'est le tour de la plus ancienne et prestigieuse compétition athlétique de Barcelone: la course **Jean Bouin** (www.jeanbouin.mundo deportivo.es). Quant aux courses populaires, il y a à Barcelone certaines des courses de masse parmi les plus importantes du monde. En avril a lieu la **Course du Corte Inglés** (www.cursaelcorteingles.net) qui a atteint, dans son édition de 1994, un record Guiness, encore non dépassé, avec 109 457 participants. En avril, la **Course des Pompiers** (www.cursabombers.com) et, en septembre, comme partie de la Festa Major, la **Course de la Mercè** (www.bcn.cat/cursamerce).

Pratique

En plus de nombreuses zones pour la pratique du footing (Ctra. de les Aigües, Montjuïc, Park Güell, Parc de la Ciutadella, toute la façade littorale, Parc de l'Oreneta, etc.), il y a en ville quatre stades homologués pour la pratique de l'athlétisme: **Estadi Municipal Joan Serrahima** (camí del Polvorí, 5,7; T 93 423 80 35); **Estadi Municipal Can Dragó** (Roselló i Porcel, 7-11; T 93 276 04 80) ; **Complex Esportiu Municipal Mar Bella** (Av. Litoral, 86-96 ; T 93 221 06 76) ; **Estadi de la Universitat de Barcelona** (Av. Diagonal, 695-701 ; T 93 403 93 70).

Natation

Pratique

En plus des magnifiques plages, si l'on préfère, on peut pratiquer la natation dans de nombreuses piscines: **Aiguajoc, Centre de Fitness** (Comte Borrell, 21-33; T 93 443 03 35); **Club Natació Atlètic Barceloneta** (Pl. del Mar, s/n ; T 93 221 00 10); **Club Natació Catalogne** (Ramiro de Maeztu, 27; T 93 213 43 44); **Club Natació Montjuïc** (Segura, s/n ; T 93 331 82 88) ; **Poliesportiu Marítim - Centre Talassoteràpia** (Pg. Marítim, 33 ; T 93 224

Camp Nou, stade du F.C. Barcelona

04 40) ; **Piscines Bernat Picornell** (Av. de l'Estadi, 30-40 ; T 93 423 40 41) ; **Piscina Municipal Perill** (Perill, 16-22 ; T 93 459 44 30) ; **Dir Diagonal** (Ganduxer, 25-27 ; T 93 202 22 02).

Patinage

En juin, au cours de la **Festa de la Bici i els Patins**, on pourra parcourir les rues de la ville avec des patins et voir les exhibitions de *hafpipe* que réalisent des champions mondiaux (www.bcn.cat/festadelabici).
Durant toute l'année, le front de mer est idéal pour patiner sans danger (www.patinar-bcn.org).
On peut aussi pratiquer le **patinage sur glace** : Skating (Roger de Flor, 168 ; T 93 245 28 00).

Près de Barcelone

Golf

À moins d'une heure du centre de Barcelone, vous trouverez une large gamme de terrains de golf reconnus dans le monde entier. Sur la côte, les clubs les plus prestigieux sont ceux de Sant Andreu de Llavaneres, de Sant Vicenç de Montalt de Sitges. Vous pouvez y jouer au golf dans des conditions idéales, 365 jours par an, grâce à l'agréable climat méditerranéen. Plus vers l'intérieur, il convient de mentionner les terrains de golf de Sant Esteve Sesrovires, El Brull, Terrassa, Rubí, La Roca del Vallès, Vallromanes et Sant Cugat del Vallès, avec des circuits conçus par des experts de renom.

Athlétisme

Le Conseil départemental de Barcelone organise tous les ans le **Challenge de semi-marathons** (www.diba.cat/web/esports), un ensemble de 13 semi-marathons qui sont tenus dans les communes des environs de Barcelone. Ils ont lieu : en septembre à Sabadell ; en octobre à Sant Cugat, Roda de Ter et Igualada ; en décembre à Mataró, Vilanova i la Geltrú et Vilafranca del Penedès ; en janvier à Sitges et Terrassa ; en février à Granollers, Barcelone et Gavà-Castelldefels ; et en avril à Montornès-Montmeló-Vilanova-La Roca.

Sports nautiques

Le littoral barcelonais, avec ses kilomètres de côtes et son climat agréable, possède un ensemble de ressources et de services à la hauteur de sa condition privilégiée. Les stations nautiques offrent aux visiteurs la possibilité de profiter des activités en mer, qu'ils soient sportifs professionnels ou simples amateurs. Les deux stations nautiques des communes de Barcelone sont situées à proximité de la ville. L'une d'entre elles se trouve au sud de la capitale catalane, en plein milieu de la promenade côtière de **Vilanova i la Geltrú** (www.estacionauticavilanova.com), et l'autre au nord, sur la plage des Dunes de **Santa Susanna** (www.stasusanna-online.com/es/esport794). Une base nautique existe également à **Pineda de Mar** (www.nauticapinedademar.com). La voile et la planche à voile sont les sports nautiques par excellence, que vous pouvez apprendre ou perfectionner en utilisant les services de ces clubs nautiques. Mais vous pouvez également pratiquer le kayak, le ski nautique et le surf à voile, entre autres, et faire ainsi le plein d'émotions. Si vous préférez le canoë, le Canal olympique de Catalogne, situé à **Castelldefels** et construit à l'occasion des jeux Olympiques de Barcelone en 1992, met à votre disposition ses meilleures installations.

Club de Golf Llavaneras

Plages

Barcelone se trouve en bordure de mer et offre plus de 4,5 km de plages à drapeau bleu (qui remplissent donc les normes de qualité de l'eau, de sécurité, de prestation de services généraux et d'aménagement de l'environnement de l'UE), que la douceur du climat permet de fréquenter à longueur d'année, bien que la saison officielle de baignade (avec tous les services, y compris l'accès des personnes handicapées ou le prêt gratuit de quotidiens, de livres, de matériel sportif et de jouets pour enfants) dure du 15 mars au 12 octobre. Il existe aussi une zone de bains nudiste.
www.bcn.cat/platges

Littoral de Barcelone

Outre les 4,5 km de plage de la ville, la côte de Barcelone, qui s'étend sur plus d'une centaine de kilomètres, vous propose toutes sortes de plages et de criques (voir page 95).

Plages de la Barceloneta et en dessous, la plage de la Roca Grossa (Maresme)

Loisirs nocturnes et spectacles

Théâtre

Barcelone est une ville de longue tradition théâtrale, tout spécialement de théâtre indépendant et d'avant-garde, et certaines de ses compagnies (**La Fura dels Baus**, **Els Comediants** ou **El Tricicle**) sont connues dans le monde entier. D'autres, tels que le **Teatre Lliure**, **La Cubana** ou **Dagoll Dagom**, jouissent d'un grand prestige en Europe. Il y a vingt-sept salles de théâtre de tout type (depuis les salles de 3 000 places pour les spectacles musicaux jusqu'aux salles de moins de 100 fauteuils pour les œuvres « de poche »), parmi lesquelles on remarque deux équipements : le **Teatre Nacional de Catalunya** et la **Ciutat del Teatre**. Le premier, le Teatre Nacional de Catalunya (plaça de les Arts, 1 ; T 93 306 57 00 ; www.tnc.cat) de l'architecte Ricardo Bofill, inauguré en 1996, dispose de trois salles ; le deuxième, la Ciutat del Teatre (situé dans d'anciens édifices *noucentistes* bâtis pour l'Exposition internationale de 1929), comprend le **Mercat de les Flors - Centre de les Arts de Moviment** (Lleida, 59 ; T 93 426 18 75 ; www.mercatflors.cat) inauguré en 1985 comme théâtre et actuellement dédié entièrement à la danse, et le **Teatre Lliure** Montjuïc (Pg. de Santa Madrona, 40-46 ; T 93 228 97 47 ; www.teatrelliure.com) inauguré en 2001.

Spectacles musicaux

La ville se replonge dans le genre et programme des spectacles musicaux aussi bien de production internationale que propres que l'on peut voir au **Barcelona Teatre Musical**, au **Tivoli**, au **Victoria**, ou au **BARTS**.

El Paral·lel

L'avenue du théâtre par excellence.
Voir page 61

Cinéma

En 1897, seulement 2 ans après que les frères Lumière aient présenté leurs films à Paris, Fructuós Gelabert tournait à Barcelone un film avec un argument, *Riña en un café* (bagarre dans un café). Même Antoni Gaudí, en 1904, conçut l'intérieur d'une salle de cinéma sur La Rambla, la Salle Mercè, aujourd'hui disparue. La dictature franquiste imposa le doublage des films étrangers. Aujourd'hui, on peut voir les films en version originale à la **Filmoteca de Catalunya** (Plaça Salvador Seguí, s/n) ; et dans les salles **Maldà** (Pi, 5) ; **Balmes** (Balmes, 422) ; **Méliès** (Villarroel, 102) ;

Teatre Nacional de Catalunya

Gran Teatre del Liceu

Concert de World Music

Renoir Floridablanca (Floridablanca, 135) ; **Texas** (Bailèn, 205) ; **Verdi** (Verdi, 32) ; **Verdi Park** (Torrijos, 49); **Yelmo Icària** (Salvador Espriu, 61) et **Zumzeig** (Béjar, 53).

Musique

Classique

Barcelone dispose de trois équipements de pointe. Deux d'entre eux sont historiques et connus des mélomanes du monde entier. Il s'agit du **Gran Teatre del Liceu**, (Rambla 51-59 ; T 93 485 99 00 ; www.liceubarcelona.cat), depuis le XIXe siècle une des principales salles d'opéra, et du **Palau de la Música Catalana** (Palau de la Música, 4-6 ; T 902 442 882 ; www.palaumusica.cat), chef-d'œuvre du Modernisme considéré comme la plus belle salle de concerts du monde. Le troisième, **L'Auditori** (Lepant, 150 ; T 93 247 93 00 ; www.auditori.org) est un édifice moderne que l'on doit à l'architecte Rafael Moneo ; c'est le siège de l'Orquestra Simfònica de Barcelona et de l'Orquestra Nacional de Catalunya. Ces trois auditoriums ont créé l'initiative **Barcelona Obertura** (www.barcelonaobertura.org) pour la diffusion de la musique classique et lyrique à l'échelle internationale.

Jazz

La communauté jazz de la ville (talents locaux et d'autres villes telles que New York ou Londres) se trouve en plein essor. Il faut visiter le **Jamboree** (plaça Reial, 17), le **Harlem Jazz Club** (Comtessa de Sobradiel, 8), et le **Jazz Sí** (Requesens, 2); **Milano Cocktail Bar** (Ronda Universitat, 35).

Flamenco

La scène de flamenco de Barcelone est peut-être la plus dynamique du pays et elle est toujours attentive à ce qu'il y a de plus novateur, que ce soit le flamenco le plus orthodoxe ou le plus rénovateur. Il faut voir le **Tablao Cordobés** (La Rambla, 35), le **Tarantos** (Plaça Reial, 17) ou **El Tablao de Carmen** (Av. Francesc Ferrer i Guàrdia, 13).

Clubs

Barcelone est une ville d'avant-garde dans le panorama de la culture club et nombre d'entre eux sont connus dans toute l'Europe. Un grand nombre d'entre eux possèdent des restaurants, de même que diverses salles avec des ambiances et des musiques différentes jusqu'à 4 h du matin. **Razzmatazz/The Loft** (Pamplona, 88 ; www.sallerazzmatazz.com) ; **Otto Zutz** (Lincoln, 15 ; www.ottozutz.es) ; **Salle Apolo** (Nou de la Rambla, 111-113 ; www.salle-apolo.com) ; **Pacha** (Pg. Marítim Barceloneta, 38 ; www.pachabarcelona.es) ; **Moog** (arc del Teatre, 3 ; www.masimas.com) ; **Shôko Lounge Club** (Pg. Marítim, 36 ; www.shoko.biz) ; **Luz de Gas** (Muntaner, 246 ; www.luzdegas.com) ; **Arena Classic** (Diputació, 233 ; gayfriendly ; www.arenadisco.com) ; **Arena Vip** (Gran Via, 593) ; **Bikini** (Av. Diagonal, 547 ; www.bikinibarcelona.com) ; **Elephant** (Pg. dels Til·lers, 1 ; www.elephantbarcelona.com) ; **Sidecar** (Pl. Reial, 7 ; www.sidecarfactoryclub.com) ; **Metro** (Sepúlveda, 185 ; www.metrodiscobarcelona.com ; gayfriendly) ; **Magic Club** (Passeig Picasso, 40; www.magicclub.net).

Palau de la Música Catalana

Flamenco

Club

Guide pratique

Festivals

Grec Festival de BCN
Au mois de juillet, il présente des classiques et des propositions audacieuses de théâtre, de danse, de musique et de cirque (www.barcelona.cat/grec).

De musique

Primavera Sound
En mai, les propositions musicales de plus de qualité et innovantes du panorama indie, folk, pop et rock (www.primavera sound.com).
Sónar
Au début juin, le Festival de Musique Avancée et d'Art Multimédia le plus important du monde (www.sonar.es).
Jardins del Palau Reial de Pedralbes
À la fin juin, ce festival de musique présente des artistes internationaux importants (www.festival pedralbes.com).
BAM
En septembre, des manifestations gratuites de musique nationale et internationale en tous genres sont proposées. (www.bcn.cat/bam).

Autres festivals

Festival de Guitarra de Barcelona
www.theproject.es
Festival Internacional de Jazz de Barcelona
www.theproject.es
Ciutat Flamenco
www.ciutatflamenco.com
Hipnotik Festival
www.hipnotikfestival.com
Mas i Mas Festival
www.masimas.com/festival
Festival Mil·lenni
www. festival-millenni.com
Fira Mediterània
Manresa (www.fira mediterrania.cat)
Festival Internacional de Música Popular i Tradicional
Vilanova i la Geltrú (www.vilanova.cat/fimpt)
Mercat de Música Viva
Vic (www.mmvv.cat)
Altaveu
Sant Boi de Llobregat (www.festivalaltaveu.cat)
Festival Internacional de Jazz de Terrassa
(www.jazzterrassa.org)
Mostra de Jazz
Sant Boi de Llobregat (www.santboi.cat/mostrajazz)
Festival Internacional de Música Francesc Viñas
Moià (www.joventuts musicals.cat/moia)
Festival Internacional de Música de Cantonigrós
Cantonigrós (www.fimc.es)
Festival de Música Clàssica Castell de Santa Florentina
Canet de Mar (www.santaflorentina.com)
Blues Cerdanyola
Cerdanyola del Vallès (www.bluesdecerdanyola.com)

De cinéma

Festival Internacional de Cinema Fantàstic de Catalunya
L'un des festivals de terreur et de science-fiction les plus importants au monde est tenu chaque année à **Sitges**, début octobre. (www.sitgesfilm festival.com).

Autres festivals

Festival In-Edit
www.in-edit.org
Filmets Festival Internacional de Curtmetratges
Badalona (www.festival filmets.cat)
Festival Internacional de Cinema de Muntanya i Aventura
Torelló (www.torello mountainfilm.cat)

De cirque

Festival Circ Cric
Sant Esteve de Palautordera (www.circcric.com)
Festival Internacional de Pallasos de Cornellà
Cornellà de Llobregat (www.cornella.cat/ca/Pallassos.asp)

Primavera Sound

Foires et congrès

Barcelone, du fait de sa situation géographique, de son dynamisme économique et culturel, et de la qualité de ses services et infrastructures, est devenue la principale ville du Sud de l'Europe pour la tenue de congrès internationaux. On remarquera, évidemment, le Centre de Convencions Internacional de Barcelona (CCIB), (auditorium : 3 155 places - www.ccib.es), le Palau de Congressos de Catalunya (auditorium : 2 000 places - www.pcongresos.com) ou le Palau de Congressos de Barcelona (auditorium : 1 650 places - www.firabarcelona.com).

D'autre part, la Fira de Barcelona (www.firabarcelona.com) dispose de la plus grande superficie de foire-exposition d'Espagne et est une des premières d'Europe. Elle présente 70 salons avec 35 000 entreprises participantes et 3 millions de visiteurs, et 15 de ses salons sont des références européennes. On notera **Construmat** (le troisième d'Europe) ; **Alimentaria** (le deuxième événement férial au niveau mondial) ; **Mobile World Congress** (le plus grand événement dédié aux technologies de la téléphonie mobile) ; **EIBTM** (la principale exposition du secteur des conférences, incitations, événements, voyages d'affaires et congrès) ; et **Denim by Première Vision** et le **080 Barcelona Fashion** (de mode urbaine et créative).

Recinte Firal Gran Via

080 Barcelona Fashion

Barcelona
Turisme
visitbarcelona.com

Offices du tourisme

Les offices du tourisme proposent des **informations touristiques et culturelles** (plans, guides et publications sur Barcelone), **réservations hôtelières** (dans plus de 300 établissements) et la **vente de produits touristiques** (Barcelona Bus Turístic, Barcelona Card, Barcelona Walking Tours, Metro Walks, Teleentradas, Tiquet 3, Catalunya Bus Turístic, cartes de transport urbain, etc.).

Plaça de Catalunya
Adresse : Plaça de Catalunya, 17-S.
Horaires : tous les jours de 8.30 h à 21 h.
Ce bureau dispose également d'une boutique de cadeaux « BCN Original Shop » et d'un guichet « Tax Free Global Blue » pour le remboursement de la TVA.

Plaça de Sant Jaume
Adresse : Ciutat, 2 (Mairie de Barcelone).
Horaires : de lundi à vendredi, de 8.30 h à 20.30 h, samedis, de 9 h à 19 h, dimanches et jours fériés de 9 h à 14 h. Ce bureau dispose également d'une boutique de cadeaux « BCN Original Shop ».

Gare de Sants
Adresse : Plaça dels Països Catalans.
Horaires : tous les jours de 8 h à 20.30 h.
Ce bureau dispose également d'une boutique de cadeaux « BCN Original Shop ».

Aéroport Terminaux 1 et 2
Adresse : Aéroport Terminaaux 1 et 2.
Horaires : Tous les jours de 8 h à 20.30 h.

Cathédrale
Adresse : Plaça Nova, 5 (Col·legi d'Arquitectes - Conseil de l'ordre des architectes).
Horaires : de lundi à samedi, de 9 h à 19 h, dimanches et jours fériés, de 9 h à 15 h.

Mirador de Colom
Adresse : Plaça Portal de la Pau.
Horaires : tous les jours de 8 h à 20.30 h.
Dispose également d'une boutique de cadeaux « BCN Original Shop » et d'un point d'information Œnotourisme et Vins.

Triangle
Adresse : Plaça de Catalunya, 1-4 (Centre commercial El Triangle).
Horaires : de lundi à samedi, de 9 h à 20 h.

Glòries
Adresse : Plaça de les Glòries Catalanes.
Horaires : tous les jours de 10 h à 17 h.

Rambla-Liceu
Adresse : La Rambla, 51-59.
Horaires : tous les jours de 9 h à 18.30 h.

Rambla-Amadeu Bagués
Adresse : La Rambla, 88.
Horaires : tous les jours de 9 h à 21 h.

Guichets du tourisme

Ces guichets donnent des informations touristiques et culturelles et sont situés dans des lieux stratégiques de la ville.
Guichet Colom (Plaça Portal de la Pau)
Guichet Estació del Nord (Alí Bei, 80)
Guichet Plaça Catalunya Nord
Guichet Plaça Catalunya Sud
Guichet Plaça Catalunya-Bergara
Guichet Plaça Espanya
Guichet Sagrada Família
Guichet Sagrada Família 2
Guichet Sants (Plaça de Joan Peiró)
Guichet World Trade Center

Publications d'intérêt

Barcelona Restaurants Map
Barcelona Shopping Map
Guide Barcelona Métro Walks
Plan officiel de Barcelone
Le BCNGuide est consultable sur le site visitbarcelona.com

Informations touristiques
visitbarcelona.com
Tel. [34] 93 285 38 34
info@barcelonaturisme.com

Numéro d'appel d'urgence : 112

BIOSPHERE RESPONSIBLE TOURISM

Barcelone est la première ville du monde à avoir reçu le certificat **Biosphere World Class Destination** que lui a délivré cet organisme lié à l'UNESCO, le Responsible Tourism Institute (ITR). Ce certificat reconnaît la ville comme destination touristique durable dans les domaines économique, social, culturel et environnemental